叢書・ウニベルシタス　992

倫理学と対話

道徳的判断をめぐるカントと討議倫理学

アルブレヒト・ヴェルマー

加藤泰史 監訳

御子柴善之・舟場保之・松本大理・庄司信 訳

法政大学出版局

Albrecht Wellmer,
"ETHIK UND DIALOG"

This book is published in Japan
by arrangement through The Sakai Agency, Tokyo.

目次

第二部　討議倫理学批判

第三部　カント倫理学と討議倫理学との媒介の試み

付論

理性・解放・ユートピアについて
——批判的社会理論のコミュニケーション論的基礎づけのために

倫理学と対話——道徳的判断におけるカントと討議倫理学

序論

道徳哲学的懐疑主義および革命的ヒューマニズムはともに、啓蒙が自然本性的に産み落とした落とし子たちである。このことは、すでに古代ギリシアの啓蒙期にある程度妥当するが、近代ヨーロッパの啓蒙にははるかに強く当てはまる。このどちらの場合でも啓蒙が意味するのは、物の秩序とか神の意志とか伝統の権威とかに「基礎をもっている」ことで見かけ上強固な保証を確保している正しい生活規範が、人間の意志以外には基礎をもつことはありえないことの発見である。私が思うに、このような発見は、それを最初に成し遂げた人々にとってめまいのような感覚を伴うものだったにちがいない。それは、まったく異なるものたちが相互に混ざり合っているといっためまいの感覚であると言えよう。すなわち、すべての基礎が揺り動かされる経験、ひとを震撼させたり安堵させたりする自由への気づき、あるいはまた従来の社会秩序が暴力・抑圧・幻想に立脚していたことの発見なのである。啓蒙された意識によって火をつけられた人々の観点や社会的立場次第で、最終的にはある要素が優位を占めたり、あるいは場合によって別の要素が優位を占めたりすることになったのであろう。つまり、哲学的懐疑主義・保守的なシニシズム・革命的な人間性へのパトスは、多様にもたらされた啓蒙の発見と同じだけ多様に引き起こされうる反応の仕方にほかならない。

　シニシズム――それは懐疑主義の「陰険な」変種だが――を私はここで問題にしない[1]。なぜなら、シニシズムはいかなる認識論的問題でもなく、むしろ心理学的で道徳的な問題だからである。それに対して、懐疑主義と革命的――あるいは少なくとも普遍主義的な――ヒューマニズムは、認識論的に見れば、啓蒙のもたらした発見に対する別の応答である。懐疑主義は道徳の新たな基礎づけ可能性を否定し、革命的ヒューマニズムは、そうした基礎を理性的存在者の一致した意志に見る。さしあたり私は、このような対立状況をそのままにしておき、道徳哲学的懐疑についてはこれ以上何も言わないつもりである。この道徳哲学的懐疑については後になって言及することになる。まずもって私が関心をもっているのは、革命的ヒューマニズムの運命――その哲学的運命――である。私がそれを再現しようというのではない。私はむしろ、二つの――哲学的に――最も高度に前進した表現様式における革命的ヒューマニズムを検討し、そこからその考えられる――哲学的――運命に関して推論するつもりである。「前進する」という言葉で私が考えているのは、その表現様式が用いられたそれぞれの時代において前進しているということである。また、「革命的」という形容詞では、本書で検討されるヒューマニズムと近代のさまざまな革命との哲学的連関を暗示させているのであり、この形容詞は検討対象そのものについては何も語っていない。検討対象は、革命の理論ではなく——普遍主義的な——倫理学である。

　私は、カントの形式倫理学とハーバーマスやアーペルによる討議倫理学という二つの立場を検討しようと思う。これらは、普遍主義的な理性‐倫理学、あるいはハーバーマスならそう言うであろうような「認知主義的」倫理学の二つの形式である。この二つの立場に特徴的なのは、倫理学の基礎を、その形式性ゆえに同時に普遍主義的である形式的原理に求めることである。道徳的妥当性はその根拠を次のような合理的手続きに求められる。すなわち、一方で理性的存在者がもつ理性性の普遍的な核のようなものを表わすと同時に、他方では——根本的な意味で——自由で平等である理性的存在者すべてに関係づけられるような手続きである。道徳原理の普遍的妥当性と普遍主義的性格とは相互に組み合わされている。この根本理念においてハーバーマスとアーペルはカントと、そして法の「正統性」の概念に関するかぎりで、革命的自然法の立場と一致している。そして、まさにこの意味で前述の著述家たちは啓蒙主義的ヒューマニズムの陣営に属している。

　これからの論述において私は、カント、アーペルあるいはハーバーマスの道徳哲学的立場を遺漏なく叙述するようなことはしないだろう。私が行う分析や解釈はむしろそのつど限定された意図に導かれている。カント倫理学に私が関心をもつのは、どちらかといえばさまざまな発見的根拠にもとづいている。すなわち、私は選択的な解釈手続きを踏むことで、「コミュニケーション倫理学」あるいは「討議倫理学」の発展のためのモチーフとそれらに課された立証責任との両方が判明になるところまで、カント倫理学の強さと弱さを際立たせることを試みたいのである。カント倫理学を全体としては擁護できないというのが私の出発点なので、私は特にカント倫理学の強さを判明にすることを試みた。それゆえ、ことによると次のような非難を浴びることになるかもしれない。それは、私がカント倫理学を時として、愛好家が荒れ果てた寺院から最良の部分を救い出そうと試みるような仕方で取り扱っているといった非難である。他方、討議倫理学については、普遍的遂行論ないし超越論的遂行論の手法を用いてカントの諸問題を解き明かし、それによって同時にカントに代表される倫理的普遍主義の形式を普遍主義の対話的形式へと「止揚する」という討議倫理学のもつ体系的要求について真摯に取り上げた。私は、これまでのところ討議倫理学がこの要求に応えたと思っていないので、討議倫理学に対してはカント倫理学の場合よりも批判的な態度をとっている。それにもかかわらず、私は討議倫理学をいわば一つの尺度として用いた。この尺度はたしかにそれ自体としては疑わしいものになったが、それでもなお、カント倫理学をみずからの内部へ「止揚する」という要求を掲げているさまざまな理論の潜在的問題解決能力の判定が問題になる場合には役に立ちうるのである。

討議倫理学によるカント批判に関していえば、それはカントの倫理学がもつ三つの弱点に照準を定めている。第一に批判が向けられるのは、カントの道徳原理がもつ形式的‐モノローグ的な性格であり、その結果として――カントの見解に反して――相互主観的に妥当な道徳判断の可能性への問いが答えられないままにとどまっていることである。第二に批判が向けられるのは、カント倫理学の厳格主義であり、その根底に法則概念の独特の形式主義的な実体化が存することである。そして第三に批判が矛先を向けるのは、カントによる道徳原理の基礎づけの試みである。ここに挙げられたカント倫理学の三つの弱さを、カントの形式的－モノローグ的な普遍主義を形式的－対話的な普遍主義へと「止揚する」ことで除去しようというのである。すなわち、第一に、討議倫理学によって再定式化された道徳原理が道徳的妥当性をもつ格率に要求するのは、私がではなくわれわれがその格率を一般法則として意欲できることである。第二に、道徳原理は次のような仕方で定式化される。すなわち、正しい行為への問いとは、欲求をもち傷つきやすい者たちが他の欲求をもち傷つきやすい者たちと理性的につきあうことへの問いであると解することを道徳原理が許容するような仕方で定式化される。これによって、どのような形式をもつ厳格主義的な心術倫理学も排除される。最後に第三に、討議倫理学による道徳原理の再定式化は究極的基礎づけの新たな形式を可能にするはずである。アーペルとハーバーマスは、道徳原理が論証の一般構造のうちに根拠をもつことを明らかにしようと試みる。

さて、従来の形式の討議倫理学に対して私が独自に唱えるさまざまな異議に共通の基盤を見出すために、討議倫理学は一方でなおあまりにカント的であり他方でもはや十分にカント的でないと主張したい。カントに近すぎるという非難は、討議倫理学の合意説的前提ならびに究極的基礎づけのプログラムに該当する。表面的に見るなら、討議倫理学のこの二つの側面は当然のことながらカントとあまり関係しない。しかし、合意説のもつ形式化－理想化する概念形成や、普遍主義的倫理学をいわば直接に、すなわち、道徳意識の歴史という媒介的審級なしに、理性の普遍的構造から導出する試みは、問題含みという意味でカント的であることを私は明らかにしたい。もちろん、ここで私は、カントからヘーゲルへの道がわれわれにとって今日なお通行可能であると言うつもりはない。むしろ私が考えているのは、ヘーゲルが最初にこのうえない鋭さで指摘したカント道徳哲学の袋小路を逃れる道は、もしヘーゲルの批判を回避しないのであれば、きっとヘーゲルの体系に沿っているであろうということである。普遍主義的な対話‐倫理学の合意説的説明にはカントの「目的の国」の理念の余韻が残っているが、私はその代わりに可謬主義的説明を据えたい。また、強くて一次元的な基礎づけ要求の代わりに弱くて多次元的な基礎づけ要求を置きたい。普遍主義的になった道徳意識は、実際のところ、宥和状態（それが形式的にはどのようなものと特徴づけられようとも）の先取りや究極的基礎づけによる支えを必要としない。むしろ私が思うに、普遍主義的倫理学は、それがこうした二つの絶対的なものに固執しているかぎり、ヘーゲルによる異議に対しても懐疑主義者による異議に対しても脆弱なままにとどまることになる。したがって、討議倫理学がカントに近すぎるという非難に関して、私は、倫理学は絶対主義と相対主義という誤った二者択一を越えなくてはならないだろうという点から出発する。すなわち、私が言いたいのは、道徳や理性の運命の成否が究極的な意志疎通や究極的基礎づけという絶対主義次第で決まるものではないということである。

討議倫理学がその従来の形式では十分にカント的でないということで私が言いたいのは、討議倫理学が、カントがすでに判明に仕上げた差異化を安値で売り払っているということである。私の念頭にあるのは、特に道徳の問題と法の問題の差異化である。法と道徳を相互に結合することがカントの意図であることは疑いようもない。しかし、カントは──私が思うにしっかりした根拠をもって──規範の正当性の問題と道徳的に正しい行為の問題を少なくとも分析的に区別している。カントが構成した法と道徳の連関の細部──それはしばしば問題にするのに十分なものだが──は、私にとって重要でない。むしろカントが道徳原理の定式化を通して道徳的に正しい行為への問いと規範の正しさへの問いを区別する仕方の方が、私には重要である。これまでのところ討議倫理学がいま一度こうした問題の差異化の水準に到達したということはない。このことは討議倫理学のもつ合意説的前提と連関している。したがって、討議倫理学がカントに近すぎることならびにカントに比して問題の差異化が失われていることは、真理の合意説という問題含みの想定と連関しているのである。

最後に、私が擁護したい討議倫理学の根本直感は、いずれもカントに対するその態度に関係している。カント倫理学の形式的‐モノローグ的な厳格主義に対する批判を私は正当なものと評価しているし、同様に、倫理学の対話的拡張によってカント倫理学の硬直した形式主義を越えたところにまで到達しようという試みも正当なものと評価している。結局、私が目を向けているのは、アーペルやハーバーマスと同様に、一方の形式主義的倫理学から対話的倫理学への移行と他方の意識の哲学から言語の哲学への移行との連関なのである。しかしながら私が思うに、カント倫理学が対話倫理的に了解された普遍主義のためにいかなる糸口を提供するかは、新たに決定されねばならないだろう。本書第一部の考察を貫く意図は、これを遂行することである。第二部は、討議倫理学とその合意説的な前提に対する批判を含んでいる。第三部では、討議倫理学の根本直感が、第一部で展開された「準－カント的」なパースペクティヴの枠内でどのように有効に働きうるかを明らかにしたい。

道徳哲学的懐疑主義の問題について、なお一言あらかじめ言っておこう。私が思うに、この懐疑主義はまじめに取り上げるのに値しないのと同じくらいまじめに取り上げるのに値する。道徳的態度としてなら、それはまじめに取り上げられてはならない。合理主義的で原理主義的な認識要求の問題視としてなら、それはまじめに取り上げられねばならない。これに関連して言っておこう。私は、合理主義は懐疑主義をみずからのうちに取り入れることで、それを啓蒙の酵素に変えねばならないと考えている。懐疑から教訓を得た合理主義は、合理主義的でも懐疑的でもないだろうが、おそらく理性的ではあるだろう。したがって、私が思うに、われわれは、理性のもつ若干の理想に別れを告げるとき、啓蒙と革命的ヒューマニズムの伝統を最高度に先へ進めることができるのである。これは決して理性からの別離ではなく、むしろ理性の誤った表象を理性そのものから分離することであろう。

本書第二部で行うアーペルやハーバーマスのアイデアに対する批判は、部分的には、著者である私自身の自己批判としても理解できるものである。もっとも、私は、どの点がそれに該当するのかを正確に示す努力はしなかった。それ以外の点では、私が細かく批判を加えたこの二人の哲学者のアイデアから、私が同時に、決定的かつ消え去ることのない刺激の恩恵を受けていることは露わなままになっているだろう。

原注

（1）この件については、Peter Sloterdijk, *Kritik der zynischen Vernunft*, 2 Bde., Frankfurt 1983〔スローターダイク『シニカル理性批判』高田珠樹訳、ミネルヴァ書房、一九九六年〕を参照のこと。

第一部　カント倫理学の解明

第一章

J・ハーバーマスは——すでにさまざまな仕方で行ってきたことだが——最近の作品「討議倫理学——基礎づけプログラムのノート」(1)で、倫理学の普遍化原理（Universalisierungsprinzip）を経験科学のいわゆる帰納原理との類比関係に置いている。私は——のちに根拠を明らかにするように——この類比を問題含みであると思っているが、ともあれこの類比は、さしあたりシンガー(2)とヘア(3)によってすでにさまざまなかたちで主張されている比較的弱い意味で解されるなら、すなわち、因果的判断と道徳判断の両方にとって同等に構成的な「一般化原理（Verallgemeinerungsprinzip）」の表現として解されるなら、ただちに理解可能なものとなる。

この一般化原理は因果的ないし規範的な判断や根拠‐帰結‐関係の一般的性格を表現しているが、この一般的性格は、われわれが因果的判断や規範的判断の表現に用いる言葉の論理的文法に帰属する。因果的説明として妥当するのは、たとえば、（因果的に）bだからaである場合、——その他のことは同等として——bにはつねにaが継起しなくてはならない、である。因果関係の同定は因果的規則性の同定を意味する、少なくとも暗黙のうちに意味している。しかし、私は主張したいのだが、それは「帰納原理」と呼ばれるものの核心である。さて、因果的な「だから」の場合と類似したことが規範的な「だから」にも当てはまる。すなわち、条件bがあるのだから、ある人がaを行うべきである（行わねばならない、行ってよい）という場合、もし条件bがあるのなら——その他のことは同等として——誰もがaを行うべきである（行わねばならない、行ってよい）。因果的あるいは規範的な「だから」であればどれでも一般性の指標を携えている。すなわち、当該の「だから」は言語表現のなかで——もちろんいつでも、その他のことは同等としてという条件によって適格性を付与された意味においてにすぎないものの——成立するのだが、その言語表現の一般性をもっている。「このように道徳判断は、一般性を含意するというこの性格をもっている点で、一般に因果的判断ならびに『だから』という言明に類比的である」[4]。一般化原理の代わりに「同等性原理」という言葉を用いることもできるかもしれない。というのも、一般化原理は、同じ場合に同じ扱いを受けることを要求するからである。因果的な「だから」の場合も規範的な「だから」の場合も、一見して同等な場合を同等に扱わないのであれば、それぞれの場合がある特定の（因果的ないし規範的）観点からは同等でないことを示す説明（あるいは基礎づけ）を必要とする。おそらく一般化原理ないし同等性原理にはさらに一般的な意味があり、それはたとえば論理的矛盾原理に匹敵する。しかしながら、ここでわれわれが関心をもっているのは、それらの原理が因果的な「だから」-言明や、規範的な「だから」-言明の論理的文法との関連で帯びる意味だけである。

　規範的な同等性原理はすでに「正義」の基本的概念を表示している。その基本的な正義概念が意味するのは同じ場合に同じ扱いを受けることにほかならず、それは公平性の理念を含んでいる。なお、ここで公平性というときとりわけ重要なのは、既存の規範を公平に適用することである。この意味で、たとえば、審判員が「公平の人」と呼ばれる。類比的な意味では、どの子も「ひいき」しない教師が公正であると言われ、「恣意的」に判決を下さない裁判官が公正であると言われる。もちろん同等性原理では、既存の規範の適用だけが問題なのではなく、どのような個別的行為・判断が先例とされるのかという問題もまた関係してくる。すなわち、特異な出来事の因果的解釈の場合でも、不特定ながらも、因果的な規則性への指示を含んでいるが、それと同様に、規範的に理解された先例も、ある暗黙の規範を含んでいる。因果的な先例も、規範的な先例もどちらでも、同じ場合に同じ扱いという暗黙の規則を含んでいるのである。つまり、どちらの場合も、先例が将来のさまざまな事例に対する因果的ないし規範的な解釈の自由を制限しているのである。

一般化原理がその規範的な意味において表現するのは、本来、「べきである」「ねばならない」あるいは「してよい」というような表現と何らかの規範概念との関係にほかならない。したがって、直前に言及した基本的な正義概念が、次のような場合には、直ちに大幅に適用不能になるのは当然である。すなわち、ある規範によって、同じ場合に同じ扱いを受けることのスタンダードがはじめて定義されるとき、その規範の基礎づけへの問いが立てられた場合であり、したがって、別言すれば、その規範そのものが「正義」であるのかどうかが問われる場合である。同等性原理は、実のところ、根拠－帰結－関係が一般性をもつという性格に関係しているにすぎない。それゆえに、その正義概念は一貫性原理の意味でのみ因果的説明ないし規範的基礎づけの説得性の尺度を提供するのである。それに対して、規範の基礎づけにおいては、同じ場合に同じ扱いを受けるというときどのようなスタンダードが正しいものかがとりわけ問題になる。アリストテレスはこの問いを『政治学』で論じている。アリストテレスにとってこれはおよそ、市民に権利と義務とを配分する際に有産階級の人々、自由人たち、あるいは能力ある人々がそのつど「同等なもの」として扱われねばならないかどうかという問いである。人間は人間として基本的権利の見地から同等なものとして数えられねばならないという普遍主義的原理は、ようやく近代になってその道徳や権利の考え方に属するようになった。人間の不平等の伝統的な基礎づけがその説得力と拘束力を失った以上、たしかにこの原理は、すべての人間（規範的な諸原理は人間の承認に依存するが、そうしたものとしての人間）が理性的な仕方で同意できるだろう唯一の原理であると言えるかもしれない。したがって、規範をもはや超越的権威に帰すことができない場合、いったいいかにして規範一般を基礎づけることができるか——しかも、それが妥当だと承認してもらいたい人々に向けて基礎づけることができるかという問題をよく考えてみると直ちに、規範的な基礎言語の論理的文法がほとんど強制的に普遍主義的な意味を受け入れることになる。すなわち、われわれは、こうした表現をもっぱら普遍主義的な意味だけで合理的に使用できるのである。このことから、あたかも規範的な一般化原理が普遍化原理と同義であるかのような見かけが成立する。しかし、われわれはさしあたり二つの意味の階層を区別すべきである——第一の階層は規範的判断のもつ一般性という性格に関するものであり、第二の階層は可能的な相互主観的規範妥当性の普遍主義的条件に関するものである――と私は考える。ハーバーマスによる普遍化原理の解釈ではこの二つの意味の階層が一つになっていて、このことがすでにハーバーマスの実践的真理の合意概念と結びついている。別言すれば、このことは、ハーバーマスにとって規範的妥当性要求の意味がその可能的相互主観的承認の普遍主義的条件と重なっていることと結びついている。以下で私は、基本的意味における一般化原理から出発することで、それに続いてカントの道徳原理を第二段階の一般化原理として解釈するであろう。

原注

（1） Jürgen Habermas, »Diskursethik – Notizen zu einem Begründungsprogramm«, in: ders., *Moralbewußtsein und kommunikatives Handeln*, Frankfurt 1983〔ハーバーマス「ディスクルス倫理学――根拠づけプログラムのノート」、『道徳意識とコミュニケーション行為』三島憲一・中野敏男・木前利秋訳、岩波書店、二〇〇〇年〕. 以下では、DE と略記して引用する。

（2） Marcus G. Singer, *Generalization in Ethics*, New York 1971, S. 37ff.（ドイツ語訳、*Verallgemeinerung in der Ethik*, Frankfurt 1975）を参照のこと。

（3） Richard M. Hare, *Moral Thinking*, Oxford 1981, S. 8ff.〔ヘア『道徳的に考えること――レベル・方法・要点』勁草書房、内井惣七・山内友三郎監訳、一九九四年、一三頁以下〕を参照のこと。

（4） Singer, a.a.O., S. 38.

第二章

私もシンガーやヘアと同様に、ここまで考察してきた一般化原理が、カントが定言命法として定式化したものの本質的次元をすでに示しているというところから出発する。しかしながら、私はただちに付け加えたい。第一に、カントの「理性の事実」はこの一般化原理に還元されえない。そして第二に――私の確信するところでは――普遍主義的道徳原理は、付加された前提（シンガーの「帰結原理」のような）を使った導出によって一般化原理から得られるわけでもないと付け加えたい[1]。それにもかかわらず一般化原理がカントの道徳原理の本質的次元を表示していることは、次のようにして明らかにできる。定言命法が要求するのは、私は、それが一般法則として妥当することを同時に意欲できる格率だけに従って行為すべきである、ということである。さてしかし、私が一般法則として意欲できることは、事実上、私の――いつでも既存の――規範的な確信によって規定されるのが通例である。とりわけ、他者に対する私の――社会的になじんだ――規範的な期待によって規定される。このような事情であるかぎり、定言命法が語るのは究極的には、「ひとがそれを行わねばならないと君が思うこと、それを行いなさい」ということにほかならない、あるいは、「ひとがそれを行ってはならないと君が思うこと、それを行ってはならない」ということでもある。要するに、「規範的なことで君自身を例外化してはならない」であり、あるいは簡潔に言えば、「君が行うべきことを行いなさい」である。このとき注意を喚起しておくのも無駄ではないと思うのは、定言命法が、すでにその——いわば基本的な——意味の中で、決してささいなことを要求しているわけではないこと、換言すれば、すでに承認されている規範的な義務づけを私がいまここでそして自己欺瞞なしに私自身の行為において承認すべきであることを定言命法は要求しているということである。カントはこの要請を何か単純で誰にでも明らかではあるがそれを充足することの困難なことと理解したが、それは完全に正しかった。自己自身の規範的確信を意識して行為せよという要求は、私がそのつど自己自身の行為のための適当な正当化を見出すことを決して意味しないし、私は、およそ自分がそのつど自分の規範的確信と称することのできることに従って行為すべきであるということを意味しない。むしろ、こうした要求は、もしこの場合に他者が私に代わって当該の役割を担っているとしたらその他者に私が実際に期待するであろうことについて自分を欺かないといった充足することの困難な要求を含んでいるのである。

すでに強調しておいたように、もちろん定言命法はこうした基本的意味のみに還元されうるわけではない。実際、定言命法は、「規範的な確信」の概念につねにすでに含まれている定言的な「べきである」あるいは「ねばならない」の可能性をはじめて説明するはずのものであり、それも合理的に洞察可能な「べきである」あるいは「ねばならない」の可能性として説明するはずのものなのである。この道をたどるときにはじめて定言命法は普遍主義的道徳原理になることができる。他方、一般化原理はたしかにそれとしてあらゆる「理性的存在者」に妥当する原理だが、他の規範に比して必然的に普遍主義的規範を際立たせる原理ではない。

われわれは定言命法を第二段階の一般化原理と名づけることができる。この段階になってはじめて普遍化原理と表現されるようになる。この普遍化原理はもはや帰納原理のたんなる類似物として理解できない。すなわち、この段階で問題なのは、もはや「べきである」という言明や「ねばならない」という言明の論理的文法に帰属する一般性という性格ではなく、むしろそれを超えて、合理的存在者の共通の意志（したがってまた道徳判断の相互主観的妥当性）である。定言命法は、たんにすべての合理的存在者にとって妥当するのみならず、同時にすべての合理的存在者に対して関係する原理なのである（いわゆる「目的の定式」に最も顕著に表れているように）。

私は以下で、対話的倫理学への移行の動機およびそのような倫理学のために生じる立証責任が明らかになるかぎりで、定言命法の意味を再構成したい。私の行う再構成において私は選択的に振る舞うつもりである。すなわち、定言命法のいくつもの可能な解釈の中から、私は事柄に即して私自身にとって最も強いと思われる解釈を主張するつもりである。カントのテクストの中では、『道徳の形而上学の基礎づけ』がこの解釈に最もよく折り合う。

次のカントの定式化から始めよう。「われわれの行為の格率が一般法則になることを意欲することができるのでなければならない。これがわれわれの行為の道徳的判定一般の基準である[2]」。私はそれが一般法則として妥当することを意欲できる格率だけに従って行為すべきであるという要求は、私はすべての他者がそれに従って（私自身に対しても）行為することを意欲できる格率だけに従って行為すべきであるという要求と同義である。さて、カントにとって、ある格率が一般法則として妥当することを私が意欲できないのであれば、他の理性的存在者もそれを意欲できないのは間違いのないところである。すなわち、一般化可能性のテストは同時に格率の一般的な賛同可能性に向けてのテストなのである。したがって、一般化不可能な格率は、私が――ガートの表現では[3]――「公共的に主張する」ことのできそうもない格率であり、しかもこのことは二重の意味で妥当する。第一に、私は、他者がこの格率をみずからのものにすることを意欲することができないであろうという意味であり、第二に、私は、他者がそのような格率を一般的規則として（すなわち、とりわけ私がそのような格率を遵守することに）賛同できることを期待できないであろうという意味である。それゆえに、一般化不可能な格率は、合理的存在者たちが共同的実践の規則としてそれに合意できないであろうような格率である[4]。格率を一般化する場合に私が「意欲できる（Wollen-Können）」ないし「意欲できない（Nicht-wollen-Können）」ということは他のすべての合理的存在者のそれと一致するにちがいないというカントの想定にはもちろん問題がある。これはまさにカント倫理学の対話的拡張の試みに機縁を与えた問題なのだが、私はこの問題にさしあたり関わることなく、定言命法・道徳規範・道徳判断の間の連関についてもう少し述べたい。

　定言命法に固有な点は、それによって道徳的な諸規範（したがって複数形の諸「定言命法」）と道徳的な諸判断の定言的な「べきである（Soll）」や「ねばならない（Muß）」や「してよい（Darf）」が合理的に洞察可能なものとして定言的な「べきである」という唯一のメタ原理に還元されることにあると言うことができるだろう。これによって、説明をなお要するものとしてはこの唯一の道徳原理の定言的な「べきである」だけが残ることになる。カントがこうした根本的な定言的「べきである」を解明したと想定するかぎり、この「べきである」によってわれわれの日常的な道徳的な諸判断や諸規範の「べきである」や「ねばならない」や「してよい」もまた解明され得ることになる。私は、数多くのカントの発言に背馳しかつエビングハウス[5]とシンガー[6]に一致して、定言命法から内容的な道徳規範や道徳判断への義務づけ性格の「伝達」は、一般化不可能な行為の仕方（ないし格率）の禁止という道をたどったときにはじめて起きるという点から出発する[7]。具体例として、私は緊急時には不正直な約束をすることで困難を切り抜けるだろうという格率[8]を取り上げよう。カントとともに、われわれは――合理的存在者としては――当該の実践が普遍的になることを意欲できないと想定する。さて、定言命法は、私は（X氏やZ氏と同様）この状況下で「緊急時－不正直－約束」の格率に従って行為してはならないと明言する。すなわち、具体的な場面で、pが不正直な約束という行為を意味し非pがその行為を控えることを意味するとして、私はpを行ってはならない、あるいは私は非pを行なわねばならない（行うべきである）。それゆえ、「私（あるいは、ひと）は非pを行わねばならない」というときの「ねばならない」は、私がある特定の格率についてそれが一般法則として妥当することを意欲できないことから生じることになるであろう。われわれの通常の道徳的確信のもつ「ねばならない」や「べきである」は定言命法からいわば否定を経てのみ「導出」されうるのである。

一方、ここで提案した解釈に従うなら、格率の一般化可能性はもっぱら、当該の行為が道徳的に許されていることを意味することになるだろう。とはいえ、もちろんカントがさまざまな定式化において、一般化可能な格率が自ずから実践的法則であると言っていることは見逃せない。(9) この矛盾を解明するために、われわれは「一般化可能性」の概念を、換言すれば、「ある格率が普遍的法則として妥当することを意欲できる」という表現の意味を明確に規定しなくてはならない。さて、直ちに明らかになるように、カント自身が具体例を否定的な仕方で挙げているのは、偶然ではない。すなわち、カントは、私がある種の格率について(理性的な仕方で)それらが一般法則として妥当することを意欲できないのは、私がそれらを決して一般法則として考えることができないからか、そうでなければ私の意志において「抗争」が生じるかもしれない(10)(というのは、たとえば私は、ひとが私を助けることを意欲しつつ、同時にひとが私を助けないということを意欲するからである)からかのいずれかであると指摘している。この点で重要なのは、定言命法は、それが「吟味の手続き」を含んでいるかぎり、任意の命題に関係するのではなく、だれかが——行為者が——「もつ」格率に関係するということをしっかり思い出すことである。というのは、それによって次のような特有の非対称性が成立するからである。すなわち、たとえば、もし真実を言うことが自分自身の不利になるなら、真実を言わないでおこうという格率をもっている人は、その格率が一般法則として妥当することをみずからが意欲できないことを容易に理解できる。それに対して、たとえ真実を言うことが自分の不利になるとしても、つねに真実を言おうという格率をもっている人は、それゆえにこそ、この格率が一般法則として妥当することを意欲する（そのかぎりにおいて当人はそれを意欲することもできる）。それに引き換え、同様のことを前者（劣った格率をもった人）について簡単に言うことはできない。そうした人について、当人が誠実さの格率を一般法則として「意欲できる」と、どういうつもりで主張できるのだろうか。そうした人は、自分自身についてはきっと何か別の規則に従うことを意欲し、他者については、他者がその人に対して誠実であるなら、その人にとってはおそらくそれで十分であろう。他方、どんなに困難な状態になろうとも、弱みを見せないようにしようという格率をもっている人を取り上げよう。それが当人の格率であるなら、その人はその格率を一般法則としても意欲できるであろう（ひょっとすると実際に意欲するかもしれない）。しかし同じことが、つねに強い人を装うくらいならむしろ弱みでも見せてしまおうという格率をもつ人にも妥当する。すでにこうしたわずかの事例からも、だれかある人が何らかの格率を一般法則として意欲できるかどうかという問いへの答えは、当人が実際にどのような格率をもっているかに依存するということが導かれる。したがって、だれかある人がある格率を一般法則として意志できるかどうかによって、その格率が「実践的法則」であるかどうかについて、積極的な意味でも消極的な意味でも決定することはできないのである。

それに対して、私はみずからの格率を一般法則として意欲できないと私自身が認めている場合、ただそのことだけからもすでに、この格率を念頭においた行為は道徳的に劣っているだろう（なぜなら、私が自己自身を「例外」にしているから）ということが導かれる。すなわち、私はこの格率を念頭において行為してよいわけがない。さて、もし私が、「一般化不可能」な格率という意味で禁止されたことを行わないということをみずからの格率にするとしたら、この新しい格率は最初の格率の「否定」と呼ばれうるだろう（したがって、たとえば、「たとえ真実を言うことが不利になるとしても、つねに真実を言おう」は、「もし真実を言うことが自分自身の不利になるなら、真実を言わないでおこう」という格率の否定である）。この新しい格率が現実に私の行為の格率である場合、私は、それが一般法則として妥当することをも意欲する。しかし、この場合、私がみずからの格率を一般法則として意欲できるという事実は特別な意味をもつ。この特別な意味は、私の「意欲できる」の「論理的由来」から、言い換えれば、私の格率が一般化不可能な格率の否定であることから生じる。この意味で一般化可能な格率が道徳的義務づけを、少なくとも私にとっての道徳的義務づけを表現するのである。

そこで私は、格率の一般化可能性の「弱い」概念と「強い」概念とを区別することを提案したい。一般化可能性の弱い概念は、一般化不可能な格率の除去が問題である範囲内では十分である。しかし、この概念は、一般化可能な格率が実践的法則（道徳的規範）であるというテーゼを基礎づけるためには不十分である。この基礎づけには、むしろ一般化可能性の強い概念が不可欠である。その場合、強い意味での格率の一般化可能性は、ある格率を否定するものが一般化不可能であるということへの否定的な関連づけにもとづいて解されねばならない。忘れてはならないのは、このような一般化不可能な格率への否定的な関連づけが、あらゆる（弱い意味で）一般化可能な格率がその「否定」としてもつあの否定的な関連づけから区別されねばならないということである。すなわち、最悪の事態になろうとも弱みを見せないようにしよう、が私の格率である場合、そして、この格率が一般法則として妥当することを私が意欲する場合、それは当然、つねに強い人を装うくらいならむしろ弱みでも見せてしまおうという格率が一般法則として妥当することを、私が意欲できないことを意味する。そして、この「意欲できない」は、正反対の格率がすでに私の格率であることに依存している（それゆえこの場合、「意欲できない」は「意欲できる」に対して二次的である）。私のもつ格率の場合の「意欲できない」において事情はまったく異なる。そうした格率の一般化不可能性は、私が他にももっているだろう別の格率に依存しないからである。

したがって、一般化可能な格率がそれゆえに実践的法則であると主張できるのは、その「否定」が一般化不可能であるような格率であり、しかもそれが私の格率であるという前提のもとにある格率だけが一般化可能なものと解される場合のみである。この点に、格率の一般化可能性への問いにおいて否定が優先される根拠がある。もちろん、道徳規範の相互主観的妥当性の問題は、このような仕方でも最終的には解決されえない。つまり、私が承認した道徳的義務づけが他のあらゆる合理的存在者にも承認されるにちがいない（逆も同様）ということは（カントが明らかにそう思っていたようには）決して確定的にならない。この問題はのちほどまた取り上げるつもりである。ともあれ、以下の考察のために私は、便宜上、定言命法によって認められた道徳規範は相互主観的に妥当すると想定しておこう。

原注

（1）シンガー（Marcus G. Singer）のカント倫理学ないし「カント主義的」倫理学の再構成には多くの点でたいへん説得力があるものの、この点に私は決定的な弱点があると思う。Singer, a.a.O., S. 63ff. を参照のこと。

（2）Immanuel Kant, *Grundlegung zur Metaphysik der Sitten*（以下では、GMSとして引用）, in: *Werke in sechs Bänden* (Hrsg. W. Weischedel), Band IV, Darmstadt, S. 54 (BA 57)〔カント『人倫の形而上学の基礎づけ』。以下、『基礎づけ』と略記。平田俊博訳、岩波書店版『カント全集7』、二〇〇〇年、五八頁（IV424）。訳注：アカデミー版全集は「意欲することができる」を字間をあけて強調している。〕.

（3）Bernard Gert, *The Moral Rules*, New York 1973（ドイツ語訳、*Die moralischen Regeln*, Frankfurt 1983）.

（4）Gert, a.a.O., S. 60ff., ならびに Georg Henrik von Wright, *The Varieties of Goodness*, London 1963, S. 197ff. を参照のこと。

（5）Julius Ebbinghaus, »Die Formeln des kategorischen Imperativs und die Ableitung inhaltlich bestimmter Pflichten«, in: ders., *Gesammelte Aufsätze, Vorträge, Reden*, Hildesheim 1968, I, Abt. 7, S. 140–160 を参照のこと。

（6）Marcus G. Singer, a.a.O., S. 240.「もしある行為の格率が普遍的法則になるように意欲されえないなら、その格率に則って行為することは誤っている。われわれにはそうしない義務ないし責務があり、また、われわれはそうすべきでないと言うことができる。しかしながら、たとえある格率が一般法則となるよう意欲されうるとしても、そこから、その格率に則って行為することは責務である、あるいはそうしないことは誤りを犯すことになるだろう、ということは帰結しない。帰結するのは、そうすることが許されていること、あるいは誤りではない（そして黙認という意味くらいには正しい）こと、したがって、そうするべきではないと言うことはできないこと――これはそうすべきだと言うことと同じではない――である。」アウル（Joachim Aul）もこの立場を受け継いでいる。»Aspekte des Universalisierungspostulats in Kants Ethik«, in: *Neue Hefte für Philosophie*, Heft 22, 1983, insbes. S. 85ff. カント自身がこうした解釈からまったく隔たっているわけではないことは、次の講義録の箇所が示している。「どんな道徳判断でもわれわれは次のように考えをまとめる。この行為は、もしそれが一般的に採用されるとしたら、どのような性質をもつだろうか。この行為の意図は、それが一般的規則にされる場合に自己自身と整合するなら、道徳的に可能である。――この行為の意図は、それが一般的に採用される場合に自己自身と整合しないなら、道徳的に不可能である」。Kants *Gesammelte Schriften* (Hrsg. Akademie der Wissenschaften der DDR), Bd. XXVII (Kants Vorlesungen Bd. IV: Vorlesungen über Moralphilosophie), Berlin 1979, S. 1276f. この箇所への注意はゲアラッハ（Henry Gerlach）に負う。

（7）同様のことをフランケナ（William K. Frankena）も指摘している。William K. Frankena, *Analytische Ethik*, München 1972, S. 52〔フランケナ『倫理学』杖下隆英訳、培風館、一九七五年、五〇頁〕.

（8）GMS 53 (BA 54)〔カント『基礎づけ』、五五頁（IV422）〕を参照のこと。

（9）たとえば、Immanuel Kant, *Kritik der praktischen Vernunft*, in: *Werke in sechs Bänden*, (Hrsg. W. Weischedel), Bd. IV, a.a.O., S. 136 (A 49)〔カント『実践理性批判』坂部恵・伊古田理訳、岩波書店版『カント全集7』、一五九頁（V27）〕を参照のこと。

（10）GMS 54/55 (BA 56/57)〔カント『基礎づけ』、五七頁以下（IV423f.）〕を参照のこと。

第三章

次に、定言命法によって認められた規範は一般妥当的である、すなわち、例外なしに拘束力をもつ「実践的法則」であるというカントのテーゼを論じたい。このテーゼもまた、それが十分に注意深く定式化されるなら――カントと共にカントに抗して――正当化されうる。たとえば、「もしそれが私にとって目的に適うように思われるなら、私は不真実を口にするつもりだ」という格率を取り上げよう。私はその一般化不可能性から出発する。そうした格率に従って行為することは定言命法によって断固排除されているが、それが意味するのは、この格率を念頭に基礎づけられた（あるいは動機づけられた）嘘は定言的にそして厳密な一般性の意味で（カントの「普遍性(1)（universalitas）」の意味で）禁じられているということであり、そしてそれは道徳規範として「嘘をついてはならない」あるいは「君は嘘をつくべきでない」と定式化できる。ただし看過されてならないのは（カントト自身は看過したのだが）、この規範の一般妥当性（普遍性：universalitas）が特定の格率の一般化不可能性から（あるいは特定の行為根拠の不十分さから）帰結することである。厳しい禁止は行為のさまざまな根拠のある階層に関係するのであり、それは厳しい禁止としては当該の行為（ここでは嘘をつくこと）に関係できるわけではない。例外の可能性に対するカントの論駁は、それが正真正銘の例外に関係している場合にはまったく正当である。すなわち、「君は嘘をつくべきでない」という規範は、それがここで説明した意味で解される場合には、いかなる例外も許容しない。しかし、それによってはまだ、次のような行為根拠が可能であるかどうかは未決定である。すなわち、その「公共的な支持可能性」を根拠として（あるいは――最も近しいものでは――当該格率の一般化可能性を根拠として）一般化可能な例外を指定する行為根拠が可能かどうかは未決定なのである。カントは二つの異なるカテゴリーの「例外」を相互に混交していると思われる。もしこの点までカントに従うのでないなら、導出された道徳規範を同時に厳密に一般妥当的でありかつ例外が考えられることを「念頭においた」ものと解することは、困難なく可能である。

ちなみに、ここで問題になっている差異化は、私は自己自身の利益のためにせよ自分の子どもや友だちの利益のためにせよ嘘をついてはならないというような「利己的」動機と「利他的」動機との区別と重なるものではない。前述の規範が禁じているのは、（利己的なものであれ利他的なものであれ）私的目的を根拠にした嘘である。罪のない人をたとえばゲシュタポから救うことは、この意味での私的目的ではないだろう。それはむしろ、他の道徳規範、すなわち、罪なく迫害される人を助けなくてはならないという規範によって基礎づけられうる行為目的だろう。この場合、道徳規範（「君は嘘をつくべきでない」）の毀損は「公共的に支持可能」な根拠によって正当化できる（私が所与の状況下では当然その根拠を、カントの表現では「公共的になる」ようにさせてはならない場合ですらそうである)。その根拠のかわりに、当該の格率「私は、罪なく迫害されている人を窮余の場合には嘘をついて救うことを試みるつもりだ」は一般化可能であると言うこともできるだろう。もちろん、ここでひとつの困難が生じる。カントは道徳規範を厳格主義的に解釈したので、もうその困難に必然的に巻き込まれることはなかった。つまり、先に考察した、その一般化不可能性がいわば明白である格率「もしそれが必要(すなわち目的に適う)とあれば、私は不真実を口にするつもりだ」とは異なり、ここで考察した格率の一般化可能性への問いは、決して一義的に決定可能ではない。明晰な答えを認めるには、この格率はあまりに漠然としている。それゆえに、こちらの格率を私が一般法則として意欲できるのは、「窮余」の場合が実際にあるときに、正しい決定を下すための十分な判断力と善い意志とをすべての人がもっていると私が確信できる場合だけであると主張する人もたしかにいるかもしれない。しかし、もし私がそのことを確信できるとしたら、その場合もはやだれも罪なく迫害されはしないだろうから、当該の格率はもはや不必要になるだろう。したがって、カントがそうした格率を、可能な目的の国における立法としては適さないと退けたとき、われわれはその一貫性を徹底して認めてあげなければならない。「君は嘘をつくべきでない」という規則の例外を実際に正当化するためには、具体的状況のもつ特殊事情に立ち入らねばならないのは明白だろう。その際、それでもって私が例外を正当化するつもりの「公共的に支持可能」なさまざまな根拠は、たしかに原理的には、状況の類型に関連づけられた一般化可能な格率の形式で再び表現できる。しかし、そこからは次のようなディレンマが生じる。それは、問題になっている状況類型をより厳密に特徴づければ特徴づけるほど、それだけその格率の適用範囲がいっそう狭くなり、また、この特徴づけがより一般的に行われれば行われるほど、それだけ適用範囲はいっそう無規定になるというディレンマである。しかし、これが意味するのは、道徳規範の根拠ある例外は、その規範によって禁じられた（あるいはまた命じられた）行為と同じ意味では規則のもとに属しえないということであり、まさにそれゆえに、道徳規範の適用に際しては判断力が、カントが認めることができたよりも、はるかに根本的な役割を果たすのである。またここにおいて基礎づけられるのは、ふつう道徳上の論争では基礎的な道徳規範に議論の余地があるのではなく、状況ないし状況類型の特徴づけに議論の余地があるということである。われわれがその特徴づけで（したがって言葉の最広義での「事実」で）一致したときには直ちに、道徳上の論争は解消されるのが通例である。この意味で道徳は事柄そのもののうちに存するのであると言うこともできるだろう。

先に挙げた事例の分析を終わりにするために、想定された道徳的な問題状況ならびに判断状況の記述をもう一度一つの重要な点で修正したい。修正点は、この問題を二つの構成要素へと「分解」する仕方にある。われわれが行為の格率からではなく道徳的規範から出発する場合、まさに二つの規範の葛藤が問題の所在となる。すなわち、第一の規範は、私が罪なく迫害される人を助けることを要求し、第二の規範は、私が嘘をつかないことを要求する。さて、どのような仕方でこの二つの規範が行為の一般化不可能な格率に否定的に関係づけられているかをよく考えてみるなら、設定された行為状況は第一の規範の直接的な適用事例であり、それに比して第二の規範の間接的な適用事例にすぎないことが直ちに明らかになる。それは次のようなことである。援助命令は、「私は、それが自分の不利益にならない場合にだけ、罪なく迫害される人を助けよう」という格率の一般化不可能性から生じるのであり、この命令によって一つの行為目的──一人の罪なく迫害される人を助けること──が命じられている。こういうことなのである。それに対して、嘘の禁止は、所与の状況において──ここで設定されている前提のもとでは──まったく議論になってもいない格率、すなわち、「私は、もしそれが自分に有利に思われるなら、不真実を口にするだろう」という格率の一般化不可能性から生じる。これは、嘘はこの場合、「私的目的」を実現するための手段としてではなく、道徳的に命じられた行為目的を実現するための手段としてどうにか議論になっているのだということの言い換えにすぎない。それゆえ、相互に衝突している諸規範は、それらが一般化不可能な格率に対してもっている内的関連を考慮に入れるなら、また行為状況の特殊性格をも考慮に入れるなら、何ら同一水準にないのである。したがって、この種の場面に関して、さまざまな道徳的義務の間で衝突が問題になることは実際にはまったくないというカントのテーゼに──もちろん非カント的な論点を伴ってではあるが──賛同が得られるであろう。

われわれが道徳的事例として挙げた状況に対する私の行う第二の特徴づけ〔状況類型をより厳密に特徴づけること〕は、この状況のもつ一つの側面を可視化する。それは、第一の特徴づけ〔状況類型をより一般的に特徴づけること〕において──ほとんど一般化可能な行為格率のせいで──隠されたままになっていた側面である。なお、もちろん反対に、第二の特徴づけが、第一の特徴づけにおいて前面に出ていた側面を隠すと言うこともできる。すなわち、私が考えているのは、「具体化」による問題提起あるいは適用における問題提起という側面である。さて、われわれの挙げた事例が示唆するほんとうに極端な場面はほんの少しだけ修正されて、罪なく迫害される人を助けるために嘘がいつでも正当な手段でありうるわけでは決してないとわかるようにされなければならない。そして、それが意味するのは、見かけ上の規範の衝突について先ほど提案した解決は、その構造が一般性をもつにもかかわらず、ただ極端な場面でのみ妥当しうるということである。それでも、問題のこうした側面は、誠実であることへの命令の例外をわれわれが一般化可能な格率に属させるよう試みるときに――したがってわれわれが一種の許容法則を定式化しようと試みるときに、ようやく十全な判明性をもって明らかになる。先に見たように、厳密に言うなら、この種の一般化可能な格率は、最終的に文脈依存指示語的な要素を含まねばならないのだから、定式化されることはできない。したがって、「許容法則」は、このような状況では嘘をつくことが許されるというようにだけ述べることができるだろう。例外の一般妥当性は、道徳的命令自身の一般妥当性とは異なり、最終的には具体的状況における特定の行為仕方の基礎づけを念頭においてのみ示すことができる。この点に、「状況主義的」あるいは「実存主義的」倫理学を真実であらしめる要素がある。晩年のカントの法外な慧眼だけは驚嘆の対象でありうる。なにしろカントは、その倫理学においてそうした「状況主義的」な要素やそれに対応する判断力の役割にその場所を予定しなかったので、厳格主義的な義務倫理学という唯一可能な選択肢を最終的な帰結に至るまで主張したのだからにほかならない。

もう一度、「導出された」道徳的諸規範――厳密に一般的だが、それにもかかわらず例外が考えられることを「念頭においた」諸規範――は、否定という道を経て一般化不可能な格率から生じるというテーゼに戻ろう。このテーゼによって、定言命法の明るみの中で考えるならすべての基礎的な道徳規範は――たとえば「君は嘘をつくべきでない」、「君は殺すべきでない」あるいはまた「だれにも危害を加えてはならない[2](Neminem laede)」を念頭において――禁止規範の性格をもつと言うつもりはない。むしろ、「(君にできる範囲で)困窮している人々を助けなさい」のような規範も――カントによれば、これには「広い」拘束性をもつ倫理的義務が相当する[3]――道徳的禁止規範と同様の仕方で一般化不可能な格率、たとえば、「もしそれが自分の利益にならないのであれば、私は誰も助けまい」という格率に否定的に関係しうる。このような「積極的」道徳規範は、ガートが道徳的「理想」と呼ぶもの[4]と密接に連関するものだが、その道徳的禁止規範との相違は、後者の場合、行為は禁じられているが、それに対して前者の場合、行為(あるいは行為の試み)をしないことが禁じられていることに存する。しかし、ある行為の禁止が、この行為を行わないことの命令と同義であるのに対して、(特定の状況において)「何もしないでいること」の禁止は、特定の行為を行うことの命令と同義ではない。広い拘束性をもつ倫理的義務には、カントが述べているように、「多かれ少なかれこの義務を行うに際して裁量の余地が」あり、「その限界を明確に提示することはできない[5]」。積極的規範が命じるのは特定の方向で行為すること(カント的に言うなら、他者の幸福を自分の目的にすること)であり、特定の行為を行うことではないと言えるかもしれない。

R・M・ヘアは、道徳的「一見自明な原理[6]」が例外をもつという問題を、私が先に提案したのとはいささか別の仕方で解決することを試みた。ヘアは道徳的考察の二つの水準を区別し、それを「直覚的」水準と「批判的」水準と名づける[7]。道徳的考察の直覚的水準でわれわれは一見自明な原理に関わるが、この原理は同時に一般的でありかつ多かれ少なかれまだ特定化されておらず、それゆえに例外を念頭においたものである。道徳的葛藤状況になってはじめてわれわれは道徳的考察の批判的水準への移行を強いられる。すなわち、「無制限に特定の内容」をもつことができる「批判的道徳原理」の定式化への移行を強いられる[8]。一見自明な原理はヘアにとってもっぱら、いわば道徳的日常における複雑さを軽減するための（もしくは道徳的「習慣」を形成するための）手段である。もしわれわれが大天使の叡知的能力をもっていたとしたら、われわれはみずからが道徳判断を下すにあたっていつでも批判的に振る舞うことができるであろうし、それゆえわれわれの行為を、われわれがまさにそこに置かれている行為状況の個別性をそのつど考慮した道徳原理に規定してもらうことができるだろうが[9]、そうはいかないのでこの手段が必要になるのである。

ヘアの「批判的道徳原理」は、次のような仕方で例外条項によって修正された一見自明な原理である。「Gである行為を行うべきではない。例外として、Fである行為を避けるために必要であり、かつその行為がHでもある場合はそれを行ってもよい。しかし、もしその行為がHでないなら、それを行ってはならない[10]」。もっとも、この修正は一見自明な原理の批判的な内容特定化の端緒にすぎないだろう。したがって、「例外」問題のこのような解決法は私には奇妙に思われる。なぜなら、ヘアの仕方で原理の一般性を状況の特殊性と考え合わせるためには、事実上、大天使（あるいは神）というフィクションが使用されるからである。それは、特殊を一般へと「止揚する」能力をもつ無制限の叡知である。そのようなフィクションがわれわれの有限な思考活動の消尽点として前提される場合にだけ、道徳的例外あるいは道徳的葛藤（すなわち道徳的問題状況）の問題を、道徳規範の無制限の内容特定化可能性を手がかりに解決することを試みることができるのである。ヘアによるこのようなフィクションの使用は、自然科学において（すなわち因果法則の無制限の内容特定化可能性という理念において）はある意味で正当な思考形態を歴史的‐実践的な諸現象の領域へと転移することにもとづいている。こうした転移は、（すべての行為がそこに帰属する）歴史の領分では「決定的な」言葉、すなわち「余すところのない」記述という理念が統制的理念としてさえ意味をもたないという理由からだけでもすでに不当である。だが、道徳原理の無制限の内容特定化可能性というヘアの理念に対する異議は、次のようにもっと特定的にしてもっと精確に定式化することができる。（強い意味で）一般化可能な格率と「準‐一般化可能」な格率との明確な区別が——カントから出発するなら——見出されることを、われわれはすでに見てきた。前者には一般妥当的な道徳規範が対応し、後者には「許容法則」が対応するということになるだろう。われわれがすでに見たように、そのような許容法則は、その曖昧さのゆえに実際には（カントの意味での）法則として定式化されえない。しかしそれは、許容法則が、不特定多数の事例を覆い隠しており、その中には、許容されるように見えることが道徳的に禁じられているものもあるということである。先にヘアの（制約され）内容特定化した規範の事例を引用したが、この種の許容法則にはあの事例における第一の「例外」条項が対応し、他方、第二の「例外」条項は許容の制限を意味する。さて、実際はヘアも、有限な叡知者としてのわれわれはつねに道徳原理の有限な内容特定化でやりくりしなければならないというところから出発する。しかし、われわれが批判的道徳原理に立脚しているとして、もしその批判的道徳原理が、われわれの原理の内容特定化が制限されているがゆえに、いわば必要不可欠な制限だけを与えられうる構成要素として許容法則を含んでいるとしたら、道徳原理そのものがほとんど必然的な仕方でまたたしかに予測可能な仕方で誤りである。たとえば、次の原理について考えてみよう。「殺人は禁止されている。ただし、死の病に冒され自分をその苦痛から解放するよう君に頼む人に対して、慈悲の行為を行うために殺人が必然的である場合は除外する」。このような原理を主張する人は、当該の行為をすることが主張可能である——もしかするとその上命じられてもいる——かもしれない特定の状況を念頭に置いている。しかし、もしこのような原理が何か法規のかたちを与えられたとしたら、際限のない乱用のきっかけとなりうるだろう（これは問題のだれにでも分かる側面である）ということのみならず、この原理は、それが善意によって適用されるという前提のもとでも、法規のような一般性においてはおそらく道徳的に誤りであることもまた明白である。定式化が曖昧なところには（ある行為が慈悲の行いという資格をもって必然的になるのはいつなのか）、同時に無数の反対根拠がひそんでいる。それをわれわれは具体的状況のなかで（それどころか机上においてさえ）思い浮かべることができるだろう。なお、私が考えているのは、一般的に定式化された原理そのものに対する反対根拠である。しかし、具体的状況でわれわれは、自己責任においてできるだけ善く行為しなければならない。さて、われわれが道徳的な判断や基礎づけの論理をヘアの意味で再構成したなら、問題状況におけるわれわれの道徳的基礎づけは必然的に誤りになるであろう。なぜなら、それは誤った原理にもとづいているからである。しかし実際には、具体的状況のなかでわれわれがもっているのは（つねに）まだ－十分に－内容特定化－していない原理であるという事情は、その状況のなかで根拠をもって正しいことを行うことを決して妨げないにちがいない。その根拠が確固たるものかどうかは、どうやら、一般妥当的原理の定式化可能性よりもわれわれによる（その）状況の把握により多く依存している。あるいは、別様に表現すればこうなる。根拠や状況記述がいつでも一般的性格をもつとしても、それでもわれわれに定式化できるさまざまな基礎づけは当該の場合において同時に文脈依存的な要素をもっている。これこそが――いざとなれば――基礎づけの確固さが依拠するものなのである。われわれの状況理解はいつでも、われわれの記述や基礎づけの中で明示的になるものでは汲み尽くせないものをある程度は含んでいる。したがって、（批判的）原理も、それをわれわれが定式化するなら、原理を応用できるためにわれわれが頼りにしなければならない範例的状況への暗示的連関を含んでいる。この原理そのものが文脈依存的な要素を含んでいるのである。ただこれだけが、この原理が、前もって十分に「内容特定化」されることなしに、道徳的考察において役割を果たすことができる理由である。これに対して、もしわれわれが一見自明な原理を一般化不可能な格率への否定的関係によって一般妥当性が構成されている道徳規範と考えるなら、同じことが一見自明な原理に当てはまるわけではない。

以上のことで私が言いたいのは、カント倫理学は——それが他の点でどのようなものと見なされていようと——われわれに道徳規範と「許容法則」との定言的区別を定式化することを許容し、その区別によって何がしか道徳的な判断と基礎づけの「微細構造」が見えるようになるということ、しかもその微細構造は——ヘアがそうしているような仕方で——一方で道徳的命令ないし禁止を、他方で「許容法則」を、「批判的」道徳原理の定式化において「相互の中に組み込む」のであれば、見ることができないということである。こうした理由から、そして先ほど特徴づけた、ヘアのプログラムの合理主義的内容にもとづいて、私はヘアの道徳的例外に関する問題の解決を「奇妙」だと言ったのである。

さて、ヘアはここで批判したアイデアによって、カントもそこに数え入れられるにちがいない合理主義の伝統に属すことになるが、それでもヘアと比べるならカントの方が法則概念を道徳哲学に転移するに際して、アリストテレス的な慎重さの一片を保ち続けていたように思われる。まさにそれゆえにカントには、一般的原理と個別的状況の調停が、ヘアが作りあげるような仕方では不可能に見えたにちがいない。道徳哲学におけるカントの厳格主義は、カントがこの困難から引き出した合理主義的帰結である。すなわち、この帰結は、カントが道徳的行為をすべからく合法則性の形式のもとに置くために支払った代償だったのである。他方、すでに見てきたように、基礎的道徳規範（したがってヘアの意味での「一見自明な原理」）の「普遍性（universalitas）」は、そうした道徳規範を行為の一般化不可能な格率に否定的に関係づけるなら、まったく救出可能である。このとき、「例外」の問題は別の印象を与えるものになる。すなわち、「例外」の問題は、最終的には行為の具体的状況のなかでのみ、たしかに根拠をもって、しかし原理の無制限の内容特定化によってではなく、解決可能な問題として姿を表わすのである。

私はヘアとの相違を誇張するつもりはない。（カント的なパースペクティヴの枠内における）「例外」問題の解決法を先に提案したが、ヘアによる「直覚的」道徳原理と「批判的」道徳原理との区別には、あの解決が他言語に一種の翻訳をされた姿を見ることができる。すなわち、構造的な同質性は明白である。そう理解した場合、カントよりヘアの方がアリストテレスの伝統に近いことになろう。ただ私は、ヘアが「原理」について、厳密に考えるならいかなる原理ももはや定式化されえないと語るのは少なくとも誤解を招きやすいと思う。仮にわれわれが具体的状況における道徳判断のために持ち出すことのできる根拠がいつでも一般性という指標をもっているとしても、それでもその根拠は、道徳的葛藤の場面ではともかくもアドホックな原理へとかたちを変えることができるような仕方で依然として状況と「結びついて」いる。ここでアドホックな原理というのは次のような規則のことである。すなわち、その正しい適用は依然として判断力に委ねられているが、判断力の側では当該の状況を例としてそれに（道徳的な）に関わるなかでだけみずからを磨くことができるという規則のことである。これと類比的なことは、一般化不可能な格率に「対応する」道徳原理には当てはまらない。この場合、問題は――私が先に説明した意味で――まさに現実に普遍的原理に関わっている。したがって私は、少なくともカントのパースペクティヴの枠内――ヘアも実のところ広義ではこのパースペクティヴを共有している――では、道徳的例外の問題について先に提案した解決には、ヘアによる解決よりも説得力があると考える。

原注

（1）GMS 55 (BA 58)〔カント『基礎づけ』、五九頁（IV424)〕を参照のこと。

（2）これはショーペンハウアー（Arthur Schopenhauer）の「正義の原則」である。Arthur Schopenhauer, *Die beiden Grundprobleme der Ethik*, in: *Sämtliche Werke* (Hrsg. W. Freiherr von Löhneysen) Bd. III, Darmstadt 1968, S. 746〔ショーペンハウアー『倫理学の二つの根本問題』、『ショーペンハウアー全集９』前田敬作・芦津丈夫・今村孝訳、白水社、二〇〇四年、三三〇頁〕を参照のこと。私はここでショーペンハウアーのカント倫理学批判に立ち入らない。ただ、次のショーペンハウアーのテーゼだけには言及しておきたい。「当為の概念、倫理学の命法的形式は、神学的道徳においてのみ妥当するのであり、その外部ではすべての意義と（すべての）意味を失う」(a.a.O., S. 726〔邦訳、三〇五頁〕)。無条件的な道徳的当為の概念に対する同様の「意義－批判」が、近年の倫理学上の論争にも再び姿を現している。

たとえば、G. E. M. Anscombe, »Modern Moral Philosophy«, in: *Philosophy* 33, 1958; A. MacIntyre, *After Virtue*, Notre Dame/Indiana 1981 (S. 57)〔アラスデア・マッキンタイア、『美徳なき時代』篠崎榮訳、みすず書房、一九九三年、七一頁以下〕を参照のこと。道徳的当為の意義批判については、Ph. Foot, »Morality as a System of Hypothetical Imperatives«, in: *Virtues and Vices*, Berkeley and Los Angeles 1978, S. 163ff. ならびにU. Wolf, *Das Problem des moralischen Sollens*, Berlin und New York 1984, S. 3ff. も参照のこと。私がそう名づけようと思う「ショーペンハウアー問題」は、たとえショーペンハウアーがそのテーゼをその文脈で定式化するカント批判が説得力のあるものでないとしても、無視できないと思う。この問題には間接的にではあるが第十一章〔訳注：原書テクストの一四一頁、本訳書の一八二頁を指す〕で立ち戻る。

(3) Immanuel Kant, *Metaphysik der Sitten*, in: *Werke in sechs Bänden* (Hrsg. W. Weischedel), Bd. IV, a.a.O., S. 520 (A 20).〔カント『道徳の形而上学』、岩波書店版『カント全集11』、二五五頁（VI390）〕を参照のこと。

(4) Gert, a.a.O., S. 128ff. を参照のこと。

(5) *Metaphysik der Sitten*, a.a.O., S. 524 (A 27)〔カント『人倫の形而上学』樽井正義・池尾恭一訳、岩波書店版『カント全集11』、二六〇頁（VI393）〕.

(6)「一見自明な原理（prima facie principles）」という表現については、Hare, *Moral Thinking*, a.a.O., S. 38〔前掲、ヘア『道徳的に考えること』、五九頁〕.

(7) A.a.O., S. 25ff〔同前、三九頁以下〕.

(8) A.a.O., S. 41〔同前、六二頁〕.

(9) A.a.O., S. 46〔同前、七一頁〕を参照のこと。

(10) A.a.O., S. 33〔同前、五一頁以下〕.

第四章

カントが、格率を一般法則として意欲できたりできなかったりする意志に、いつでももう理性的存在者としての人間に共通の意志の表現を見ていたことは明らかである。カント倫理学の「認知主義」――すなわち、道徳判断が相互主観的妥当性の意味で一般的であることへの要求――の成否は、この前提次第なのである（われわれが「究極的」基礎づけの問題をさしあたり無視するのであれば）。明らかにこの前提は問題含みである。つまり、「意欲できる」という表現は、それ以上分解できない「経験的」要素を含んでいるので、われわれは、異なった人が異なった行為の仕方を一般的な行為の仕方として意欲できる可能性を考慮に入れなければならない。先に指摘したことだが、もし（強い意味で）一般化可能な格率という概念において一般化不可能性の概念が論理的優位をもつことがはっきり理解されるならば、この問題はある程度まで緩和できる。というのは、「意欲できない」に関して言うなら、道徳的に判断する人は誰でも特権的な位置にいるからである。すなわち、「もし私が……を意欲できないなら、われわれもまた……を意欲できない」のである。

もちろんこれでもって、道徳判断が相互主観的に妥当であることが確保されるわけでは決してない。なぜなら、われわれがそのつど一般的な行為の仕方として意欲できたり意欲できなかったりするものは、われわれがそのつど社会的現実や自分の必要を解釈するために用いる諸概念のマトリックスに疑いようもなく決定的に依存しているからである。たとえば、（生徒・臣下・部下による）反抗が起きた場合にはぐずぐずせずに直ちに厳しく断固たる処置をとろうという独裁的な格率を、私が一般化可能と判定するかしないかは、私が——独裁的な教育者や上司として——社会的現実を解明するために用いる概念のマトリックスが、服従と反抗にいわば規範的秩序のプラス極とマイナス極を表示させるようなものかどうか、あるいは、私が——民主主義者として——社会的現実の解明に用いる概念が、自己決定と依存という両極端によってその規範的なプラス・マイナスを表示できるようなものかどうかに依存している。定言命法のような道徳原理が規範的な「真空」地帯で作動することは断じてありえない。他方、もし道徳原理がそのように作動するなら、少なくとも具体的行為状況における定言命法の遵守がそれだけで当該の道徳判断の相互主観的妥当を保証することはありえない。また、まずもって、定言命法を用いてどのように道徳的合意が確保されうるというのかがまったく分からない。さらに、われわれが先に議論した「例外」の問題性、すなわち道徳判断の状況的側面の問題性をつけ加えるなら、カント自身が定言命法の「形式主義的」解釈を用いてのみ隠すことのできた諸問題の束が姿を表わす。そのような形式主義的解釈は『実践理性批判』で前面に出てくる。それは、この書物の決定的な箇所で、「意欲できる」が「妥当しうる」に置き換えられ、「妥当しうる」ことの尺度として「考えることができる」が挙げられるところに顕著である。(1)

特徴的なのは次の定式化である。

「したがって、理性的存在者は、みずからの主観的‐実践的原理、すなわち、格率を同時に一般法則として考えることがまったくできないか、あるいは、そうした原理のたんなる形式が、それに従ってその原理が一般的立法に適合する場合、その原理をそれだけで実践的法則にすると想定しなくてはならない(2)」。

カントは、格率の「合法則性という形式」を道徳的に正しい行為の尺度にすることによって、道徳の客観性を――見かけ上――救い出す。しかし、このような思想を首尾一貫して遂行することは、形式主義的義務倫理学というおそらくもうわれわれの興味を引かないであろうもののために、カントの道徳哲学の実り豊かな曖昧さを解消してしまうことを意味するのである。

これに対して、私は思うのだが――そしてこの点では、カントを受け継ぐ現代のほぼすべての道徳哲学者もきっと同意見だと思う――、『基礎づけ』でカントが行った道徳原理の定式化の生産的な点は、まさに行為者の経験的意志に立ち戻るところに存する。この意志はもちろん個別の目標にではなく一般的な行為の仕方に関わる意志だが。もしわれわれの道徳的直感のカントによる再構成に何らかの正しいところがあるとしたら――こういう言い方をひとは好むけれども――、それは、道徳判断の合理性が（経験的な）意欲（Wollen）と当為（Sollen）との間に存する特定の関係において保証されるところに存するにちがいない。今日の道徳哲学の大部分は、カント倫理学を形式主義的に萎縮させることに抗して、このカントの根本的直感の真価を発揮させようとする試みとして理解することができる。とりわけ規則功利主義とコミュニケーション倫理学との共通性も、この点に存する。さて、カントは行為能力のある存在者が「意欲できる」ことと合理性との連関を構成したが、その構成の背後に潜む問題を真剣に取り上げるなら、カントを受け継ぐ倫理学にとってそれを解決するために考えられる選択肢は、大ざっぱに言って三つあると思われる。第一の選択肢は、異なった合理的存在者が場合によってはまったく異なった行為の仕方を一般的なものとして意欲できることを容認することである。この場合、行為能力のあるすべての存在者の理性的意志が必然的に一致することは否定され、少なくとも初期のヘアと同様に[3]、道徳の宇宙は——潜在的に——複数の道徳の世界へと分裂する。その他の点では、ヘアは、倫理学の普遍主義を道徳の根本用語（「べきである」、「ねばならない」等）の論理的文法から直接導出することで、「究極的基礎づけ問題」を消し去った。ヘアは倫理学をいわばわれわれの（すなわち現代の）理性の事実で保証するのである。第二の選択肢は、最小倫理学を基礎づける試みである。最小倫理学の内容は、一般化不可能な格率の事例をよく考えてみるなら、カントの場合でも出会うことになる道徳規範に多かれ少なかれ対応する。一般化不可能な格率に対する道徳規範の否定的関係も、この「カント的」倫理学の第二のヴァリアントにかたちを変えて再び現れる。すなわち、道徳規範は何と言っても、合理的存在者がそれを許可することで一致することはありえない行為の仕方を禁止するものなのである。この際、

「合理的」という言葉は、弱い意味で理解されねばならない。「合理的」意志とは、みずからの利害関係を考え、別に考えられる規制がどのような帰結を生むかを考慮に入れる意志である。——これは、カント的構成の当該箇所に見られるのとまさに同様の意志である。B・ガートの理論(4)、G・H・フォン・ウリクトの論述(5)、そしてある程度はシンガーやロールズの理論(6)も、この第二の選択肢に相当すると私は考える。この第二の選択肢の場合、道徳的当為はその基本的要素から再構成されるので、たしかにある意味で道徳の宇宙の統一は保持されるものの、その代わり道徳的拘束性の概念が問題になる。すなわち、私は——いまここで——一般化可能な格率に従って、あるいはガートの用語法では「公共的に支持可能」な根拠を念頭において行為すべきである、したがって、私が——いまここで——道徳的に行為すべきであるということを、道徳的当為の合理的意味が疑わしくなってしまった以上、もはやカントのように一気に力ずくで基礎づけることはできないのである(7)。相互主観的に妥当的な、カントの意味で道徳的な内容の再構成には、理性的意志と道徳的意志との直接的同一性が壊れるという——逆説的な——帰結が伴う(8)。この同一性は、定言的当為そのものがもう一度(経験的な)「意欲」と結び付けられる場合にのみ——究極的基礎づけに向かってではなくより弱いかたちで——回復可能である。したがって、第二の選択肢は、カント倫理学における基礎づけ不足をあらわにすることになる。再構成としてのこの選択肢がカント倫理学の根本思想に説得力をもたらせばもたらすほど、定言命法の無条件的で道徳的な「べきである」は純粋実践理性の「べきである」ことが不可能なことが、その再構成の中でますます判明に際立ってくるのである。

最後に第三の選択肢は、アーペルやハーバーマスのみならず、他のかたちでエアランゲンやコンスタンツの「構成主義」の代表者たちも提案しているような、[9]カントの道徳原理を討議倫理学的に拡大することである。先に述べた選択肢の場合と似ているが、この選択肢では、妥当な道徳規範とわれわれが合理的な対話によって一致することを可能にする規則が同一視される。第二の選択肢との決定的な差異は、内容的な道徳規範の哲学的基礎づけへの要求が廃棄され、その代わりに、対話による一致の原理がカントの道徳原理の位置を占めるところにある。このような転換は、究極的基礎づけの問題にも再度取り組むことを許容する。少なくとも、アーペルとハーバーマスは、規範的な妥当性要求を強制なしで対話的に明確化する原理が、構成的原理としてコミュニケーション行為の諸条件に「組み込まれ」ていること、したがって言語能力と行為能力のある存在者はそうした原理を――少なくとも暗黙のうちに――つねにすでに承認しているにちがいないことを証明しようと試みる。ここに掲げたカントを受け継ぐ倫理学ないし「カント主義的」倫理学の異なった三つの選択肢のうち、第三の選択肢だけは、カントの意味における実践理性の力のこもった概念を復権しようという真剣な試みを示している。すなわち、道徳規範の基礎づけ可能性も無条件的な道徳的当為の合理的意味も擁護しようという試みを示している。この第三の選択肢の陥る困難には後で立ち入ることにしよう。

原注

（1） *Kritik der praktischen Vernunft*, S. 140, 136 (A54, 49)〔カント『実践理性批判』、一六五頁（V30）、一五九頁（V27）〕.

（2） A.a.O., S. 136 (A 49)〔カント『実践理性批判』、一五九頁（V27）〕.

（3） Richard M. Hare, *The Languadge of Morals*, Oxford 1952, S. 68f〔ヘア『道徳の言語』小泉仰・大久保正健訳、勁草書房、一九八二年、九二頁以下〕を参照のこと。

（4） Gert, *The Moral Rules*, a.a.O.、第二章、特に三七頁を参照のこと。

（5） Von Wright, *The Varieties of Goodness*, a.a.O. を参照のこと。

（6） John Rawls, *A Theory of Justice*, Cambridge/Mass. 1971（ドイツ語訳、*Theorie der Gerechtigkeit*, Frankfurt 1975）〔ロールズ『正義論』川本隆史ほか訳、紀伊國屋書店、二〇一〇年〕.

（7） ガートが『道徳規則』で述べていることを参照のこと。Gert, *The Moral Rules*, a.a.O.、第十章「なぜ道徳的であるべきか」。

（8） A.a.O., S. 204ff. を参照のこと。

（9） 次のカムバルテル編による論集が代表的なものである。Friedrich Kambartel (Hrsg.), *Praktische Philosophie und konstruktive Wissenschaftstheorie*, Frankfurt 1974. それ以外には次のものがある。Oswald Schwemmer, *Philosophie der Praxis*, Frankfurt 1971. ならびに、Paul Lorenzen und Oswald Schwemmer, *Konstruktive Logik, Ethik und Wissenschaftstheorie*, Mannheim-Wien-Zürich 1973.

第五章

これまでカントの道徳原理について選別した上で私の支持する解釈は、三つの異なった選択肢のうちの第二の解釈と多少なりとも構造的に合致する。これに関連するのは、定言命法の基礎づけ可能性への問い――ただし、これは定言命法の明るみのなかで解明される道徳的当為の合理的意味への問いである――を私がこれまで等閑に付してきたという事実にほかならない。カント自身は――この点で私は他のカント批判者たちと同意見なのだが――こうした問いに満足な回答を与えなかった。もっとも、われわれがすでに考察してきたように、これだけがたしかにカント道徳哲学の唯一の弱点であるというわけではない。これまでの考察で私がカント道徳哲学の強みを強調した際には、次のような意図にもとづいている。つまり、一面で私は、カントによる道徳判断の再構成が道徳の諸問題の限定的だが根本的な部門にとって徹底的に納得のゆくものになりうることを示そうとし、他面では、強みを際立たせることで同時にカント的構成の弱点に鮮明な光を浴びせようとした、こうした意図にもとづいていた。そうすることで私は、カントを越える倫理学を要求する際の一定の基準が手に入るとともに、対話的倫理学を開発するための動機をそこから導出できる問題圏を示したと期待している。すなわち、先に示したカント倫理学の問題圏は容易に、カントが求めた倫理学の形式的原理をいわば一段階深いところに位置づけること、言い換えれば、その形式的原理を（相互主観的）妥当性と（合理的）基礎づけとの連関のなかから探し出そうという考えを惹起させる。アーペルとハーバーマスが試みているのがこれにほかならない。アーペルとハーバーマスの場合、「手続き的」な形式主義がカント的な形式主義に取って代わる。手続き的‐形式的な道徳原理の定式化は、カント倫理学の地形測量の中では隠れた場所に留まっている先の問題圏を道徳哲学的に明らかにすることになるだけではなく、形而上学に逆戻りすることなしに「究極的基礎づけ問題」の解決もまた――そして同時に――可能にすることになる。対話的倫理学がもっているこの二つの根本的志向は、後で考察するように、体系的な仕方で相互に結びついている。こうした志向を――したがって、討議倫理学の求めるものとそれが立証責任を負うものをも――もう一歩先まで判明にするために、手始めに、倫理学の対話的拡大のための糸口をカント自身に見出すことができないのかどうかという問題を探求したい。

ジョン・R・シルバーは、カント倫理学の形式主義そのものがすでに「手続き的」形式主義として理解されねばならないということを示そうとした[1]。もちろんその際の問題は、実際の対話の「手続き」ではなく、道徳的な判断形成の「手続き」である。シルバーは、定言命法をカントが定式化する「普通の人間悟性の格率」に照らして解釈することで、カント倫理学の「手続き的形式主義」を説明しようと試みる[2]。われわれの文脈では、とりわけそれらの格率の第二のもの（「あらゆる他者の立場に立って考えること」）が重要である。この格率に照らして解するなら、行為の格率の道徳的吟味は、シルバーによれば、仮言的なパースペクティヴ転換を必要とする。すなわち、格率の吟味に際してわれわれが他者の、当然のことながら特にわれわれの行為に関係する関与者の状況に自己自身を置き移すことによってのみ、われわれは、ある格率を理性的な仕方で――すなわち、合理的存在者として――一般法則として意欲できるかどうかについて、根拠ある判断を下すことができるのである。「すべての合理的存在者の人間性を尊重するために、道徳的行為者は自己自身を他者の立場や観点に置き入れねばならない。この方法で、道徳的行為者は他の存在者の価値とニーズを理解するであろうし、また自己自身を超え出ることで、自己自身の必要充足に集中して他者のニーズや正当な欲求を無視しがちなみずからの傾向に歯止めをかけるであろう(3)」。

カントの判断力の格率〔普通の人間悟性の格率の第二のもの〕に照らしたシルバーの定言命法解釈が、カント倫理学から対話的倫理学への内在的移行を容易に引き起こすと見えることはありえよう。つまり、みずからがある格率を（理性的な仕方で）一般法則として意欲できるかどうかという問題に、私がみずからの思考のなかで他者の――それも、現実の他者の、と言うしかないのだが――ニーズや価値のパースペクティヴの妥当性をも認めることによってのみ、したがって私がみずからの思考のなかの他者にいわば語らせることによってのみ、適切に答えることができるとするなら、そこから二つのことが帰結すると思われる。すなわち、（1）道徳判断に仮言的要素が含まれていること（他者のパースペクティヴに関して、私が自己自身を欺くことがありうる）、そして

（2）道徳的思考はその固有の意味に従うなら現実の対話を参照するよう指示すること（私は現実のコミュニケーションを通してのみ、他者のパースペクティヴを私自身がどのように理解しているのかを反省できるであろうから）、である。別言するなら、道徳的思考の場面で「あらゆる他者の立場に立って考えること」が他者のニーズや価値のパースペクティヴの理解を前提するなら、定言命法が導く道徳的洞察の理念は一つの問題を表示していることになる。それは私がモノローグ的にはいつでも仮言的で暫定的な意味でしか解くことができない問題である。そのとき、格率の一般化可能性への問いは、われわれがある格率を一般法則として意欲できるかどうかという問いになる。しかし、この問いに答えることは、究極的には関係する関与者が現実にコミュニケーションすることによってのみ可能なのである。

もちろんシルバー自身は、このような手続き－形式的倫理学から対話的倫理学への歩みを行わなかった。むしろ、シルバーはカント倫理学の「形式主義的」解釈を拒むことでよりによって、格率の吟味に際して定言命法を「モノローグ的」に適用することが、カントの思っていたとおり、個別的意志と一般的意志との一致を得るのに十分であるということを示そうとしている。このように読むなら、シルバーが普通の悟性の格率を参照するよう指示したことは、理性が実践理性として構成されように定言命法はそうした格率を詳細化するのだということを明らかにしようとする試みとして理解できるかもしれない。実際この意味でシルバーは次のように述べる。「道徳法則そのものは、判断が道徳的図式機能の働きにおいてもつ手続きの詳細を示す原理として理解されるべきである」[4]。

もっともシルバーの場合では、いかにして定言命法の「モノローグ的」な適用が、道徳的に思考する人はその思考のなかで他者のニーズや価値のパースペクティヴの妥当性を認めねばならないという願いと一致し得るのだろうかといった問題が不明確なままになっている。というのも、このような願いは、孤独な思考から現実の対話への移行の必然性を示していると思われるからである。

もちろんシルバーは道徳判断に可謬性があることを認め、それに関連して、人間は「みずからの浄福を恐れとおののきを伴いつつ（…）生み出さ[5]」ねばならないという要求をカントから賛同しつつ引用し、それを参照するよう指示している。しかしながら、ここで本当に問題になっているのは、自己欺瞞の無限の可能性であり、したがってわれわれがみずからの心術の道徳的善さを完全に確信することはありえないということである。これに対して、他者のニーズや価値のパースペクティヴを正しく理解することへの問いは、シルバーの考えがそれを惹き起こす場合と同様に、決してまっさきに道徳的自己欺瞞の問題に関わるものではなく、むしろ行為状況や、それに含まれるがその行為状況にそのつどの関与者が巻き込まれている仕方を適切に理解することに関する問題に多く関わるものである。この問題に関して、道徳判断を下す人はあらゆる他者の立場に立たねばならないというシルバーの要求は、解決の「手続き」のための提案というよりは、むしろ問題そのものの――かえって人を誤りへと導く――再定式化であると思われる。しかし、他面で、カントの道徳原理の手続き的形式主義はまさにこの問題の解決を少なくとも目指していると主張した点でシルバーが正しいとするなら、定言命法はその固有の意味に従って現実の対話への移行を要求するということも認められねばならないだろう。私が正しい仕方で他者の立場に立ったのかどうかは、現実のコミュニケーションと討議という媒体においてのみ明らかになりうるからである。そうすれば、シルバーの考えはカントの道徳原理に内在する「対話性」を示唆するものであると理解できるであろう。このとき問題なのは、カント倫理学のそうした――内在的な――対話性を認めることができるのか、それもカントが倫理学の基礎を「モノローグ的」な道徳原理に置いたことをそれでもって同時に問題視することなしに認めることができるのだろうかということにほかならない。

シルバーの考察が容易に惹き起こすこうした問題に答えるために、私は「対話的倫理学」と「対話の倫理学」を区別したい。私は、「対話的倫理学」とは対話原理が道徳原理の代わりになる倫理学であり、「対話の倫理学」とは対話原理がもろもろの派生的な道徳原理の中で中心的な地位を占める倫理学であると解する。カント内在的には、たしかに対話的倫理学への移行は不可能だが、対話の倫理学への倫理学の拡張は十分に可能であるというのが私の主張である。シルバーの考察から惹き起こされるのは、まさにこのより狭い意味で「対話的」と呼ばれるべきカント倫理学の拡張の方である。それは、ニーズや価値のパースペクティヴがもつ事実的な複数性ならびにその主観を越えた調停の必然性を、問題――カントによって等閑にされた問題――として勘定に入れる倫理学になるであろう。この思想が重要なのは、状況の解釈やそれに自己がどう関係するかを対話的に明らかにすることが可能であるかぎり、すなわち、ニーズや価値のパースペクティヴをコミュニケーション的に了解しあうことが可能であるかぎり、それはカント倫理学によっても必要とされるという点である。というのは、要求、ニーズあるいは状況の解釈が相容れずに相互に衝突する状況にあって対話を拒もうという格率は、(カント的な意味で)一般化不可能だからである。しかし、この意味で派生的な対話原理は、第一義的に格率の一般化可能性という問題に関わるのでなく、何よりも適切な状況理解や自己理解の問題に関わるであろう。この対話原理がとりわけ有効なのは、他者のニーズや価値のパースペクティヴの正しい理解が問題になる場合である。ここで問題はいわば、カント倫理学の「コミュニケーション的基盤」に——すなわち、実践理性の例の次元、世界との関わりの共通性と状況の解釈や自己理解の適切性が問題になる次元に関わっている。カントの場合、このような道徳的な判断形成の次元が遠くへとぼやけてゆくままに放置されている。少なくともシルバーの考察はこの次元を示唆するのである。もちろん、シルバーの場合、このような道徳的な判断形成の次元がいかにしてカントのパースペクティヴの枠内で真価を発揮できるのかが不明瞭なままである。シルバーは、カント自身がこの問題を体系的に取るに足りないものにさせたのだと誤解しているのである。

最後に指摘したことは、すでに話題にした一般化不可能な格率の事例ではっきりさせることができる。たしかに、一般化不可能性の確認はそうした格率の場合でも一種の仮言的なパースペクティヴ転換を前提すると言えるであろう。他者を助けることを拒む格率を自己自身は一般法則として意欲できないという判断をするために、私は誰にも助けてもらえない人の状況一般に自己を置き移すことができなければならない。ここで問題なのは人間学的に基本的な共通性である。カントにとってこの共通性はあまりに自明のことであったので、ある人が特定の場面で他者の状態を助けが必要な人の状態として認識するのであれば、そのなかですでにシルバーの要求するパースペクティヴ転換は行われていると見たのかもしれない。したがってカントは、行為の格率の一般化可能性が問われるより前に、そのつど必要とされるパースペクティヴ転換を遂行済みと見なすのである。そしてこのことは道徳の「基本的な理説〔原理論〕」の分野では、それにカントの倫理学がとりわけ「適合」するので、有意味である。しかし、道徳の非‐基本的分野では事情がまったく異なってくる。そこでは、複雑な行為状況の正しい理解、あるいは歴史的に変わりやすい世界理解や自己理解が問題だからである。このような道徳の非‐基本的分野では、他者のニーズや価値のパースペクティヴに関する知識のみならずその適切な理解が問題になり、それとともに同時に私自身の世界理解と自己理解が問題になるのであり、それもそれを解決することが正しい道徳判断を形成するための前提であるような問題になるのである。

カントの道徳原理の読み方として、それがこのような道徳的な判断形成の次元をも共に含んでいるという読み方をシルバーは試みる。ここにはたしかにカント倫理学の「開放」があり、それは事柄として正当化される。しかし、シルバーの場合、カントのパースペクティヴにもとづいてそのように倫理学を「開放」することの妨げとなる困難が曖昧にされている。したがって、仮言的なパースペクティヴ転換という問題が精確にはカント倫理学の枠内でどこに立てられるのかも不明瞭にとどまっているのである。

シルバーが考察したこともわれわれがシルバーにならって考察したことも、これまでのところ「モノローグ的」な道徳原理の影響範囲を超え出ることはなかった。たしかに先に言及したカント倫理学の「問題圏」が同時に道徳の対話的次元の特徴を明らかにしていること、そしてシルバーの考察したことが少なくともその次元を示唆しているということはずっと判明になった。しかし、差し当たって、シルバーの定言命法解釈にならって対話的倫理学のための結合点をカントに見出そうというわれわれの試みは、カントの普遍主義を再構成する先に区別した三つの選択肢のうちの第二のものの近くにわれわれを連れ戻した。

次章以降で私は――要求という点では――より強い第三の選択肢を、それがハーバーマスやアーペルによって練り上げられたかたちで議論したい。したがって、対話原理を道徳原理の代わりにするという選択肢を議論したい。

原注

(1) John R. Silber, »Procedual Formalism in Kant's Ethics«, in: *Review of Metaphysics* Vol. XXIII, Nr. 2 (1974).

(2) Vgl. Immanuel Kant, *Kritik der Urteilskraft*, in: *Werke in sechs Bänden*, (Hrsg. W. Weischedel), Bd. V, Darmstadt 1957, S. 390〔カント『判断力批判(上)』牧野英二訳、岩波書店版『カント全集8』、一八一頁(V294)〕を参照のこと。ここで言及される格率の文言は、「一、自分で考えること、二、あらゆる他

者の立場に立って考えること、三、つねに自分自身と一致して考えること」である。

(3) Silber, a.a.O., S. 216.

(4) A.a.O., S. 199.

(5) A.a.O., S. 221. Immanuel Kant, *Die Religion innerhalb der Grenzen der bloßen Vernunft*, in: *Werke* Bd. V, a.a.O., S. 722〔カント『たんなる理性の限界内の宗教』北岡武司訳、岩波書店版『カント全集10』、九〇頁(VI68)〕を参照のこと。

第二部　討議倫理学批判

第六章

以下において私は、とりわけハーバーマスによって展開されたタイプの討議倫理学を考察するつもりである。討議倫理学および究極的基礎づけの問題構制がもつ合意説的な諸前提を議論する場合にのみ、明確にアーペル版の討議倫理学（およびW・クールマンによって厳密に仕上げられた究極的基礎づけの論証）を考察しよう。このやり方はたしかに限定されたものであるが、しかし私はそれでよいと考えている。というのも、私にとっての問題は、いくつかの原理的な論証を包括的でとりわけ重要なテクストにおいて範例として明らかにすることだからである。たしかに私は、討議倫理学に関するハーバーマスのこれまでの定式化に対する私の反論がアーペルの最近の同様の論考[1]にも当てはまる、と考えている。その証明がここではできないとしても、私はそう考えている。

ハーバーマスは、普遍主義的な道徳意識への歴史的な（系統発生論的）移行と、子どもがポスト慣習的な道徳意識を形成する（個体発生論的な）発達段階とを対比した。ポスト慣習的な道徳意識は、どちらの場合においても、規範として自明な事柄が疑わしくなり、基礎づけを必要とする場合に形成される。この場合――「コミュニケーション的行為の反省形式[2]」としての――論証が、規範的な妥当性要求を認証する唯一可能な審級である。ポスト慣習的道徳意識への移行は、同時に、規範的な妥当性要求の新たな了解への移行を意味している。この規範的な妥当性要求の相互主観的な妥当性は、いまや、一つの規範に関与するすべての者が論証を通じて自由に到達しうる同意の表現として理解される。手続き的な基準——規範的な妥当性要求を論拠によって認証しうること——が、慣習的な形式の道徳意識に特徴的であるような実質的な基準に取って代わるのである。次のハーバーマスからの引用には、個体発生論的なポスト慣習的道徳意識の形成が示唆的に描かれている。

「(…)思考実験によって、青年期というものを、次のような唯一の批判的な時点に、つまり青年がいわばはじめて、そして同時に容赦なく徹底的に、自分の生活世界がもつ規範的なコンテクストに対して仮説的な態度をとるような時点に、凝縮されると仮定する。そうすると、道徳的判断が慣習的レベルからポスト慣習的レベルへと移行する際に、だれもが片づけなければならない問題の本性が明らかになる。正当に規則づけられた相互人格的な関係からなる、素朴になじんでおり何の問題もないものとして承認されてきた社会的世界が、一気に拠り所を奪われ、その自然な妥当性を失うのである。

そのとき青年が、伝統主義や自己の出自世界の疑うことのできない同一性に回帰できなかったり、またそうするつもりがないとすると、仮説的な態度をとり正体を暴くまなざしによって崩壊した規範的なものからなる秩序を(完全に方向性を喪失するという罰を受けつつ)、根本概念から再構成しなければならない。こうした秩序は、たんに慣習的なものにすぎず正当化を必要とするものであることが見抜かれ、価値を奪われてしまった諸伝統の残骸をもとに、再び構成し直されなければならず、こうして新たに構築されるものは、覚醒した者がもつ批判的なまなざしに耐えるものでなければならない。この批判的なまなざしは、社会的に通用している規範と妥当性をもつべき規範、事実承認されている規範と承認に値する規範とを、もはやこれ以後区別せざるをえないようなまなざしである。まずは、新たに構築されるものを計画し、妥当性をもつべき規範を作り出すことのできる諸原理がある。だが最後には、それぞれが正当化を必要とするものとされる諸原理の間で、合理的に動機づけられた選択を行うための手続きだけが残る。討議倫理学がそれ自身特徴づける手続きのために、つまり他ならぬ論証への移行のために要求せざるをえない態度の転換は、日常の道徳的な行為に照らすと、何か自然的でないものを含んでいる。この態度の転換は、安易に掲げられる妥当性要求の素朴さとの断絶を意味しているが、このような安易に掲げられる妥当性要求の相互主観的な承認に、日常的なコミュニケーションの実践は依拠しているのである。こうした自然的でないものは、伝統世界の価値を奪うことが歴史的にも一度は意味した発展のカタストローフの、そしてより高次のレベルで再構成することに努めるよう誘う発展のカタストローフの残響のようなものである[3]」。

したがってポスト慣習的道徳意識への移行は、ハーバーマスにとっては、合理的な論証という媒介なしには規範的な（あるいはまた認知的な）妥当性の基盤はありえないということの発見と同じことを意味している。ポスト慣習的道徳意識は、規範が妥当性をもちうるための諸条件を反省によって洞察した結果、手にすることができる。このテーゼは、カントの道徳原理をハーバーマスが再定式化する上での、つまり普遍化原則をハーバーマスが討議倫理学的に再定式化する上での出発点を示している。

普遍化原則（U）のこの再定式化は次の通りである。

「したがって妥当性をもついかなる規範も、次のような条件を満たさなければならない。――個々それぞれが利害関心を満たすために一般的に遵守した場合に、そのつど生じる（と予想される）帰結や随伴する結果が、すべての関与者によって受容され（そして他の既知の規則を選んだ場合に生ずる事柄よりも優先され）うるということが、その条件である」（DE 75f.）。

ハーバーマスは、普遍化原則（U）を「論証規則」と呼んでいる。論証規則として原則（U）は、道徳的論証において論証が目指すべきところを定める。つまり原則（U）は、道徳的な当為の妥当性がもつ意味を定めると言えるだろう。ハーバーマスは、いまや、この論証規則が「モノローグ的」に用いることはできず、論証規則である以上現実的な討議を始めることが求められると主張する。

「事実、先述のように定式化した普遍化原則は、そのつどの論証を協働で行うことを狙いとしている。一方で関与者それぞれが実際に〔論証に〕参加することによってのみ、そのつどの自身の利害関心に関する解釈が他者のパースペクティヴによって歪められるのを防ぐことができる。このようなプラグマティックな意味では、それぞれ自身が、自己の利害関心が実際に何であるかを判定する最終の審級である。しかし他方で、それぞれが描く自己の利害関心は、他者による批判にもさらされているのでなければならない。欲求の対象は、文化的な価値に照らして解釈される。つまり欲求の対象はつねに、相互主観的に共有されてきたものの一部をなしているので、欲求の対象を解釈する価値の改定は、個々がモノローグによって自由にできるものではない」(DE 77f.)。

ハーバーマスによるこの説明は、きわめて正確にカント倫理学の盲点を特徴づけている。それは――もちろん他の描き方によってではあるが――すでにヘーゲルが指摘していた盲点でもある。この説明が直感的にはどれほど納得のゆくものであるとしても、普遍化原則そのものの再定式化には問題がある。私は以下においてこのことを示したい。より厳密に言えば、まずハーバーマスによる原則(U)の定式化を考察し、その次に原則(U)の前提である真理の合意説について議論するつもりである。

まず初めに、原則(U)の特別な強みだと思われるのは、(U)が道徳的に正しい行為の問題と規範的正義の問題とを直接結びつけていることである。法と道徳は、このような仕方で両者の基礎をなす規範的正当性という概念によって初めから関係づけられるのである。もちろん原則（U）のこの強みは、より詳しく見てみるとむしろ弱点であることがわかる。というのも、原則（U）において法を道徳へと結びつけることは、道徳の問題を法の問題へと概念的に同一化するという代償を払ってのみ成し遂げられるからである。原則（U）において普遍主義的な道徳原理があいまいな仕方で民主主義的な正統性原理（Legitimitätsprinzip）と「混同され」、しかもその結果、原則（U）は最終的に道徳原理としても正統性原理としても説得力をもちえないのである。このテーゼを私は四つの段階に分けて明らかにしたい。

（一）定式化が意味するように、原則（U）を正統性（正義）原理として読もうとするならば、次のような難点が生じる。つまり、ある規範を一般的に遵守した場合には個々それぞれにとって帰結する事柄を、だれか（私）が「強制されることなく受容できる」ということが何を意味しているのか、という問いに対する答えを、原則（U）は与えない。したがって、万人がこの意味である規範を受容できるということが何を意味しているのか、という問いに対する答えも原則（U）は与えない。ハーバーマスによる数多くの定式化から明らかになるように、ハーバーマスは「強制されることなく受容できる」という表現を公平な判断形成と関係させた意味で理解している。したがって考えられているのは、ハーバーマスが他の箇所でも言っているように（vgl. DE 76）、ある規範が妥当性をもつのは、この規範を一般的に遵守することが「関与者すべての等しい利害関心のうちに」

あることを、その規範に関与するあらゆる者が確信できる場合である、ということであろう。したがってこのことこそが、原則（U）が論証規則として「用いられる」場合に論証が目指すべきところであるだろう。規範をめぐる論証においてそれぞれは、他のすべての者に対して、ある一定の規範が万人の等しい利害関心のうちにあることを示そうとするだろう。こうした事情に対応させると、原則（U）は（短縮すれば）次のように定式化し直すことができるだろう。

（U_1）ある規範が妥当性をもつのは、厳密には、関与者すべてがその規範を一般的に遵守することが関与者すべての利害関心のうちに等しくあると判定されるような場合である。

しかしそのように判定されうるかどうかは、ハーバーマスによれば現実的な討議によってのみ、明白になりうるのである。

次に、原則（U）に含まれる「妥当性をもつ」という語が何を意味するかを問うことにしよう。この問いに対しては二つの答えが考えられる。われわれはまず、原理（U）をさらに規範的正義の原理として読んでみることができるだろう。この場合、われわれの問いに対する答えは、ハーバーマスが普遍化原則を導出する際に述べる事柄から導かれるだろう。そこでは、「われわれは、正当化された規範とは、関与しうる人々の共通の利害関心のうちにある社会的な財を調整するものとして理解する」(vgl. DE 103) と言われている。このとき、「正当化された」という語は「妥当性をもつ」

と同義であると理解することができる。しかし、関与しうる人々の共通の利害関心のうちにある社会的な財を調整するものであることが明白な規範こそが、まさしく「妥当性をもつ」のであれば、そしてさらに、どのような規範が妥当性をもつかを定める原則（U）によって定式化された基準を考え合わせるならば、原則（U）は準‐循環的なかたちで次のように再定式化されることになる。

（U_2）ある規範がその規範に関与するすべての人々の等しい利害関心をまさに満たしているのは、それが関与するすべての人々によって、関与するすべての人々の利害関心を等しく満たすものとして、強制なしに受容されうる場合である。

私が（ただたんに循環したではなく）準‐循環的な正義原理の定式化という言い方をするのは、（U_2）に含まれるさまざまなレベルが区別されうるからであり、このさまざまなレベルは「関与するすべての人々の利害関心を等しく満たす」という表現に見出すことができる。つまり第一に、関与する人々は、ある規範が正当化されたものであることを示すには何を目指して論証しなければならないかを知っているということが想定される。第二に、（U_2）によれば、関与するすべての人々が強制されることなく合意することによってはじめて、ある規範が実際に「関与するすべての人々の等しい利害関心」を満たしているかどうかが明らかになる。もちろん（U）を（U_2）のように解釈することには説得力がない。というのも、（U_2）はそもそも真理の一般的な合意説を、正義概念という特別なケースに適用したものにほかならないからである。そのかぎりで、（U_2）はまったく正義固有の原理などではないだろう。

真理の合意説がもつ諸問題——それは後で扱うつもりだが——とは関係させなくても、われわれのこれまでの原則（U）の解釈は袋小路に陥った。明らかに、原則（U）の「妥当性をもつ」という語の意味に関する問いに対して、われわれが最初に与えた答えは誤りであった。ハーバーマス自身はもちろん別の答えを用意していた。この別の答えによって、われわれは原則（U）を道徳原理として解釈することになる。

（二）われわれのこれまでの考察の誤りは、われわれが「規範」および「規範の遵守」という原則（U）の表現を、いわば素朴に読んでいたことにある。つまりこの読み方が、規範的な妥当性要求の「文法」についてのハーバーマス自身の説明と矛盾しているのである。しかもハーバーマスは、道徳的な「べきである」あるいは「ねばならない」を「真」という述語と類似した「高次」の述語と見なしている (vgl. DE 63)。したがって、

「所与の状況において、嘘をつくべきである」

という命題は、「深層文法」に従えば、

「所与の状況において、嘘をつくことは正しい（命じられている）」

と書き換えることができるだろう。このとき「正しい」は「真である」という表現の、いわば規範に関する等価物として理解されうるだろう。こうしてハーバーマスにとっては、

「pであることは真である（事実である）」

と

「hであることは正しい（命じられている）」

とは、構造的に並行関係にある（DE 63）。

こうした意味で、規範的正当性は真理性に類似した妥当性要求として理解されよう。当為言明の意味をこのように解釈することによって、原則（U）に含まれる「妥当性をもつ」という語は、真理性に類似した述語「正しい」と同義であると理解する可能性が開かれるだろう。すると、原則（U）は次のように読むことができるだろう。

（U_3）状況Sにおいてhを行うことが（道徳的に）正しい（命じられている）のは、当該の行為の仕方が一般的なものとして考えられ、個々それぞれに対してもちうる諸帰結を考慮した際に、その行為の仕方が（関与する）すべての人々によってすべての人々の利害関心を等しく満たすものとして受容されうる場合である。

さらに、次のような読み方もできるだろう。

（U_4）状況Sにおいてhを行うことが（道徳的に）正しい（命じられている）のは、当該の行為の仕方が――個々それぞれに対してもちうる諸帰結を考慮した場合に――一般的なものとなることを、すべての人々が（強制されることなく）意欲できる場合である。

したがって、規範に関係すると思われる「妥当性をもつ」（「正当化された」）という述語は、「正しい」という規範的な述語に置き換えられるだろう。日常的な言い回しに翻訳すれば、（U_3）や（U_4）は

「もし……などであれば、状況Sにおいてhをしなければならない」

という言い回しになるだろう。そうする代わりに、われわれはまた、それほど誤解を恐れる必要もなく（U）の定式化へと戻ることもできるだろう。その場合には、

「妥当性をもつ規範は次のような条件を満たさなければならない、つまり……」

といった具合になるだろう。原則（U）は、こうして本物の道徳原理であることが判明した。では、前提とされていた「pであることは真である」と「hであることは正しい（命じられている）」との並行関係はどうなるだろう。前者の場合にはもちろん、

「pであるときにまさしく、pであることは真である」

と言い換えることができるのだが、しかし後者の場合は、

「Xであるときにまさしく、hであることは正しい（命じられている）」

としか、言い換えられないだろう。このときXというのは、原則（U）によって定式化された妥当性の基準を表わしている。しかしこのことが意味するのは、「真」という述語の形式的な説明は、

「正しい」という述語の実質的な説明と対立するだろうということである。換言すればこうである。「真」と規定されるのは、同時に真理性の基準が与えられることなどなく、当然のこととして主張されうるような事柄である。それに対して、「正しい」と規定されるのは、完全に一定の正当性の基準に則って当然のこととして要求されうるような事柄である。このように（道徳的な）当為の妥当性の意味は、道徳的な当為の妥当性の基準によってア・プリオリに確定されているだろう。

ここでカントと比較してみよう。カントもある意味では、道徳的な（定言的）当為の妥当性がもつ合理的な意味を、道徳的な当為の妥当性の基準（定言命法）によって規定していたのである。カントによれば、われわれは理性的存在者として、それ相応の定言的当為をいつでもすでに当然のこととして承認している。このような定言的当為に反して行為することは、われわれが自己を理性的存在者として尊敬しうるために満たすべき諸条件に反して行為することにほかならない。このような意味で、定言命法によって表現されるような無条件的な当為は、カントにとって「理性の事実」なのである。まったく同じように、道徳的な当為の意味を道徳的な妥当性の基準によって説明することで、ハーバーマスは言語を介した相互主観性がもつ普遍的な構造を指し示しているのだと言えるだろう。道徳的な当為がもつ無制約性という性格のうちに、言語能力をもつ存在者というわれわれのもちうるアイデンティティが、このような構造をした相互主観性と結びついていることが表現されているだろう。この考えについては、後ほどふれるつもりである。まずは、原則（U）が道徳原理として――したがって（U_3）ないしは（U_4）の理解の仕方で――満足のゆくものであるかどうかという問いを議論したい。

(三) 原則(U)は、定言命法の討議倫理学的な改良として理解されるべきであることを思い出そう。このような意味でハーバーマスは、マッカーシーに賛成しつつマッカーシーから引用している。

「私は、普遍的法則であることを欲する格率を、妥当性をもつものとして他のすべての人々に指定する代わりに、私の格率の普遍性要求を討議によって検証するために他のすべての人々に呈示しなければならない。重点は、個々(それぞれ)が普遍的法則として欲しうる事柄から、万人が一致して普遍的な規範として承認することを欲する事柄へと移るのである」(vgl. DE77)。[4]

つまりカントが、「われわれの行為の格率が普遍的法則となることをひとが(つまり私が――引用者〔ヴェルマー〕)欲しうるのでなければならず、これが道徳的判定一般の規準(Kanon)である」[5]と言うのなら、原則(U)は重点を「私が意欲できるのでなければならない」から「われわれが意欲できるのでなければならない」へと移すべきなのである。そして、さらにテーゼを続けるとすれば、われわれは格率が一般法則として妥当することを意欲できるかどうかを、現実の討議によってのみ見つけ出すことができる。さて、もちろん格率の一般化可能性というカントの要請においては、規範的正義はまったく問題ではない。むしろ要請が要求するのは、万人が――自然法則の場合のように――私の格率が勧めるように(とりわけ私に対しても)行為するような世界に、私が生きたいかどうかを私自身によって吟味することである。つまり、私の格率によって表現される行為様式が一般的になることを私が欲しうるかどうかを、私自身によって吟味することである。私がここで、そして以下において「行為様式」という語を使用するとき、これはつねに「ある－種の－状況－における－行為様式」という意味で理解されるべきである。私は（この意味で理解された）「行為様式」という語を、さまざまな理由から「格率」という語に優先させる。ここでは次のような外観を避けたいというのが決定的な理由である。避けたいのは、ここではすでに規範が問題になっているかのような外観であり、したがってカントがまずその意味と可能性とを説明しようとする、ほかならぬ道徳的な「ねばならない」が前提とされているかのような外観である。（格率は、換言すれば、行為の「主観的」原理は、道徳的な「ねばならない」を伴わずに定式化されると考えなければならない）。さて、私はすでに述べたように（第二章）、道徳的に正しい行為についてのカント的な基準が意味をもっているのは、ただその基準が否定的な意味で理解される場合だけであるというテーゼを基礎づけた。私が一般的であると欲しうる行為様式は――カント自身のテーゼに反して――まだ道徳的になされるべき行為様式というわけではない。「なされるべき」こと、あるいは「なされねばならない」ことというわけではありえない。「なされるべき」こと、あるいは「なさなければならない」ことは、むしろ定言命法そのものがこう告げる。すなわち、私はある種の行為様式を一般的なものとして意欲できないとき、ある状況Sにおいて行為pを行ってはならないということなのである。したがって、だれでも利益を得られると思うなら、私に嘘をつくということを私は意欲できないのなら、私は利益を得られると思うからといって、嘘をついてはいけないのである。ここから、いまや一つの道徳的規範を導出することができるだろう。嘘をついてはならない――しかしこのような規範は、つねに次のような状況の特徴づけ、つまり行為様式の一般化不可能性を帰結するような特徴づけとともに考えなければならないだろう。

　定言命法をこのような仕方で理解するとき、カントの道徳原理がもつ「モノローグ的」特徴は、アーペルやハーバーマスが考えるほど重大な問題ではない。つまり、ある行為様式が普遍的な規則となることを私が意欲することができないのなら、われわれもまた意欲することはできないのである（というのも、さもなければ実際私もそれを意欲することができるのでなければならないだろう）。道徳的な判断において――そう表現することもできるだろうが――私はまずは自分自身と対決しているのである。しかし私がここでそのつど答えなければならない問いは、一つの社会的規範が正しいか正しくないかという問いとは明らかに別のものである。

　とはいえ、真面目な道徳的判断はすなわち相互主観的に妥当性をもつということ、したがって私の「意欲できる」あるいは「意欲できない」は、他のすべての合理的な存在者の「意欲できる」あるいは「意欲できない」と一致するはずであるということを、カントは不当にも想定したとする異論は、依然として正しい。カントがこのように想定できたのは、『基礎づけ』の実り多き考察をただちに形式主義的に仕上げたからこそである。しかし定言命法をモノローグ的に用いることが、道徳的判断の相互主観的な妥当性を保証しないのであれば、実際すぐに思いつくのは、カントの前提を要請として定式化することである。たとえば、「君の行為様式が万人によって、一般的なものとして意欲されうるように行為せよ」といったように。このような意味で、ハーバーマスによって引用されたマッカーシーによる定言命法の変形ヴァージョンも理解することができるだろう。

さて、原則（U）も最初は同じことを言っているように見える。つまり、ある行為様式が正しいのは、それが一般的なものとして理解され、あらゆる（関与する）者にとって受容可能な場合であるということである。（U_4）がこの読み方にもっとも近い。もちろんわれわれは、（U_4）で用いられる「正しい」という語を、「道徳的に命じられている」という意味に代わり「道徳的に許されている」という意味で理解しなければならないだろう。つまり、私のカントに対する所見が正しかったなら、〈われわれが一般的なものとして意欲できる行為様式は道徳的に命じられているものでもある〉と想定することはできないのである。しかし、この差異について差し当たりはふれなくてもよい。というのも、原則（U）のわれわれのいまの読み方は、次のような定言命法の変形ヴァージョンに、少なくとも非常に近いからである。そのヴァージョンは

「一般的な法則として妥当性をもつことをわれわれが意欲できるような格率にのみ従って行為せよ」

というものである。私は、（U_4）が合意説的な諸前提を伴うことがもっとも少ない原則（U）の読

み方であると考えている。したがって、後でこの読み方を扱うつもりである。
（四）もちろん、次のようなハーバーマスのアイデアに合致しているのは、（U_4）ではなくむしろ（U_3）である。そのアイデアとは、一般的に遵守することが万人の等しい利害関心のうちにあるかどうかについて、それぞれ各人は道徳的規範についての論証においてある格率を公平に判定すべきであるというものである。したがって、（U_3）に照らしてもう一度（U）を読み直してみよう。われわれが（U）を道徳的な妥当性についてのわれわれの先行了解を明らかにするものとして理解するなら、そのことは、われわれの道徳的な確信およびわれわれの道徳的な判断には、次のような判断が含意されているのでなければならないだろうということを意味している。それは、一定の規範を一般的に遵守することがそれぞれ各人に対してもつような帰結および随伴する結果が、万人によって強制を伴わずに受容されうるということである。しかしこのことによって、基礎づけられた道徳的な判断は不可能な事柄になるだろうと私には思われる。具体例として、「誰にも危害を加えてはならない（Neminem laede）」、あるいは「君は嘘をつくべきではない」という規範をとりあげてみよう。単純に定言命法の意味で考えれば、私は自分が生きている世界において好き勝手に真実ではないことが言われたり、あるいは生物が傷つけられたりすることを意欲できないということが帰結するのに対して、原則（U）の意味で同じように考えると、多大な問題に直面する。話を簡単にするために、私はあらゆる人間が理想的な討議の条件のもとで以下の点において一致するだろうということから出発する。それは、先述の二つの定式化された規範の一般的な遵守が、理想的な了解の条件が前提されて万人の等しい利害関心のうちにあるということである。しかしこれではもちろんまだ、われわれが現実的な了解の制約のもとで——したがって歴史的な生の現実において——どのように行為すべきかについては、ほとんど何も述べられていない。しかし理想的ではない条件のもとで行為を判定する原理として原則（U）を用いようとすれば、次のような難点が生じる。

（a）もし「君は嘘をつくべきではない」という規範が一般的に——そして「規範」や「一般的に」という語にここで意味をもたせようとすれば、これは結局例外なくということを意味しうるだろうが——遵守されるなら、それぞれ各人に対してどのような帰結および随伴する結果が生じるかを、まず明らかにしよう。カントは、帰結を問題としなかったので嘘を一般的に——つまり例外なく——禁止することができた。しかし帰結を問題とし、そして世界が他の部分はそのままであると想定するなら、一般的な誠実性の帰結するところは死刑執行人にとってよりも犠牲者にとっての方がより深刻であることが予想される。(訳注1) そのかぎりで、「君は嘘をつくべきではない」という規範は——このような事情のもとでは——妥当性をもちえないだろう。所与の状況のもとでどのように行為することが正しいかを見つけ出すために、ヘアが（決着のつかない課題として）要請した(6)ような意味で、制限や例外条項を設け、より複雑な規範を定式化しなければならないことは明白だろう。しかしこのことによって、一般的な規範遵守が個々それぞれにとってもつ帰結および随伴する結果を規定し、それに加えてさらに、個々それぞれにとって生じるこれらの帰結および随伴する結果を、万人が強制されることなく受容できるかどうかを見つけ出す課題の難解さは、途方もないものとなる。現実の討議も、ここでは結局役に立たない。つまり、犠牲者が嘘をつくことによって死刑執行人から身を守らねばならないような制約下で、われわれが討議を行わなければならないかぎり、強制を伴わない合意は考えることができない。しかし一般的な合意が現実的にもたらされうるやいなや、言及された例外や制限を必然的なものとした諸条件は抜け落ちるだろう。われわれが、理想的ではない了解の諸条件のもとで、われわれの現実的で道徳的な問題に対して現実的な合意をもたらすことによってこれを解決しうるということを想定することは、どんな場合においても明らかに意味をなさない。了解の可能性がないところでは、理性的でかつ判断する能力のある者なら、あるいはわれわれの行為に関与する者なら――その者たちが十分に理性的で善意志をもっており、判断する能力もある場合――何を口にするだろうかということを、われわれは自分で考えることしかできない。そしてこうした意味で、もちろんいかなる道徳的な判断においても可能的で合理的な合意が先取りされているのである。しかしわれわれがいかなる――結局はやはり相変わらずモノローグ的な――道徳的考察においても、一般的な規範遵守から――そしてここでは何と言っても一般的な規範が定式化されなければならないだろうが――それぞれ各人に対して生じる帰結および随伴する結果が、万人によって強制されることなく受容されうるかどうかという問いに答えなければならないならば、われわれは決して基礎づけられた道徳的な判断に到達することはできないだろう。

（b）「誰にも危害を加えてはならない」といったような規範を考察する場合には、別の難点が生じる。このような規範については、規範の一般的な遵守が万人の等しい利害関心のうちにあること

――しかもわれわれが生きている理想的ではない条件から出発する場合でも、そうである――について、強制を伴わない合意が可能であるにちがいないことを、われわれは想定してもよいのである。このケースでこのような合意の可能性を想定できるのは、「誰にも危害を加えてはならない」といった規範の一般的な遵守は、まさしく次のような諸条件、つまり――たとえば正当防衛や刑罰などのケースに対するような――例外および制限を事実として必然的にするような条件の効力を失わせるからである[訳注2]。しかしまさにそれゆえに、原則（U）はここで誤った、換言すれば、われわれの道徳的直感に反した結果を招かざるをえない。一般的な規範遵守という――反事実的な――想定がこのケースで意味することは、何といっても、道徳的な正しさについての問いは現実的な行為の条件ではなく理想的な行為の条件に関係させて答えられるということなのである。したがって、（U）がわれわれに命じるのは、われわれがもちろんつねに仮言的なものにすぎない判断に従って、理想的な了解の条件および行為の条件のもとにあるとすれば、事実としてそう行うように行為することであろう。驚くべきことに、すでにカント倫理学において中心的な役割を演じている一つの問題が、ここで再び浮上する。カントの「実践的法則」は、そもそも、可能的な目的の国の成員に対する行為規範である。カントはもちろん首尾一貫していたのであり――たとえば、虚言の禁止に関するような――例外の可能性を定言的に否定した。まさしくこの首尾一貫性が討議倫理学には欠けているのであり、討議倫理学はみずからの根本的なアプローチと矛盾するだろう。

ここで触れられた難点を避けるには、規範概念を「狭くとる」という方法がなお考えられる。

「規範」という表現は、たとえばヘアの「一見自明な規範」という意味で理解できるだろう。このとき原則（U）が問題とするのは、次のような規範の基礎づけだけであるだろう。それは、一般的な遵守が理想的な了解の条件および行為の条件のもとで万人の等しい利害関心のうちにあるということについて、強制されることなく合意することが可能であるにちがいないような規範である。他のことはすべて、理想的ではない現実へのこのような規範の正しい適用の問題であるだろう。しかし、ここで前提されている理想化したかたちで形成される諸概念そのものに含まれる問題をまったく度外視するとしても（この問題については次章で扱う）、いま示唆された難点の避け方では、実際には難点を避けられないことが明らかであるように思われる。決定的な理由だけを言おう。原則（U）は、カントを使えばすでに何とかうまく対応できている道徳の基本的な領域にその適用を制限するのであれば、眼目を失うだろう。まさしく原則（U）は、カントが道徳的に妥当性をもつ規範を目的の国の成員に対する行為規範として理解するがゆえに、カントにおいてはまったく現れえないような、そうした規範を判定する原理として、考えられているのである。だがこのことが正しいとすれば、規範の基礎づけの問題と規範の適用の問題との区別は、ここでは意味をなさない。

われわれが原則（U）の議論において直面している問題点と不明な点は、ハーバーマスが前もって行う問題を孕んだ二つの決定に帰されると私は考える。（a）一つ目は、道徳的に正しい行為の問いを規範的正義の問いと同一化することに関係しており、（b）二つ目は、討議倫理学のもつ合意説的な諸前提に関係している。

（a）ハーバーマスが道徳原理を定式化したその仕方によれば、あたかも道徳的な考察においては、われわれが導入できたりできなかったり、あるいは効力を失わせたり維持したりできる、社会的な規範の正義に関する議論において問われる問いと同一の問いが、問題であるかのようである。こうした〔社会的な規範の正義に関する〕議論においては、ある規範に関与する人すべてが、一般的な規範遵守がそれぞれ各人に対してもつような帰結を公平に判断する者として受容できるにちがいないかどうかという問いが、したがってある規範の導入あるいは維持が「万人の等しい利害関心のうちに」あるかどうかという問いが、なるほど事実として問題である。一つの集団をなす人々が一致した決定を下し、共通の利害関心の問題を一定の規則に従って解決するというのが、該当する規範導入の典型的なケースであるだろう。するとこのケースから、たしかに一般的な規範遵守を反事実的に想定することは規範の正義を判定することにとって重要であるが、しかし規範の正義について判断するにはさらに別のことが付け加わる必要があること、該当する行為の義務づけを構成するために、このケースでは決定が付け加わる必要があることを、読み取ることができる。共通の決定から帰結するこの義務づけを、われわれは道徳的な義務づけとして理解することができる。しかしこの義務は明らかに、われわれが原理的に決定によって導入できたりあるいは効力を失わせたりできる規範の正義についての判断と、同じ仕方で基礎づけることはできない。

カントは、ここで問題になっている差異に細心の注意を払っていた。したがってこの差異は、理性的存在者による強制されない合意への異なった関係の仕方——それはそれぞれハーバーマスによる道徳原理の定式化とカントによる道徳原理の定式化に含意されているものだが――によって明らかにすることもできる。原則（U）の意味で基礎づけられた合意の内実は、明らかにされたように、一定の規範の一般的な遵守が万人（関与者）の等しい利害関心のうちにあるという判断であるだろう。それに対して、道徳的規範のケースにおける「カント的」合意の内実は、（理性的存在者としての）われわれは一定の行為様式が一般的になることを意欲することができないということであるだろう。ここで私は、ハーバーマスとともに、カントの「私」を「われわれ」に置き換えるべきであるということを出発点とする。このことによって生じうる問題がどのようなものであろうとも、そこを出発点とする。このような前提のもとで、道徳的判断における理性的な合意をカント的パースペクティヴにもとづいて先取りすると、道徳的に判断する者はたとえば次のように言うと考えられるだろう。「私は、そして『われわれ』の内のだれも、このような仕方で一般的に行為がなされることを、理性的な仕方で意欲することはできない」。「理性的な仕方で」という語は、ここでは「意欲することができる」にかかっている。したがって、われわれが事実何かを意欲することができるかどうかは、われわれの解釈や確信そして自己理解に依存しており、これらは多かれ少なかれ「理性的」であり、換言すれば、適切であり、基礎づけられており正しく、あるいはまた誠実でもありうる。したがって「理性的な仕方で」というのは、われわれがわれわれ自身と世界と他者の状況を正しく見るならば、ということを意味している。するとここで、論証による解明やあるいはコミュニケーションによる解明も、また論証を介した学習過程も難なく考えることができる。しかも道徳の討議の次元をこのような仕方で理解すれば、真理の合意説がなくてもわれわれが支障をきたすことはない。われわれはむしろ、後で示すように、道徳的判断における理性的合意の先取りを可謬主義的に理解することができる。それに対して、規範の正義に関する共通の判断を、道徳的判断において「先取り」されている理性的合意の内実として理解するなら、このような考えが合意説とは異なった仕方でどのようにして定式化されうるのか、ほとんど不明である。こうして私は、先に述べたようにハーバーマスが前もって行う第二の問題を孕んだ決定に至る。

(b) 真理の合意説は次の第七章で詳細に論じるつもりなので、ここではただもう一度、合意説的に前もって決定することから帰結する諸問題に言及しておきたい。私は先述において、理想的な了解の条件と現実的な了解の条件との対置、あるいは理想的な討議の条件と現実的な討議の条件との対置――これらの対置は、いわば原則(U)に埋め込まれているものだが――から生じるパラドクスに言及していた。これらの対置は、合意説的な前提を直接表現したものである。合意説に対する私の批判は、それに応じて同時に、合意説が依拠する諸々の理想化された事柄に対する批判であるだろう。これまで明らかになったことは、これらの合意説的な理想化が討議倫理学の内的な難点にもつながるということであり、こうした難点は討議倫理学をカントに近づけるものであるが、それはきっと望ましくないことである。だが、討議倫理学が孕む難点の根底にあるのは実際に合意説的な前提そのものであって、ハーバーマスによる原則(U)の定式化がもつ偶然的な事柄ではないということは、まだ示されていない。

原注

（1） とりわけ以下のものを参照すること。K.-O. Apel/D. Böhler/G.Kadelbach（Hrsg.）, *Funkkolleg Praktische Philosophie/Ethik: Dialoge 2*, Frankfurt 1984. 特に、18.-20. Studieneinheit を参照すること. K.-O. Apel, »Ist die Ethik der idealen Kommunikationsgemeinschaft eine Utopie?«, in: W. Voßkamp（Hrsg.）, *Utopieforschung*, Bd.1, Stuttgart 1982; ders., »Kant, Hegel und das aktuelle Problem der normativen Grundlagen von Moral und Recht«, in: Arno Werner（Hrsg.）, *Filosofi och Kultur*, Lund 1982. 究極的基礎づけの問題については、特に以下のもの。K.-O. Apel, »Das Problem der philosophischen Letztbegründung im Lichte einer transzendentalen Sprachpragmatik«, in: B.Kanitschneider（Hrsg.）, *Sprache und Erkenntnis*, Innsbruck 1976; »Sprachakttheorie und transzendentale Sprachpragmatik zur Frage ethischer Normen«, in: K.-O. Apel（Hrsg.）, *Sprachpragmatik und Philosophie*, Frankfurt 1976; »Das Apriori der Kommunikationsgemeinschaft und die Grundlagen der Ethik«, in: K.-O. Apel, *Transformation der Philosophie*, Bd.II, Frankfurt 1973〔アーペル『哲学の変換』磯江景孜他訳、二玄社、一九八六年〕.

（2） Jürgen Habermas, »Moralbewußtsein und kommunikatives Handeln«, in: ders., *Moralbewußtsein und kommunikatives Handeln*, Frankfurt 1983, S. 136〔前掲、ハーバーマス「道徳意識とコミュニケーション行為」、一九八頁〕.

（3） A.a.O., S.136f〔同前、一九九頁〕.

（4） Vgl.Thomas McCarthy, *Kritik der Verständigungsverhältnisse. Zur Theorie von Jürgen Habermas*, Frankfurt 1980, S. 371.

（5） GMS 54（BA57）.

（6） 前述、第三章（補論）を参照のこと。

訳注

（訳注1） ヴェルマーの念頭には、おそらくカントのいわゆる『嘘』論文のことがあると思われる。「友人」および「友人」の後からやってくる「殺人者」のことを、それぞれ「犠牲者」、「死刑執行人」と

呼んでいるのであろう。AA VIII, S.423–430.

（訳注2）　この規範が一般的に遵守されれば、正当防衛が行われなければならないようなこと（＝条件）がそもそも生じないということだろう。

第七章

ハーバーマス版の真理の合意説あるいは討議理論がもつ根本テーゼによれば、「真」あるいは「妥当性をもつ」と言ってもよい妥当性要求は、理想的発話状況の条件のもとでそれについて討議による合意がもたらされうるようなものにほかならない。ハーバーマスは、理想的発話状況の構造を――これらの構造についてハーバーマスは、それらがあらゆる真面目な論証において実際に前提されるとも言っているのだが――、さまざまな言語行為を行うチャンスが均等に配分されていることと、討議のレベルを自在に移動できるというメルクマールとによって、特徴づけた。[1] したがって合意説の根本テーゼによって、第一に、合意の「合理性」が理想的発話状況のもつ構造上の形式的なメルクマールによって定められ、第二に、「真理性」が合理的な合意の内実として定められる。私がこれらのことに対して示したいのは、(一) 合意の合理性は形式的には特徴づけられず、(二) 合意の合理性と真理性とは重なる必要がなく、それゆえ (三) 合理的な合意は真理性の基準とはなりえず、そして結局 (四) 基準とは無関係なものとして合意説を解釈することによって、これは無内容なものというわけではないにしても、討議倫理学の普遍化命題を支えるには不適切なものとなるだろう。

（一）私のテーゼによれば、合意を合理的であるとするわれわれの判定は、われわれ自身の理由、あるいはわれわれの共通の理由をもっともであるとするわれわれの判定に依存している。この依存性は論理的な（概念的な）ものである。というのも、理由によってもたらされる合意という概念は、理由によってもたらされる納得という概念を前提しているからである。もちろん認められるべきなのは、参加者のうちに見かけだけ賛成したり恐れや心を閉ざすことにもとづいて賛成したりする者がいることを想定させる理由を、われわれがもつとき、われわれはその合意を合理的なものとは見なさないということである。そのかぎり、ハーバーマスの基準は弱い意味では正しいだろう。合理的な合意という概念には、それがよき理由にもとづいており、恐れなどにもとづいてはいないということが含まれているのである。もっとも、同じことはすでに個々人の納得についてもあてはまっている。納得の合理性は、それがよき理由にもとづいていることにおいて示されるのである。

さてたしかに通俗的には、われわれは共通に得られた納得を真と見なすであろうし、しかもわれわれすべてを納得させた理由あるいは論拠によってそうするだろうと言える。そしてわれわれが実際に共通して何かについて納得したのであるかぎり、われわれは合理的な合意という言い方をしてもよい。そうであれば、したがって合理的な合意はあたかも必然的に真の合意でもあるかのように見える。しかしそのように見えるのは、そのつどの参加者たちの内的なパースペクティヴにもとづく場合のみである。私が理由に賛成するとき、それはたしかに、私が妥当性要求を真であると見なしていることを意味する。ここではしかし、真理性は合意の合理性から帰結するのではなく、理由に納得がゆくことから帰結するのであって、この理由は、合意の合理性という言い方ができる前に、私が妥当性要求に対してもち出すことができ、それについて納得したにちがいないような理由である。ところで、このような理由は原理的に、いつでも後から不十分なものであることが明らかにされうる。だがこのことが実際に行われた場合、それは、参加者が対等であり討議のレベルを自在に移動できるという理想的発話状況の条件が実現されていなかったという意味で、先の合意は合理的ではなかったということを見出すことと同じ意味ではありえない。むしろこれらの条件が形式的に特徴づけられることを望むのであれば、それらが満たされているかどうかについてのわれわれの判断は、われわれがそのつどいかなる理由を重要だと見なすかということに、まさしく依存していてはならない。さもなければ、合意節のもつ基準を与える意味が無に帰してしまうだろう。いずれにしても、合理性を合意の真理性と等置することに反対する強力な理由がある。ニュートン理論の真理性に関する十九世紀の偉大な物理学者たちによる合意は、(理想的発話状況のもつ条件の意味で)なぜ合理的ではなかったなどということがあるだろうか。われわれが物理学において今日十九世紀よりも前進しているからといって、十九世紀の合意が合理的ではなかったということになるわけではなかろう。

(二)合意の内容が真ではないということから、合意が合理性を欠いているということが自動的に帰結するわけではないように(概念を同語反復的に説明することで満足するのでないかぎり)、合意の合理性から合意の真理性が帰結するわけでもないだろう。そのつどの参加者たちの内的なパースペクティヴにもとづいてのみ、両者すなわち合意の合理性と真理性とが重なるのである。しかしこのことは、合意の合理性が真理性の付加的な理由であることを意味しないだろう。こうしたことを主張することは、納得するための理由の他に、さらに私の納得はよく基礎づけられているという事実を、真理性の付加的な理由としてもち出そうとする場合と同じくらいに誤りだろう。私が基礎づけられた仕方で「真と見なすこと（Für-wahr-Halten）」は、いずれにせよ私にとって、「真と見なされたこと（Für-wahr-Gehaltenen）」の真理性に対する付加的な理由とはなりえない。同じように、われわれが基礎づけられた仕方で「真と見なすこと」は、われわれにとって、「真と見なされたこと」の真理性に対する付加的な理由とはなりえない。換言すれば、合意の事実は、たとえそれが理想的な条件のもとで達成されたものであるとしても、「真と見なされたこと」の真理性に対する理由とはなりえない。このときわれわれは、妥当性要求の意味を理解している場合にはいつでもすでに用いることのできる真理性の理由あるいは基準へと、戻るしかないのである。合意の合理性から真理性を推論できるのは、理想的発話状況の条件のもとであらゆる参加者に十分な判断能力を想定するとき、ただその場合だけである。だがそうすると、第一に、理想的発話状況の条件をもはや形式的に特徴づけることはできないだろうし、第二に、真理の合意説は本質的に次のようなテーゼ、つまり十分に判断能力をもつ者たちの間で強制されることなく合意がもたらされうるような妥当性要求こそが真であるというテーゼに還元されるだろう。しかしこのテーゼは、いかなる実質的な内容も含んでいないだろう。内容のある真理論としての合意説の成否は、合意の合理性を形式的に特徴づけることができるかどうかにかかっている。ところがまさしくこの形式的な合理性の条件が、この種の合意説を誤ったものとするのである。それに対して、前述したことから考えられるように、合理性の概念を形式的ではない仕方で理解しようとすれば、合意説の内容は空虚となる。

（三）さてもちろんハーバーマスは、いまでは、基準を与えるようなものとして合意説を解釈することから距離をとっている[2]。そしてたしかにハーバーマスは、われわれはそもそも論証ができるために、何がよき理由であるかということをある意味ではいつでもすでに知っているのでなければならない、ということを認めている。しかしこのような「よき」理由が最終的に十分よき理由であるかどうかということ、このことは、現在のハーバーマスの説によれば、理想的発話状況の条件の下ではじめて、「示される」[3]。私はハーバーマスの思想のこの新たな転回をきっかけとして、私が理解するかぎりでの合意説のもつ本来の眼目をもう一度明らかにしたい。理想的発話状況の条件のもとでの合意のみが、われわれの論拠は実際十分によき論拠であるかどうかを「示す」ことができるとハーバーマスが言うのであれば、その言葉とともにハーバーマスは、合意のもつ特別な確認機能を言い当てていることになる。合意をもたらすことによって、われわれはともに以下のことを確認しているのである。それは、われわれは（「われわれ」の内のだれもが）物事を実際に公共的で一般的な立場から見ているということ、したがって特異体質や閉じこもり、情緒的なもの、希望的観測、あいまいな判断能力などによってわれわれの判断が歪められていないということ、そしてわれわれの納得あるいは理由は、十分に善き意志を備え、かつ判断能力をもつ人々のもとで行われる新たな討議にも堪えうるものであるということである。合意においてわれわれが確認するのは、われわれは共通の世界あるいは共通の言語という基盤を去ることはしなかったということであり、あるいはこうした基盤を去った場合は――こうしたことは、科学や哲学においては実際ある程度いつでもつねに起きることだが――、新たなよりよき共通性を可能にするような理由とともにそうした基盤を去ったということである。さて、真理性要求の妥当性と世界の共通性とのこのような内的な結びつきは、さまざまな仕方で理解することができる。合意説は、この結びつきを非‐相対主義的に捉える試みである。このことを明らかにするために、私は言語における共通性あるいは合意というものの二つの形式を区別したい。第一の形式は、つねにすでに前提されている言語の共通性である。このような共通性に関して、われわれは――ヴィトゲンシュタインとともに――次のように言うことができる。語の使用において、あるいはわれわれの判断に関しても「正しい」とか「誤っている」と呼ばれる事柄は、最終的には相互主観的な実践によって定められている。したがって、ある意味では、一つの言語を話す成人の話し手たちによる一致は、ある単語の使用が正しいか誤っているか、あるいはある主張が真かどうかを定める基準である。ヴィトゲンシュタインが言うように、「言語による了解には、〔語の〕定義における一致だけではなく、（それがいかにめったにないことのように聞こえるとしても）判断における一致も必要である」[4]。しかしこれは、論証によってもたらされる合意ではなく、論証一般をそもそも可能にする言語における合意である。もちろんいつでもつねに、言語におけるこのような「自然発生的」な合意の背景が理由とともに問われることはある。たとえば科学は、一定の観点からすれば、論証を媒介にして持続的に行われる言語批判の過程として理解することもできよう。そうすると、原理的には言語における「自然発生的」な合意に、言語の規則および根本概念の適切性に関する、簡潔に言えば、われわれの言語的な世界解釈の適切性に関する、討議によってもたらされる合意がとって代わりうるだろうと考えられる。ハーバーマスは（「真理論」の中で）実際に、このような討議を介したかたちでの言語の変更と言語批判とが可能であり、ある意味では必然的でさえあると見ていた。ハーバーマスによれば、われわれが完全な意味で真の言明という言い方がようやくできるようになるのは、そうした言明が形作られる言語も「適切」である場合においてである。[5] だが、「適切」な言語という言い方がようやくできるようになるのは、論証を媒介にして言語がまた発達もする場合、それゆえにつまり、妥当性要求に関する合理的な合意が言語の適切性に関する合理的な合意を含意している場合なのである。[6] このように、ヴィトゲンシュタインによって分析された言語においてそのつど先行する合意は、したがってわれわれの納得を討議によって修正する営為へといわば引き込まれるだろう。こうした想定によってはじめて、合意説の眼目はすっかり明白になる。つまり最初の段階で一つの言語を話す話し手たちの合意が、言明が真であるか偽であるかを定めるさしあたり最終的な基準の一種であることを認めるならば、そしてそうした合意を討議によって修正することが原理的に可能であることを認めるならば、たしかに事実的な合意ではないが、しかしおそらくは合理的な、換言すれば、討議によってもたらされる合意が、われわれの妥当性要求の真理性を確認する最終的な審級であると言える。同時に明白になるのは、なぜこのような合意の合理性が形式的にのみ特徴づけることが許されるのかということである。というのも、二つの可能性しかないように思われるからである。一つ目は、どのような言語も、そしてどのような生活形式も、「真」と「偽」のそれぞれ自身の基準をそれぞれのうちに含んでおり、しかもこれらの基準が真であるかあるいは偽であるかという問いを、もはや有意味には立てられないような仕方で含んでいる、という可能性である。これは、文化を比較するレベルでピーター・ウィンチが、理論を比較するレベルでトマス・クーンが与えていた回答である。二つ目は、非常に人を不安にさせるこうした相対主義のテーゼに反対して、真理性要求の無条件性を堅持し、したがってどの個別的な言語もどの個別的な生活形式もカヴァーするような基準の可能性を堅持するという可能性である。したがって相対主義の立場に対するアンチテーゼは、真偽の最終的な基準を与えるものは、一つの言語の話し手たちによる事実的な一致ではなく、合理的な合意と解釈されうるような一致だけである、というものになるだろう。そしてここではいまや、何を「合理的」と呼ぶべきかは、言うまでもなく、ある一定の文化がもつ内容をともなった合理性の基準によって再び説明されたりしてはならない。それはむしろ、純粋に形式的なメルクマールによって定められなければならないのである。したがって、真理の合意説が理想的発話状況の体系上のメルクマールを合意の合理性を定めるものとするのであれば、それは、合意説が反‐相対主義的なアプローチをとる帰結なのである。

（四）さてしかし、ハーバーマスによって近頃強調される合理的な合意のもつ「示す」機能あるいは確認機能に対しては、合理的な合意のもつ基準を与える機能についてすでに私が言ったのと同じことがあてはまる。つまり、討議を介して合意をもたらすことによって、われわれの理由が実際によき理由であることを確認できるという事実は、いかなる合意も留保つきであることについて何らの影響も与えない。しかし、理由が有限の合理的な合意において十分によき理由であることをわれわれに示すということが、これらの理由がいつまでも十分によき理由であることを示すだろうということを必然的には帰結しないとすれば、合意が反論の余地なく確認機能をもつとしても、この機能も真理の合意説のもつ重い負担を引き受けることはできない。

こうした難点から逃れる方途としてすぐに思いつくのは、合意のもつ基準を与える機能あるいは確認機能をも、無限の合理的な合意に委託する試みである[7]。無限の合理的な合意というのは、もちろん、理由とともに問題化されることが決してないような合意であるだろう。したがってこのケースでは、いかなる有限の合理的な合意も留保つきであり、したがって「真理」の拠り所とはなりえない、ということから生じる問題が問われることはない。この問題は、ハーバーマス版の合意説では――先に示したように――構造上のメルクマールを備えた理想的発話状況のもとで、あらゆる参加者が十分な判断能力をもっていることが想定されることによってのみ、回避されうるだろう。だがその場合、理想的発話状況はもはや純粋に形式的な構造の記述によって特徴づけることはできないことになるだろうが、しかしまさしくこのことこそが、「理想的発話状況の条件の下での合意」

という概念を「真理」のための内容のある拠り所としようとする場合には、必然的なのである。それに対して、合意による真理という概念で無限の合理的な合意のことを考えるのであれば、この問題は生じない。何といっても、無限の合理的な合意という理念は、合理性の前提とともに、もはやいかなる新たな論拠も浮上しないだろう（そしてもちろん、抑圧されるようないかなる新たな論拠もない）という前提を含んでいるのである。

ところがしかし、無限の合理的な合意は、基準を与える機能だけでなく、厳密に言えば確認機能も、もはやもつことができない。この合意は、「可能的な経験の対象」ではなく、可能的な経験の限界を超えた理念なのである。このこととともに、真理の合意説がもちうる意味も変わる。いかなる合理的な合意に対しても、というわけではなく、無限の合理的な合意に対してだけ、真理を請け負わせようとするのであれば、理論はハーバーマスが与えたがっている〔真理の〕拠り所に関する内容をまたしても失う。このことをわれわれは、合意説の根本思想についてハーバーマスが行った最新の叙述にもとづいて[訳注1]、明らかにすることができる[8]。ハーバーマスが現時点において考えるところによれば、「真理の討議理論がもつ核心部分は、三つの根本概念を用いて定式化することができる」。

「妥当性の条件（これは言表が妥当性をもつときに満たされている）、妥当性要求（話し手が言表とともにその妥当性に対して掲げる）、そして妥当性要求の認証（理想的発話状況の条件に十分近づいており、その結果参加者のもとで獲得される合意が唯一、よりよき論拠のもつ強制によってのみもたらされることができ、またこの意味で『合理的に動機づけられた』ものとなるような、討議の枠内での認証(9)」。

すると合意説の眼目は、「妥当性の条件を満たすということ」が意味する事柄を合意説が他の二つの根本概念を用いて解明することにある。

「言表が妥当性をもつのは、その妥当性の条件が満たされている場合である。さてしかし(…)妥当性の条件が満たされているかいないかは、当該の妥当性要求が論証によって認証されることによってのみ、確証されうる。それゆえ、妥当性の条件を満たすということの意味は、当該の妥当性要求を認証するための手続きにもとづいて解明されなければならない。真理の討議倫理学は、このような解明の試みを企て、妥当性要求を認証するということがどういうことであるのかを、合理的に動機づけられた同意を討議を介してもたらすための普遍的言語遂行論的前提という概念において説明する。この真理論は、意味の解明を行うだけであり、基準を呈示するのではない。もちろん同時に、これは意味と基準との明確な区別を掘り崩す(10)」。

ここでの妥当性要求の「認証」を、理想的発話状況の条件のもとで論証によって合意をもたらすこととして理解するのであれば、合意説に対する先述の反論は生きたままである。それに対して、真理を請け負う機能を無限の合理的な合意に移すのであれば、妥当性要求の認証は、厳密に言えばもはやまったく問題にできない。このことによって同時に、ハーバーマスが構成する、解明を与えるための三つの根本概念の連関も解消するだろう。しかしこのような難点は、個別的な（経験可能な）合意をいわば「短絡的に」無限の合意とすることによっては回避できない。つまり、合理的な合意は——合理的なものとして——定義上無限に反復可能な合意であると言う場合、真理を請け負う審級となるのは、実際には無限の合意ではなく、理想的発話状況の条件のもとでの合意であり、私がこのヴァージョンの合意説に対してもち出していたあらゆる反論は生きたままである。すなわち、無限の合意の可能性は、理想的発話状況の（形式的に特徴づけられた）条件のもとで合意がもたらされたということだけからは帰結しえない、——まさしくこのことが、何といっても私の反論の眼目だったのである。無限の合意の可能性を前提することは、実際には、理想的発話状況を形式的に特徴づけることで測られる個別的な合意のもつ合理性を前提すること以上を——あるいはそれとは別のことを——意味する。この「以上」ということは、論拠とともにもたらされる合意という概念を、もう一度言うとすれば、将来においても決して反対する重大な論拠が提出されえないような合意の概念と、有意味な仕方では等置することはできないということと関連している。というのも、さもなければ、あらゆる可能的な論拠が顧慮されたという条件を、有限な合意が満たす合理性の条件のうちに含めなければならないだろう。しかしこのことは、無限の合意の可能性が、有限な合意が合理性をもつための条件が満たされているかどうかを決める基準とされないかぎり、不可能である。だがその場合、この条件をもはや形式的に特徴づけること、——つまり論証の手続きおよび理想的は発話状況の構造上のメルクマールによって特徴づけることはできないだろう。

いま示されているように、真理の合意説はより強いヴァージョンとより弱いヴァージョンとに区別することができるだろう。より弱いヴァージョンでは、無限の合理的な合意を真理を請け負う審級とする。両ヴァージョンの合意説は重なり合わないが、それは、理想的な討議の条件を形式的に特徴づけることからは、そうした条件のもとで獲得される合意が討議を介した無限の吟味にもちこたえるだろうということが、帰結しえないからである。しかし弱いヴァージョンの合意説を介して——すでに論じたように、これはもはや基準を与えるものとしては理解できないが——、普遍化原則を討議倫理学的に変換する際にその根底にあり背景をなす強い想定が、正当化されるということはありえないだろうか。次章ではこの問いを扱いたい。

原注

（1）最初はユルゲン・ハーバーマスの以下の論文で特徴づけられている。Jürgen Habermas, »Wahrheits-theorien«, in: Helmut Fahrenbach (Hrsg.), *Wirklichkeit und Reflexion. Festschrift für Walter Schulz*, Pfullingen 1973. 特に二五二頁以下。以下の批判は、いくつかの点で、合意説に対するR・ツィマーマンの詳細で鋭敏な批判と関連している。R. Zimmermann, *Utopie–Rationalität–Politik*, München 1985, S. 303ff.

（2）　たとえば、ハーバーマスの次の論文を参照のこと。Jürgen Habermas, »Ein Interview mit der *New Left Review*«, in : ders., *Die neue Unübersichtlichkeit*, Frankfurt 1985, S. 228〔「『ニュー・レフト・レビュー』によるインタビュー」『新たなる不透明性』河上倫逸監訳、松籟社、一九九五年、三一八頁〕. いずれにせよハーバーマスは、該当箇所で、真理の合意説ないしは討議理論が「意味と基準との明確な区別を（掘り崩す）」と、限定的にではあるが付け加えている。A.a.O., S. 228.

（3）　書簡による。

（4）　Ludwig Wittgenstein, *Philosophische Untersuchungen*, in: *Schriften Bd. I*, S. 389 (§ 242).

（5）　»Wahrheitstheorien«, a.a.O., S. 244.

（6）　A.a.O., S. 249.

（7）　これはどちらかというとアーペルのアプローチに相当するだろう。とりわけ重要な定式化については、以下を参照のこと。Karl-Otto Apel, »Szientismus oder transzendentale Hermeneutik«, in: ders., *Transformation der Philosophie*, Bd.II, Frankfurt 1973. たとえば S.192, 207. いずれにせよ、アーペルのアプローチとハーバーマスのアプローチが異なるのは部分的にであり、それぞれの出発点と強調点においてだけである。結論に関して言えば、差異をはっきりさせることはかならずしもまったく容易というわけではない。たとえば、アーペルはハーバーマスを拠り所として、論証することの可能性の条件として「理想的発話状況」を想定することの必然性を要請する。（たとえば、以下を参照。K.-O.Apel, »Sprechakttheorie und transzendentale Sprachpragmatik zur Frage ethischer Normen«, in: K.-O.Apel (Hrsg.), *Sprachpragmatik und Philosophie*, Frankfurt 1976, S.121.）逆に、もちろんハーバーマスにとって、合理的な合意（つまり理想的発話状況の条件のもとで獲得された合意）はすなわち可能的な無限の合意でもある。（Vgl. »Wahrheitstheorien«, a.a.O., S. 239:「(…) 真理の意味は、ともかく一つの合意が獲得されるという事態のことではない。それは、われわれが討議を行う場合にだけ、いつでもそしてどこにおいても、合意がこれを基礎づけられたものと定める条件のもとで獲得されうるという事態のことである。」）合理的な合意を無限に反復することができるための（ハーバーマスにとっては自明な）条件を、私がはじめは考察に入れなかったことには、単純な理由がある。理想的発話状況の形式的な条件の存在が、合意の真理性の基準として理解されるかぎり（vgl. »Wahrheitstheorien«, a.a.O., S. 239f.）、可能的な無限の合意は、合意の（形式的な条件によって定められた）合理性のたんなる帰結である。したがって、真理性概念が本来拠り所とするものは、無限の合意ではなく合理的な合意ということになる。まず私が反論したのはこのことに対してである。私が示そうとしたのは、理想的発話状況の――形式的に特徴づけられた――構造上のメルクマールは、真理性の適切な基準を呈示しえないということである。その基準は誤っているか、あるいは空虚であって、つまり基準ではない。そして、ハーバーマスによって前提された合意の合理性とその無限の反復可能性との連関を顧慮すれば、理想的発話状況は当初から、むしろ空虚なまま働く基準という意味で構想されていることが明らかとなる。つまり、合意の合理性から純粋に分析的にその無限の反復可能性が帰結するのなら、誤ったものであること、すなわち批判を免れえないものであることが後から明らかになる合意は、理想的発話状況の条件のもとでは成立したはずがないということが、同じように純粋に分析的に言えるのである（vgl. »Wahrheitstheorien«, a.a.O., S. 257f.）。しかしそうであれば、実際に、合意の永続性が合意の合理性（合意の真理性）の基準であるだろう。これは、むしろアーペルの根本直感に対応する合意説の第二のヴァリエーションである。

（8）»Ein Intervies mit der *New Left Review*«, a.a.O., S. 227ff〔前掲、「『ニュー・レフト・レビュー』によるインタビュー」、三一七頁〕.

（9）A.a.O., S. 227〔同前、三一七頁〕.

（10）A.a.O., S. 228〔同前、三一七―三一八頁〕.

訳注

（訳注1）「最新」とは、もちろんヴェルマーがこの著作を書いている時点においての「最新」である。

第八章

私はこれまで、先述の異なる二つのヴァージョンの合意説を、明確にハーバーマスおよびアーペルの名前と結びつけることは避けてきた。その理由は、第一に、両者ともある程度までは二つのヴァージョンの合意説を用いているからであり、第二に、アーペル版の合意説は本質的な点において、私がここで「より弱い」ヴァージョンの合意説として特徴づけたものを超えているからである。このより弱いヴァージョンの合意説は、真理性の理念と可能的かつ一般的で基礎づけられた同意という理念との内的な連関を解明するものとして、理解することができよう。またこれらの理念は、それぞれ相互に解明し合っていると言えるだろう。真理性の理念には、われわれがいま真であると考えている事柄に対して、将来においても決定的な反対の論拠は存在しないだろうということが含まれており、そしてこのことは、世界について語り、問題を定式化するわれわれの仕方も、よき論拠とともに将来問題化されることはないだろうということを含んでいる。他方、無限に基礎づけられた合意が、いかなる意味において同時に真であると呼ばれてはならないかを理解するのは困難である。いずれにせよ、こうしたことが考えられるのは、認識できない真理性あるいは言語的には把握することのできない真理性といった、問題を孕んだ概念を導入する場合だけであろうと、議論することができるだろう。

さて、アーペル版の合意説がこの「より弱い」ヴァージョンの合意説と異なるのは、アーペルが無限の（基礎づけられた）合意という理念を無限界の理想的コミュニケーション共同体という理念によって解明している点である。アーペルにおける理想的コミュニケーション共同体の理念は――ハーバーマスにおける理想的発話状況の理念に似て――論証の状況にとって構成的で必然的な前提と、未来を志向した理想ないしは統制的理念とを同時に示している。いずれの場合においても、理想化された前提――ないしは先取り――が、同時に可能的な合意の合理性を保証する条件を示しているのである。さてしかし、われわれが第一に明らかにしたように、理想的な討議の条件は、合意が個別的で――つまり、有限かつ経験可能で――あるかぎり、この合意の真理性を保証することはできないし、第二に明らかにしたように、合意の合理性は、事実としていつでも、合意が依拠する理由を基準にして判定するのでなければならない。しかしこのことから帰結するのは、理想的コミュニケーション共同体という概念における理想化は、いわば中身が空虚だということである。この理想化は、基礎づけられた合意――あるいはまた無限の基礎づけられた合意――が何であるかということについてのわれわれの理解に対して、何ら寄与するところがない。しかし他方、理想的コミュニケーション共同体の概念は、最終的で絶対的な真理の将来における所在を示唆し、科学がその終着点に到達しているだけでなく、人類も自己自身にとって完全に透明になっているような、最後の言語という理念を示唆している。たしかに、アーペルにとってここで問題になっているのは統制的理念にすぎない。だがアーペルにとっては、この統制的理念が理想的な限界値を示しており、──ことによると近似的にではあるとしても──この理念を実現することが人類には同時に課されており、またそれは可能でもある。(1) 話すことと論証することとの先行前提から、現実に対する理想が考え出されたのであり、この理想の実現をわれわれは──そしてこのことはすでに討議倫理学の核心なのであるが──話し手であり論証する者として、つねにすでに義務づけられているのである。

こうした構成に賛同できないものがあることは、これまでは、真理性問題に関する理想化された概念体系のもつ独特の冗長性においてのみ、示されてきた。ところで、アーペルおよびハーバーマスが主張するように、こうした理想化された概念体系が話すことおよび論証することの不可避的で理想化された先行前提と結びついていることは、全面的に認めることができるだろうと私は考える。しかし、両者はこのような理想化された先行前提を、ミスリーディングな仕方で理解し解釈しているのではないかと私は思う。無限の合意の先取りが──「理想的発話状況」の前提と同様に──討議を介してもたらされるいかなる合意においても影響力をもっていることは、たしかに容易に認めることができる。しかし、この種の不可避的な前提が、われわれの語や文は一定の相互主観的な意味をもっているという、同じように不可避的な前提が形式的意味論によって実体化されるのと似たような仕方で、真理の合意説によって実体化されるように私には思われる。話すことおよび論証することのこのような不可避的な前提は、準-超越論的で弁証論的な仮象を伴うと私は考える。これらの前提において、われわれは言語の意味や言語化できる洞察のもついわば時間の核を忘れており、この時間の核をわれわれは反省によって確認できるのである。解釈学的な問題および言語表現の問題が周辺的な事柄となるところでのみ――たとえば、数学的な物理学のように――、われわれはアーペルおよびハーバーマスの意味での話すことおよび論証することの不可避的な前提を、ある程度現実的なものとして理解することができる。つまり、そうしたところでのみ、理想的発話状況における無限の合意を表現するような言語のうちにたしかに含まれている、「最後」の言語という理念が少なくとも統制的理念として意味をもつのである。[2] パースがこの件に関わる考察を、この考察がその後特にアーペル版の合意説に影響を与えたように、とりわけ物理学的な認識の進歩に関して展開したことは偶然ではない。パースによって提唱された超越論哲学の言語遂行論的な変換によれば、科学の進歩は、最後の「正しい」言語(ないしは無限の合意)という統制的理念のもとで持続される言語批判の過程として解釈される。さて、しかし私には次のように思われる。アーペルの哲学のような言語遂行論的に読み解かれた超越論哲学は、研究者共同体による無限の合意というパースの統制的原理を理想的コミュニケーション共同体という理念へと一般化しようとしており、結局は客観主義的な認識概念および経験概念の呪縛を逃れることができないが、それはしかも、言語による了解の理想的な前提に付随している弁証論的な仮象を見抜いていないからでもある。この仮象が成立するのは、こうした前提が(われわれの言表が理解できないものであったり、あるいはコミュニケーション状況が歪められたものであることが明らかにされて)いつでもつねに誤ったものであることが明らかにされるからではない。そうではなく、この前提が現実に対する理想としてわれわれに迫ってくるからであり、まさしくこのことにおいて言語の意味がもつ歴史性と不完全性を覆い隠すからである。言語遂行論的に変換された超越論哲学は、何といってもかつてはカントの超越論哲学にその古典的な表現が見出されたヨーロッパの啓蒙がもつ科学主義的な伝統と、なおひそかにつながっているのである。超越論哲学は――それが言語遂行論的な形態をとってはいても――たしかに物理学における認識の進歩から読み取られたものではないにしても、しかしある程度この進歩に見合った思考のあり方に、いわばなおしっかりと固定されたままである。この明らかに強いテーゼを、私はアーペルの比較的古いテクスト、つまり「科学主義と超越論的解釈学」についての重要な論文(3)において解明したい。

この論文でアーペルが示そうとしていることは、真理を「無限界の研究者共同体」の「最終的な意見(4)」とするパースの解釈を一般化して、これを「長い目で見れば理論的‐実践的に実現される無限界の解釈共同体(5)」の統制的原理とすることができるということである。周知のようにアーペルは、パースの意味での研究者たちの無限界の実験共同体および解釈共同体による合意を、言語遂行論的に変換された超越論哲学の「最高点」として解釈していたが、この最高点は、いわばカント哲学における最高点としての超越論的な「意識一般」の位置を占めている(6)。意味批判的に基礎づけられ、研究の論理に従って「ダイナミックになった」パースの普遍的実在論は、認識の客観性の保証を、超越論的自我の統一において基礎づけられる定言的で綜合的なア・プリオリに見出すのではない。

保証が見出されるのは、研究の過程がもつ論理においてであり、この過程では、アブダクション、帰納および演繹を組み合わせ、発見的に自己修正しながらあらゆる誤謬が時とともに取り除かれなければならない。真であるのは、こうした自己修正の過程において、持続して相互主観的に批判を斥けるものとして確立されている確信であり、実在とはこうした真である確信の相関物である。

「実在とは（…）遅かれ早かれ知識と推論が最終的には帰着するようなものであり、したがって私と君の突飛な意見からは独立したものである。このように、実在性概念のまさしく起源が示すように、この概念は、一定の制限を伴うことのない、そして知を一定程度増やすことのできる共同体の観念を本質的に含んでいるのである(7)」。

パースのこうした初期の定式化につなげて、アーペルはパースによる超越論的論理学の変換がもつ眼目を次のように要約する。

「換言すればこうである。『無限界の研究者共同体』による『最終的な意見』は、パースによるカントの超越論的論理学の変換がもつ『最高点』である。この最高点に、個人を超えた解釈の統一という記号論的な要請が収斂し、また実験による確証という研究の論理に従った要請が長い目で見れば収斂する。この要請された統一の準‐超越論的主観は、無限界の実験‐共同体であり、これは同時に無限界の解釈‐共同体である[8]」。

ア・プリオリな綜合原則の基礎づけの代わりに、このダイナミックになったヴァージョンの超越論哲学においては、長い目で見れば、綜合的な推論形式、つまりアブダクションと帰納が必然的に妥当性をもつことが証明される。

「カントの経験の『構成的原理』には、ここでは、いわば『統制的原理』が取って代わるが、しかしその際に前提されるのは、統制的原理が長い目で見れば構成的なものであることが明らかにされなければならないということである。科学的な命題の妥当性の必然性と普遍性をこのように研究過程の目標とすることによって、パースは、カントとともに現在妥当性をもっている科学的な命題の必然性ないしは普遍性を拠り所とすることなく、ヒュームの懐疑主義を避けることができるのである[9]」。

さてアーペルは、「科学主義か超越論的解釈学か」という論文のなかで、こうした未来志向的な真理概念を、パースの問題設定がもつ、アーペル自身論じるように科学主義的に狭められた地平[10]から切り離そうと試みている。アーペルは、無限界の科学者共同体による合意という理念を、無限界の解釈共同体あるいは相互行為共同体における了解の絶対的な真理性という理念に拡張したがっているのである。[11] アーペルは、まずJ・ロイスによるパースの記号論のネオ・理想主義的な読み替えにつなげてこの考えを展開し、だがこの考えを理想主義的な準拠システムからは切り離すとともに解釈学的哲学の側からの反論に対して擁護しようとする。ガダマーに反対してアーペルが主張するのは、意味了解の場にとっても——したがってテクストや言表、行為あるいは生活形式の解釈にとっても——絶対的な真理性という統制的理念がその根底をなしているということである。[12] ところがもちろん、解釈の場における絶対的な真理性というこのような理念は、もはや認知主義的に、研究の論理を表わす諸原理によって構成される方法上の規律に従う研究者共同体の、最終的な理論的確信として解明することはできない。それはむしろ、解釈学によって主張される理解における適用のモメントを顧慮しなければならず、つまり結局は次のような理解の構造を顧慮しなければならない。それは、意味理解を客観化可能な事実からなる世界の内部の現象へと科学主義的に還元するいかなる試みも、失敗せざるをえないような理解の構造である。ところで、意味理解を「客観的事実の科学的認識」を補完する現象として考えることが、[13] たしかにまさしく、アーペルによる言語遂行論的な超越論哲学の変換の眼目である。したがって、パースの未来志向的な真理概念を意味理解の場へ転用しようとするのであれば、このことは、無限の理論的合意という統制的理念に理想的な了解共同体という統制的理念が取って代わることによってのみ、可能である。つまり、取って代わるのは、同時に意味理解の理想的な限界値でもある「無限界の解釈共同体および相互行為共同体」という統制的理念であり、この限界値の実現は「了解を妨げるすべての事柄を除去すること」と同義であるだろう。(14) 理想的コミュニケーション共同体の理念において、理論理性と実践理性が理想的な了解状況という限界値で重なり合う。解釈の「絶対的な真理性」は、このような理想的な了解状況を実践的にもたらすことと連関させてこそ、考えることができる。実践的なモメントである理解における適用のモメントが、解釈の真理性を、暴力的ではなくなり透明になった生活連関へと結びつけることを余儀なくするのである。

このような考え方の魅力から逃れることは困難だが、この考え方はたしかにハーバーマスにおいても似たようなかたちで見出されるものである。超越論哲学の言語遂行論的な読み替えは、ここでアドルノの宥和の哲学の言語遂行論的な読み替えと一つになったのである。しかし理想的コミュニケーション共同体という概念における理想化は有意味な理想化であるのか。アーペルは、間接的な仕方でではあるが、決定的な反論をみずから定式化した。つまり、パースにおける研究者共同体による無限の合意は了解問題の中立化を前提している、ということをアーペルは指摘する。物理学の「最後」の言語であり最終的な意見の相関物は、解釈学的な意味媒介の諸条件から解放されてしまったかのような言語としてのみ考えられうるのである。意味解明に関するパースの遂行論的な格率は、このような限界ケースを狙いとしており、つまり以下のような試みを言い表わしている。

「〔その試みとは〕あらゆる意味を次のような操作と秩序づけられた経験とに結びつけることである。その操作と経験は、いかなる孤独な主観もそれぞれが他者ともつ歴史的な相互行為からは独立していつでも行なうことができるものであり、そのかぎりでア・プリオリに相互主観的であって、つまり同時に客観的であるようなものである。進歩する経験的‐分析的なあらゆる学（「科学」）の根底にある営為も、この試みに含まれる。この営為は、相互主観的な了解を未来の最後の了解によって余計なものとし、そのことによって論理的‐経験的に吟味される理論の可能性と妥当性の条件を一度に確立するものである。（このような最後のメタ科学主義的な了解の理想は、歴史的に成立した日常言語およびこのような日常言語にもとづいて発生した、実験によって確証される科学の言語を、矛盾を伴うことなく実験的‐プラグマティックに使用できることを同時に保証されている普遍的な計算の言語によって、一気に取って替えることだろう――論理的経験主義のもともとの夢である。）」[15]

アーペルがここで明確に主張していることは、研究者共同体による最後の合意、換言すれば、物理学の最後の言語という統制的理念のもとでの、学の「無限界の可能的な進歩」[16]という理念は、パースにおいてはいわば複数からなる単数としての研究者共同体という構想と内的に関連している、ということである。したがって最終的な意見は、あらゆる意味が「いかなる主観もひとりきりで、それぞれが他者ともつ歴史的な相互行為から独立していつでも行なうことができる」操作と経験に結びつけられているので、意味解明の問題も了解の問題ももはや生じないような一つの言語において、定式化されているだろう。だからこそ、研究者の無限界の共同体は超越論的主観の役割を引き受けることができるのである。学の進歩はこうした超越論的主観の発生として理解することができる。

私が言いたいのは、パースが超越論哲学の変換を問題とするのは、まさしく次のように考えるから、つまりこの哲学の「最高点」においてなら、カントに反対する超越論的解釈学が主張するような理性の言語性は取り除かれているだろうと考えるからだということである。あるいは、より誤解を招かない仕方で表現すると、この哲学の最高点においてなら、学の言語は、アーペルが定式化するように「論理的経験主義のもともとの夢」であったポスト解釈学的状態に到達しているだろうと考えるからである。ここで行われる理想化が関係しているのは、コミュニケーションの（言語遂行論的な）構造ではなく、言語の意味の（無時間的な）相互主観性である。したがって決定的な問題は、研究者による無限の合意という理念から、解釈が絶対的な真理性をもつ場としての理想的コミュニケーション共同体という理念への、目立たない仕方でなされる移行にある。われわれはここでまた、たとえばあらゆる哲学的なテクストに含まれる真理内容が、明々白々に表現されていることになるような「最後」の言語について考えるべきだろうか。これは、完了した了解という意味で理想的な了解の理念であるだろう。完了した了解によって、人間は哲学的真理あるいは実践的真理を繰り返し新たに自分のものとする骨折りからついに解放されているだろう。あるいは、了解の理想的な諸条件について考えるべきだろうか。つまり、了解および自己了解が相変わらず必要ではあるが、しかしそれがいわばすらすらと行われるような諸条件のことであるが。これは、いつでも繰り返し了解し合うことができるし、またいつでも繰り返し了解し合おうとするという意味で理想的な了解の理念であり、そして同時に、無限の合意という含意を維持しようとするかぎり、いつでも繰り返し更新される合理的な合意の理念であるだろう。さて私の主張は、理想的コミュニケーション共同体というアーペルの概念においては、ここで区別された二つの解釈が必然的に交差し合っており、その結果、理想的な了解の状況として考えられている事柄が言語による了解の必然性（および問題）の彼岸の状況として姿を見せているというものである。しかしそうすると、理想的コミュニケーション共同体という概念においては、さらに、記号使用者という構成的な複数性が、いまや実践的‐解釈学的にも自己自身を了解した超越論的主観の単数性によって廃棄されるだろう。この主観は、発生するものとしていまやいわば真理のうちにある。

　私のテーゼを明らかにするために、「無限界の了解」あるいは「理想的なコミュニケーション」という言い回しの意味をより厳密に把握するように努めたい。アーペルも、「了解を妨げるすべての事柄を除去する」[17]という言い方をしている。アーペル自身がしばしばそうするように、まずはコミュニケーション状況の理想性をハーバーマス的な理想的発話状況の条件の意味で理解しようとすることが可能だろう。さて、ところがすでに見てきたように、われわれがこれまで理解してきたような理想的発話状況という概念は、アーペルが理想的コミュニケーション共同体の概念において考えようとしている、了解の成功と相互主観的妥当性との一致を言い表わすには不十分である。理想的コミュニケーション共同体を実際に――先取りしたかたちにすぎないとしても――絶対的な真理の場としようとするのであれば、このことが可能なのは、すべての話し手が言表とともに行う妥当性要求の了解可能性と合意可能性という前提が、理想的コミュニケーション共同体において満たされた先取りであり続けることが明らかになる場合だけである。意味理解について言えば、これは了解状況の理想性そのものから直接帰結し、妥当性要求の合意可能性について言えば、これは、理想的な了解という限界ケースにおいてはテクストおよび言表の解釈に際してなされる「完全性の先取り」が、理想的ではない了解関係なら事実として伴うような制限性によって失敗することがもはやないだろうということから帰結する。後者についてアーペルは間接的に明らかにしており、テクストの解釈における「可能的な万人の合意（consensus omnium）という意味での真理」[18]の先取りが失敗するのは、事実的な了解関係が理想的な状態ではないためであるとしている[19]。真理でない事柄というのは、解釈学的に言えば了解されない事柄なのである。

「理想的コミュニケーション共同体という規範的な意味における理想的な言語ゲーム」について、アーペルは他の箇所で次のように言っている[20]。

「〔規範的な意味における理想的な言語ゲームは〕規則に従う各人によって——潜在的にはたとえば要求に従って有意味に行為する者それぞれによって、顕在的には論証する者それぞれによって——自分が関係している言語ゲームの実在的な可能性として先取りされ、つまりそれぞれの振る舞いが有意味な振る舞いである可能性と妥当性の条件として前提」

され、したがってこれは、了解の理想的な条件であるとともに歴史的な了解過程の理想的な結果、すなわちそのつど実際に行われる了解の営為の消尽点としての、人間の理想的で無限界の完了した了解を示している。しかしこのことが正しいとするとそして私は、こうした結論をどのようにすれば避けることができるのかわからないのだが理想的コミュニケーション共同体の理念は、同時に理想的な言語、最後の言語の理念を示しているのでなければならず、この最後の言語によって、われわれがいかなる言表においても行っている相互主観的な了解可能性という前提は、いつでも満たされている先取りと化していることだろう。ところがこのことは、言語遂行論的哲学という準拠システムにもとづいて企てられた「論理的経験主義のもともとの夢」以外の何物でもない。理想的コミュニケーション共同体は、誤謬や意見の不一致、無理解や対立を超えているだろうが、しかしそれは、言語が不変のままでありその生産的なエネルギーがなくなってしまうという犠牲を払って、つまり人間の言語的－歴史的な生活形式を廃棄するという犠牲を払ってこそ、なされることである。

ここにおいて、理想的コミュニケーション共同体という理念の深刻な二義性が示されている。この理念が、「論理的経験主義のもともとの夢」と同義であることが露呈するのは、絶対的なものの理念をもう一度世界の内部にある「最高点」の理念として描き出す試みを示しているからである。アーペルは、理論的かつ実践的で解釈学的な理性がなす、無限の可能的な進歩の限界値として絶対的なものを捉えようとするので、絶対的なものは逆に理性の像となるが、このとき理性はその言語性の諸条件から解放されてしまっているだろう。アドルノはまだ十分に神学者であったから、以下のことを心得ていた。それは、このような絶対的なものを――アドルノにとっても、これは真理の可能性の条件を示していたが――理性史の地平として考えることができるのは、その絶対的なものにおいて同時に歴史的連続性の根源的な断絶をも考えることができる場合だけである、ということである。このとき、宥和とは現に存在している理性とはまったく異なるものであるだろう。それに対してアーペルは、正当なことに、アドルノに対して現に存在している理性の（部分的な）理性性と道徳的な進歩の可能性に訴えた後で、この一歩目から二歩目を踏み出す誘惑にかられるのであるが、この二歩目によってアーペルは、アドルノ（およびベンヤミン）が到達した地点よりも後ろへ連れ戻されてしまう。アーペルは、アドルノにおいては「闇に覆われたまま」である絶対的なものを――これは神学的に言えば神の国だが――歴史の連続性へと取り戻そうとする。メシア主義的なパースペクティヴが、絶対的なものへの可能的な無限の前進というパースペクティヴへと姿を変えて取り戻される。さてこのパースペクティヴは、たしかにパースの意味での科学論的なパースペクティヴとしては部分的に正しいが、しかし歴史的‐道徳的世界全体へと転用されると、これは自身が要求する宥和の力を欠いていることが明らかとなる。たしかに完成された物理学の相のもとでは、歴史は前史へ、個体性は偶然性へ、生きた言語は一つの通過段階へ、それぞれ価値を引き下げられるのは偶然ではない。しかしいずれにせよ、完成された物理学は依然として有限な人間の知として考えられるのである。それに対して、絶対的な真理という未来志向的な概念の一般化は、絶対的なものという限界点においてそもそも歴史的な時間さえも抹消するにちがいないだろう。すると万人の真理には、とっくに死んでしまった者さえもなお関与しなければならないだろうし、人間相互の宥和には死者もなお含められなければならないだろう。しかしこうしたことは、アドルノはきっと心得ていたように[21]、ただ神学的にのみ考えられるにすぎない。人間とその歴史に関わる完全で万人が目にできる真理の理念は、完全な物理学の理念においてではなく最後の審判というかたちであらかじめ像を与えられている。しかし最後の審判という像には、復活と救済に対する希望が含まれている。審判、救済そして復活というのは、歴史的な世界との根源的な断絶を表わすカテゴリーである。まさしくこのことが、これらを神学的なカテゴリーにするのである。たしかにこれらのカテゴリーにおいて表現される事柄のもつ暴力性は、哲学的に解明されるべきだろうが、しかしこうした解明が、「理想的コミュニケーション共同体」の哲学においてはアドルノの宥和の哲学[22]においてよりも、説得的になされているとは言いがたい。つまり絶対的なものが現に存在している理性との断絶という様態で理性史の地平として考えられようが（アドルノ）、あるいは現に存在している理性の内在的なテロスとして考えられようが（アーペル）、いずれの場合も、絶対的なものは歴史的な世界の限界内へ取り込むことのできないものであることが明らかになる[23]。

私がアーペルの理想的コミュニケーション共同体の哲学とアドルノの宥和の哲学とを比較したことには、意図がないわけではない。両者が共通するのは、アーペルもアドルノも真理の理念を救うことができるのは、それが宥和した人類――「理想的コミュニケーション共同体」――という準拠点にもとづいて考えられる場合だけであると考えている点である。どちらの場合においても、絶対的なものの理念が真理の可能性の条件を表している。アーペルにとってこのことは――「絶対的な真理」の場としての――理想的コミュニケーション共同体へと無限に前進するという理念が、真理概念の相対主義的‐歴史主義的解消に対する唯一可能なオルタナティヴを切り開くということを意味している。[24] 私は、このアーペルの診断が正しいとは思わない。私がむしろ示したいのは、アーペルとは異なり、無限の合理的な合意の先取りをはじめから理想的コミュニケーション共同体の先取りと等置したりしなければ、問題全体が新たに呈示し直されるということである。[25]

アーペルは、はっきりと次のような哲学的命題の例に言及している。それは、理想的コミュニケーション共同体の先取りという前提のもとでのみ、その普遍妥当性の要求が「理解され、有意味に妥当性をもたせ」られうると、[26] アーペルが考える哲学的命題の例である。さてしかし、哲学的命題によって表現されるような妥当性要求は、日常言語という媒体および妥当性要求を明らかにするそれ自身の連関というコンテクストと結びついている。哲学するという論証的な運動は、哲学的命題のうちに表現され、哲学的テーゼにはじめてその内容と重みとを与えるものであり、したがって哲学的命題あるいは命題体系のうちに一度きりで「凍結する」ことはできない。「哲学はテーゼ化することができない」[27] と主張したアドルノは、こうした意味でまったく正しかったのである。しかし、「哲学はテーゼ化することができない」ということが正しいとすると、哲学的真理は、繰り返し新たに発見され、自分のものとされ、考えられ、そして定式化されることを頼りとしている。文字にされ客観化された哲学的真理のパラダイムとして、われわれが繰り返し引き合いに出す偉大な哲学のテクストでさえ、ただ暗号化されたかたちでのみ真理を含んでいる。こうした真理がわれわれに姿を見せるのは、ただわれわれがこれを翻訳しながら新たに考え、その成立の過程をいわばわれわれ自身の手段を用いてもう一度繰り返す場合だけである。こうした理由から、哲学のテクストを解釈することは、哲学において非常に大きな役割をもっている。しかもこのことは、哲学のテクストを解釈することが、つねにテクストにおける真と偽を分離することをも意味するということからは完全に独立して、したがって哲学には前進もあるということからは独立して、妥当性をもっている。決定的なことは、いかなる哲学的真理も、一度口にされてしまえば、繰り返し新たに自分のものとし翻訳するという終わりのない骨折りなしにはすぐに失われてしまうだろうということである。哲学的真理をもち続けることは、生産的な過程なのである。たとえ哲学の真理すべてがただ一つのテクストに集められたとしても、この真理すべてをもち続けることができるのは、ただこのテクストに尽きることなくコメンタールを与える場合だけであるだろう。真理のたんなる入れ物として、このテクストは、われわれがコメンタールを新たに書くのをやめた瞬間に死んでしまうだろう。

　しかし状況がこのようであるとすれば、無限の合意を先取りすることは、こうした特別な場合にはアーペルが与えるような意味をもちえない。アーペルは、無限の合意の先取りを結局物理学のモデルで考えており、このモデルによれば、研究者による最終的な意見は、最後の言語および諸命題からなる不変のシステムにおいて表現されるだろう。しかしいかなる哲学的な命題も、それが口にされる歴史的な時間および歴史的な場所という目印をもっているのであるならば、そして哲学的な命題の意味はそれらの命題を明らかにする説明連関の一つの機能であるならば、そもそも無限の合意の可能性ということがこの場合意味しうるのは、哲学的な洞察を繰り返し自分のものとし、新たに定式化し、あるいは解釈学的に再構成するといったことを無限に繰り返す可能性のことにすぎない。するとここでは、理想的な了解という限界値の理念はもはやまったく意味をなさない。「了解を妨げる事柄」は、つまりここでは了解の可能性の条件と等根源的なのであって、両者は哲学的思考そのもののもつ言語性に発するのである。したがって、了解状況がアーペルの用いる意味で「理想的」と呼ばれうるのは、言語記号が意味志向をもつコミュニケーションの完全に透明な媒体となった場合だけであり、したがって了解が直接性という性格さえをもつようになった場合だけである。しかしこれは、言語の彼岸にある状態だろう。

このように可能的な「無限の合意」は、哲学的な命題の場合、最終的な、いわば「不変の」合意として考えることはできない。この場合、〔哲学的な〕研究の論理には長い目で見れば真理を保証するような諸規則が欠けているがゆえにこそ、真理の場所を歴史の最後へと移すことには意味がない。むしろ、過去も現在も未来も同じように、哲学的真理が存在しうる「場所」なのである。もちろん哲学的真理に関する合意は、判断する能力を十分にもつ人々のもとで、繰り返し更新されるにちがいないだろう。無論、それは哲学のテクストを生産的な仕方で新たに理解することを通じてである。しかしこのように考えるために、理想的コミュニケーション共同体の理念は必要ないし、また統制的原理としてもこのようなコミュニケーション共同体の理念は必要ない。哲学的な洞察を「究極的に」保証することは、哲学的真理を「究極的に」基礎づけることとまったく同様に不可能である。このことは、相対主義とはほんのわずかの関係もない。むしろ、絶対者の哲学が真理の妥当性の問題を保証するという見方こそが、相対主義の問題を生むのである。相対主義の問題を解消するには、こうした見方を変更することが重要だろう(28)。

これまで私はたしかに、哲学的命題はいかにして真理性要求を行うことができるかというアーペルによって取り上げられた問題だけを扱ってきた。その結果、われわれは真理の理念をアーペルの言う理想的コミュニケーション共同体の理念と関係づける必要がないことを、一つの点において示せば十分であるように私には思われる。つまり、アーペルが超越論的言語遂行論において理想化したかたちで形成する諸概念を内在的に批判することが、——アーペルが恐れているのに反して——真理概念を「相対主義的-歴史主義的」に解消してしまうことに必ずしもつながるわけではないことを、一つの箇所において示すことができるのであれば、このことによってわれわれは相対主義の問題が誤って立てられていたのだと結論してもよい。しかも相対主義の問題は、真理をわれわれの事実的な討議の外部にあるアルキメデスの点に係留しようとする絶対主義にたえず伴う影にすぎないと推測される。相対主義は、そのようなアルキメデスの点が存在しえないということを思い出させてくれるだろう。しかし、真理の理念を堅持するために、そのようなアルキメデスの点は必要ではないことが正しいとすると、われわれは絶対主義と、また同時にその影である相対主義とも別れを告げることができるだろう。

私が以前（第七章参照）、より強いハーバーマス版から区別した「より弱い」ヴァージョンの合意説は、背景をなす強い想定を――この想定の根底には普遍化原則の討議倫理学による再定式化があるのだが――正当化するほど十分には強くないということが、いまや示されたことだろう。つまり、もし無限の合理的な合意という理念が理想的コミュニケーション共同体という理念から独立して説明されうるのであれば、このことは、ハーバーマスおよびアーペルによって合意説的な諸前提の根底におかれ理想化したかたちで形成される諸概念が、発話および論証の不可避の先行前提をまったく説得力のある仕方で再構成できていないことを示している。

ここでは同時に、討議倫理学が依然としてあまりにもカント的すぎたということも示されている。つまりカントが、実践理性の理念を解明するために目的の国という理念を頼りとせざるをえなかったように、アーペルおよびハーバーマスは、合理性と真理性との連関を――したがってまた実践理性の概念をも――理想的な了解状況に依拠することによってのみ解明できるのである。どちらの場合も、問題は、理想化したかたちで形成される諸概念そのものに、ないしはそれが「現実の理想」と見なされることにある。つまり、これらの諸概念をそのように理解すると仮象性が明らかとなり、これらはいわば揺らぎ始め不明確なものとなる。〔具体的にはこうである。〕目的の国は、もはやいかなる道徳的コンフリクトも存在しえないだけでなく、諸主体相互の欠けるところのない統一および了解もまた実現されているような状態――したがって実際に、諸主体の複数性をもはやまったく考えることができないような状態を描いている。それと同じように、理想的発話状況のもつ形式的な構造あるいは理想的コミュニケーション共同体の条件は、それらが言語的現実の理想的な消尽点と見なされるのならば、合理的な了解の理想的な条件だけでなく、実際に同時に理想的な完了した了解の条件をも——したがってやはり、諸主体間および諸主体のうちにある闇がすっかり光のもとに照らし出された状態を描いているのである。しかしこのような闇がなければ、もはや言語も存在しないだろう。構成的な意味論者による理想的な言語以外には。もちろん、この理想的な言語によって昼は夜と化すだろう。

原注

（1）もちろんアーペルは、統制的理念は「完全に実現される」ことは決してありえないとも言う。Vgl. K.-O. Apel/D.Böhler/G.Kadelbach, *Funkkolleg Praktische Philosophie/Ethik: Dialoge 2*, Frankfurt 1984, S.136. Vgl. auch »Kant, Hegel und das aktuelle Problem der normativen Grundlagen von Moral und Recht«, in: Arno Werner, (Hrsg.), *Filosofi och Kultur*, Lund 1982, S. 85.

（2）こうした文脈にあるのが、同時にその完成でもあるような物理学の可能的な統一に関するC・F・フォン・ヴァイツゼカーの考察である。（Carl Friedrich von Weizsäcker, *Die Einheit der Natur*, München 1971, insbes. S. 207ff を参照のこと〔ヴァイツゼカー『自然の統一』斎藤義一・河井徳治訳、法政大学出版局、一九七九年、二一六頁〕。）もちろんヴァイツゼカーは、その考察によって次のような比較的要求するところの多い仮説を擁護する。それは、完成された物理学のすべての基本法則は、結局、経験の可能性の諸条件を分析することによって生じるのでなければならないだろう、という仮説である。(Vgl. a.a.O., S.217〔同前、二二九頁〕) 他の形式で、「最後の」言語という理念、つまり今日のアメリカ・プラグマティズムの伝統においては物理学に適した言語という理念が——ウィルフリド・セラーズの「科学的実在論」の哲学においてもっとも緻密に仕上げられて——姿を現す。すでにパースにとってそうだったのと似て、セラーズにとっても科学の進歩は持続される言語批判の過程である。このような構想に従えば、「実在」とは、最終的に見出される真の物理学的理論の相関物である。Vgl. Wilfrid Sellars, »The Language of Theories«, in: ders., *Science, Perception and Reality*, London 1963〔セラーズ『経験論と心の哲学』神野慧一郎、土屋純一、中才敏郎訳、勁草書房、二〇〇六年〕, insbes. S. 119, 126. Ders., »Scientific Realism or Irenic Instrumentalism. Comments on J. J. C.Smart«, in: R. S. Cohen u. M. W. Wartofsky (Hrsg.), *Boston Studies in the Philosophy of Science*, Bd.II, New York 1965, insbes. S. 204. Ders., »Counterfactuals, Dispositions, and the Causal Modalities«, in: H. Feigl, M. Scriven u. G. Maxwell (Hrsg.), *Minnesota Studies in the Philosophy of Science*, Bd.II, Minneapolis 1958, insbes. S. 263. Ders., »Theoretical Explanation«, in: ders., *Philosophical Perspectives*, Springfield/Ill. 1967.

(3) In: Karl-Otto Apel, *Transformation der Philosophie*, Bd.II, a.a.O., S. 178ff.

(4) Vgl. K.-O. Apel, »Von Kant zu Peirce«, a.a.O., S. 173.

(5) »Szientismus oder transzendentale Hermeneutik«, a.a.O., S. 217.

(6) たとえば以下を参照。»Von Kant zu Peirce«, a.a.O., S. 163f., 173.

(7) Charles Sanders Peirce, *Collected Papers*, 5.311. アーペルの引用による。A.a.O., S. 173.

(8) A.a.O.

(9) A.a.O., S. 174.

(10) Vgl. »Szientismus oder transzendentale Hermeneutik«, a.a.O., S. 203.

(11) A.a.O., S. 217f.

(12) A.a.O., S. 215.
(13) A.a.O., S. 201.
(14) A.a.O., S. 217.
(15) A.a.O., S. 211f.
(16) Vgl. a.a.O., S. 215.
(17) A.a.O., S. 217.
(18) A.a.O., S. 216.
(19) A.a.O., S. 216f.
(20) K.-O. Apel, »Der transzendentalhermeneutische Begriff der Sprache«, a.a.O., S. 348.
(21) アドルノの『否定弁証法』第三部の「形而上学への黙想」は、神学的な動機を救おうとする唯一の試みである。カントは、この動機にもとづいて叡知的なものの概念と純粋実践理性の要請との連関を構成したのである。たしかにアドルノは、この神学的な動機を――唯物論的に――内在と超越との硬直した対置から切り離そうとする。しかしアドルノはこの動機を文字通り――つまり肉体の復活への希望として――受けとるので、差異をたんにならすことを同時にみずから禁じる。カントの構成したものがもつ二義性とアポリア的なものは、結局、われわれにとっては絶対的なものが、他の箇所で言われるように、「闇に覆われたまま」であるということにおいて、正当化されているとアドルノは考える。「いかなる世界内的な改善といえども、死者に対する正義を回復させるには足りない。いかなる改善も死という不公正を正すには手がとどかない。こうしたことに動かされてカントの理性は、理性に抗して希望を抱かざるをえなかったのだ。カントの哲学の秘密は、およそ絶望を思考で推し量りきることはできないということにある。いっさいの想念はひとつの絶対者へと収斂してゆかざるをえないがゆえに、なるほど絶対者と存在者との間に絶対的な境界を同じく引かざるをえないとしても、それだけですますわけにはゆかなかったのだ。このようにカントは形而上学的な諸理念に固執している。それにもかかわらず、絶対者がちょうど永遠平和がそうであるように、いつか実現されるかもしれないという思想から、だから絶対者は存在するのだという命題へと、絶対者の思想が飛躍することを禁じた。カントの哲学は、おそらくはあらゆる哲学がそうなのだが、神の存在論的証明をめぐっているのだ。この証明についてのみずからの立場をカントははっきり表明せず、見事なまでに曖昧なままにしている。ベートーベン作曲の『歓喜の歌』のなかにある『永遠の父はおわしますにちがいない』というカント的な一節は、カントの精神にしたがってアクセントをこの『ちがいない』に置く。だが、このモチーフに対立するかたちで別の文章がカントには見られる。すなわち、カントが——この点ではきわめてショーペンハウアーに近いし、実際にショーペンハウアーも後にみずからそう述べているのだが——形而上学的な諸理念、とりわけ不死性の理念を空間および時間の表象にとらわれたもの、それゆえ制限されたものとして非難している一節である。カントは肯定的なものへの移行を侮蔑したのである」(Theodor W. Adorno, *Negative Dialektik*, *Gesammelte Schriften* 6, Frankfurt 1973, S. 378.〔アドルノ『否定弁証法』木田元ほか訳、作品社、一九九六年、四七三頁以下。ただし、訳文は一部変更した〕)。

(22) Vgl. Albrecht Wellmer, »Adorno, Anwalt des Nicht-Identischen«, in: ders., *Zur Dialektik von Moderne und Postmoderne*, Frankfurt 1985, S. 160f.

(23) もちろんカントにとっても、道徳的な完全性という段階へ無限に接近すること、したがって結局は神の国に無限に接近することを内容とする理念は、実践的に必然的な理念である。(Vgl. *Die Religion innerhalb der Grenzen der bloßen Vernunft*, *Werke in sechs Bänden*, Hrsg. W. Weischedel, Bd.IV, S.682f., 697, 713, 720f., 786f.) しかしまさしく実践的に必然的な理念なのであり、この理念はもともと「欠けるところのある善き状態からより善き状態へ」の無限で可能的な前進の理念である (a.a.O., S. 720)。道徳的な完全性あるいはまた「倫理的国家」(「徳の国」)(vgl. a.a.O., S. 753) という「限界値」に関して言えば、カントの考察はきわめて二義的である。有限な理性によって、そして有限な理性のもつ諸条件のもとでこうした限界値を実現することは、あまり適切に考えることができないというカントの指摘は、見逃すことはできない(たとえば、以下を参照。A.a.O., S. 718, Anm. 720, 802)。先に述べた神学的な動機 (Anm. 76) が姿を見せるのは、まさしくカントが道徳的な前進への義務を超えて、前進の限界値

（道徳的な完全性あるいは神の国）を有限な理性的存在者によって実現されることとして考えようとしている箇所においてである。いずれにせよカントは、叡知的なものの圏域にある目的の国を、経験的に実現されるものとして考えることの困難さを自覚していた。アーペルはこの困難さから逃れようとし、――パースとともに――カントのヌーメナとファイノメナの区別、また同時に統制的原理と道徳的要請との区別を疑問視する（vgl. »Von Kant zu Peirce«, a.a.O., S. 176）。しかしそうすると、理想的コミュニケーション共同体の理念は統制的な機能と並んで同時に構成的な機能を、たんに経験的な認識のためだけでなく道徳的な判断のためにも、もつことになる。だがこのことは、カントが叡知的なものの圏域に関して抱えていた諸問題が、あらゆる二義性の解消とともに認識論と道徳哲学の中心へと運び込まれることを意味している。これらの諸問題の核心は、単数形の主観が（カントの）超越論哲学の「最高点」であるということにある。アーペルに対する私の反論は、理想的コミュニケーション共同体もなお単数形の主観の位置を――もちろんここでは、世界の内部ではじめて発生するものとして表象される主観であるが――占めたままであるということにある。（アーペルは明確に一つの超越論的主観という言い方をしており、これは「たしかにいつでもすでに先取りされるが、他方でしかしまた、いつでもなおはじめて実現されるのでなければならない」。Vgl. »Sprechakttheorie und transzendentale Sprachpragmatik zur Frage ethischer Normen«, a.a.O., S. 127.）

（24） Vgl. »Szientismus oder transzendentale Hermeneutik«, a.a.O., S. 216.

（25） もちろん、無限の合意の先取りを理想的コミュニケーション共同体の先取りと等置することはできるだろう。ここには、理想的コミュニケーション共同体の概念がもつ、一つの可能的で疑う余地のない意味が含まれているように思われる。たとえばハーバーマスは、その概念をときおりこの意味で用いていると思う（vgl. J. Habermas, »Moral und Sittlichkeit. Treffen Hegels Einwände gegen Kant auch auf die Diskursethik zu?«, a.a.O., S. 13〔ハーバーマス「第一部　道徳性と人倫　第一章　カントに対するヘーゲルの異議は討議倫理にも当てはまるか？」、『討議倫理』清水多吉・朝倉輝一訳、法政大学出版局、二〇〇五年、一四頁〕）。理想的コミュニケーション共同体というのは、この場合単純に、いわば理想的な同時性において集められていると考えられる、言語能力をもったあらゆる存在者の共同体のことである。だがその概念がこうした意味であるとすると、理想の実現はたとえ近似的なものであろうとも、有意味にはまったく問題となりえない。

(26) »Szientismus oder transzendentale Hermeneutik«, a.a.O., S. 218.

(27) 「(…) そこ(＝哲学)において生じるものが決定権をもつのであって、テーゼあるいは立場がもつのではない。〔思考の〕織物が決定権をもつのであって、演繹的な思考過程あるいは帰納的な思考過程といった単線的な思考過程がもつのではない。したがって、哲学は本質的に要約することができない。さもなければ、哲学は余計なものであるだろう。哲学がたいていは要約されること、それは哲学に反することである」(*Negative Dialektik*, a.a.O., S. 44)。

(28) 私の見解が正しいとすれば、これがリチャード・バーンスタインの根本にある考え方である。Richard Bernstein, *Beyond Objectivism and Relativism*, Oxford 1983〔バーンスタイン『科学・解釈学・実践——客観主義と相対主義を超えて』丸山高司他訳、岩波書店、一九九〇年〕.

第九章

直前の二つの章の考察によって、私は潜在的にはすでに討議倫理学による究極的基礎づけの要求に反論していた。いずれにせよこの反論は、アーペルおよびハーバーマスの究極的基礎づけ論証に反対するものであるかぎり、それ自身なお一つの基礎づけを必要とする。私のテーゼは、ハーバーマスの場合とは異なり、普遍主義的な道徳原理は論証のもつ「規範的に内容のある先行前提」からは導出されえないというものである。私はここで、「強い」ヴァージョンの究極的基礎づけ論証と「弱い」ヴァージョンの究極的基礎づけ論証との相違（アーペル対ハーバーマス）[1]を問題としない。というのも、この相違は私自身の考察にとっては二次的な意味しかもたないように思われるからである。私は、論証のもつ先行前提から普遍化原則を導出するというハーバーマスの与えた見取り図を、直接問題にするつもりはない。というのも、私見によれば、このように見取り図を与えられた導出は明らかに誤っているからである。つまりハーバーマスは、決定的な箇所において（われわれは「正当化された規範に次のような意味、つまりそれらの規範は可能的な当事者たちの共通の利害関心において社会的な財を統制するものであるという意味を結びつける」［vgl. DE 103］といったように）「意味論的」な前提を付加的に導入するのであり、この前提によって普遍化原則の中心的な内容はいわば通行が禁じられた脇道を行くことになる。私は以下において、問題そのものに関わるつもりである。すなわち、論証の先行前提はいかなる意味において普遍主義的に理解された道徳的内容をもちうるのかという問いを私は立てたい。私の回答では、これらの先行前提が普遍主義的な道徳的内容をもちうるのは、せいぜい真理の（強い）合意説を前提する場合であるということになるだろうが、しかし（強い）合意説はすでに論じたように間違っているのである。

私が出発点とするのは、論証の不可避的な先行前提についてのアーペルとハーバーマスの基礎づけは正しいものであり、したがってこれらの先行前提の妥当性を論証によって論駁しようとする者は遂行的矛盾に陥る[2]ということである。私は、私の論証のパートナーに対して誠実性を義務づけられていることや、よりよき論拠だけが有効なものと見なされるべきであること、あるいは参加者の内だれも論拠を提出することを妨げられてはならないことを、論証しつつ論駁することはできない。しかし私は、われわれがここで目の当たりにしている一般的な論証の規範は、普遍主義的な道徳的規範でもなければ、また道徳のメタ規範でもないことを主張する。このテーゼを、私は二つの段階で基礎づけたい。

（一）問題となっている論証の規範は、明らかに、論証を受け入れたり中断したりするための規範ではありえない。しかしこれらの規範が、論証に関わるかどうか、あるいは対話を中断するかどうかを私の自由に委ねているのであれば、これらをそもそも道徳的に内容のあるものとして理解することは、まずはもっともらしさを欠くように見える。アーペルとハーバーマスは、談話が一般的に妥当性に定位していることを指摘し、あるいはアーペルは独りで行う思考でさえそうしたものに定位していることを指摘することによって、こうした難点を避けることができると考えている。言語が用いられる談話や思考がこのように妥当性に定位していることを私が本当に理解したのであれば、私は論拠を――とりわけ私に反対するような論拠を――抑圧してはならず、しかもその論拠を口にするのがだれかということとは無関係にこれを抑圧してはならないということも、理解したのであると言えるだろう。このことは、たしかにある意味では正しい。われわれは、自分の納得を揺るがすにちがいないような論拠や経験をみずからに近づけない人を、非合理的であると言う。つまり、論拠が実際にひどいものであるとか、経験が決め手となるようなものではないという理由からではなく、たんなる防衛の意味でこれらの論拠や経験を「抑圧する」人をそう呼ぶのである。しかしよき論拠という概念には、それをそれぞれの場合において口にする人を度外視するということが含まれている。するとこうした考察は、いずれにせよ妥当性要求が対立する場合には、談話や行為や思考から論証することへと移行することがいわば強制されるのを示しているように思われる。しかもまるで、われわれがその要求にもかかわらず、言語能力および行為能力をもついかなる存在者とも討議に参加することを拒むなら、根本的な意味において非合理的であるかのようにである。このことが、アーペルおよびハーバーマスにおいて論証の先行前提から普遍主義的な道徳へといわば橋を架ける根本直感のようなものであると私は考えている。しかしこの橋は架からない。つまりわれわれが、自分自身の納得と合理的に関わるための根本的な要求として承認しているいかなる論拠も抑圧してはならないという要求は、他者とともに行う論証を――それがだれであろうと――拒絶してはならないという要求と、決して同じ意味ではないのである。こうした拒絶が非合理的なものとなるのは、たとえばわれわれが他者の論拠に対して不安をもつことを理由に〔論証を〕拒絶する場合である。さらに、他の条件が等しい場合にはおそらくわれわれ自身には要求するような権利を他者に認めないとき、そうした拒絶は道徳に反している（unmoralisch）かもしれない。しかし論証のもつこのような道徳的次元は、論証の先行前提とともに談話が妥当性に定位していることにもとづいてではなく、カント的な意味での一般化原理によってこそ説明することができる。したがって私が主張するのは、談話が妥当性に定位していることにおいて基礎づけられているいかなる論拠も抑圧してはならないという義務づけは、私がいつだれとともに何について論証することを義務づけられているかという問いに関して、決して直接答えを与えるわけではないということである。(3) 真理の合意説という前提のもとでのみ、直接答えを与えるように見えるだけであり、しかもそれは、この前提のもとでは論証によって合意をもたらすことが、そのつどの自分自身の妥当性要求と合理的に関わる根本形式として定義されているからである。

（二）これまでの考察から推測されるのは、論証の不可避的な先行前提は道徳的な義務づけとはまったく関係がないということである。注意してほしいのは、道徳的な義務づけが論証する実践にいわば浸透していることについて、私は異議申し立てをしないということである。この浸透は、対話を拒絶する格率が一般化可能ではないということによって、明らかにすることができるだろう。しかし、われわれが遂行的な矛盾を伴うことなく異議申し立てをすることができないような論証の規範が、道徳的な種類の義務づけを示しているかどうかは疑わしい。換言すれば、論証規則の「ねばならない」は道徳的な「ねばならない」として、有意味に理解することができるかどうかは疑わしいのである。このような「ねばならない」が、論証の「周辺部」で働くのは確実であり、つまり対話を始めたり継続したり拒絶したりするところで力を発揮するのである。しかし、私が論証のパートナーとして談話の同一の権利を認めなければならない他者に対して、さらにこの権利の行使をもいわば次の瞬間に承認するつもりでいるかどうかについて、論証の規範が何も言わないのであれば、論証の規範がもつ「ねばならない」を道徳的に意味のある「ねばならない」として解釈することは困難である。ここで問題となっている「ねばならない」は、むしろ構成的な規則と結びついている。この「ねばならない」に対して論証する者として私が異議申し立てできないのは、それが論証する実践にとって構成的だからである。

もちろん論証の規範は、われわれが任意に参加することができたりできなかったりするゲームの規則ではない。論証の規則はむしろ、たとえばわれわれはわれわれの妥当性要求にとって重要ないかなる論拠も抑圧してはならないとするような合理性の規範と内的に連関しており、こうした規範をわれわれは――それはアーペルおよびハーバーマスの直感がもつ正しい点であるが――発話し論証する存在者として避けることはできない。しかしまさしく、合理性の義務づけは避けられないということが「〈遂行的矛盾を避けるべきである〉という原理」によって表現されることにおいて、もっとも一般的な合理性の規範でさえ道徳的な内容を直接もちうるわけではないということが、同時に示されている。合理性の義務づけが関係しているのは論拠の承認であり、道徳的な義務づけが関係しているのは人格の承認である。それがよいものであれば、私の敵の論拠でさえも承認することが合理性の要求するところである。まだよく論証できない者にも発言を認めることが、道徳の要求するところである。極端に言えば、合理性の義務づけは人格を顧慮せずに論拠と関係し、道徳的な義務づけは論拠を顧慮せずに人格と関係する。合理性の要求するところと道徳的な義務づけが、さまざまに、そして複雑な仕方で相互に交差し合っていることは、もちろんまったく否定できないが、しかし理想的コミュニケーション共同体という想像上の「最高（の視）点」だけから眺めると、あたかも両者は最終的に重なり合うかのように見えるのである。

私は、ヴォルフガング・クールマンによって明晰かつ入念に仕上げられた究極的基礎づけ論証[4]を具体例にして、討議倫理学による究極的基礎づけの試みに反対する私の原則的な論拠を明らかにしたい。究極的基礎づけは、クールマンにおいてまず――アーペルおよびハーバーマスの場合と同じように――「有意味に論証するための諸規則および先行前提[5]」と結びつけられ、第二歩目においてこれらの諸規則および先行前提が（討議に内在する）協働作業の規範として解釈される[6]。この協働作業の規範は、ハーバーマスがもち出す「討議の規範」（vgl. DE 99）に対応している。クールマンによれば、この協働作業の規範は「同等の権利をもつパートナーとして協力し、相互に論証においいて同等の権利をもつ者として承認し合い、そのような者として扱う」ことをわれわれに義務づける。この規範は「論証においてどの参加者にも、反論したり、口を挟んだり、新たに議論を始めたり、論証の継続を要求したり、問いを立てたり、基礎づけを行ったり、新たな視点を導入したり、などなどの同等の権利が認められること」[7]を要求する。このような論証の先行前提に含意されている協働作業の規範を介して、クールマンはコミュニケーション倫理学の根本規範を導出しようとする。それは、クールマンによれば次のようなものである。「君の利害関心が他者の利害関心と衝突しうるあらゆる場合において、他者との理性的で実践的な合意が得られるように努めよ」[8]。ところがしかし、クールマンが討議に内在する義務づけから討議を包括する道徳原理へと橋を架けることができるのは、クールマンが独りでなされる思考の営みと現実的な討議との差異をはじめからなくしておく場合だけである。つまりクールマンは、「論証」という言葉を、それが妥当性に定位した独りでなされる思考の営みをも含むものとして用いている[9]。クールマンは独りでなされる思考の営みを現実的な論証と同じように解釈するから、〔根本規範を〕導出する決定的な箇所において、合意可能な（すなわち真の）解決を目指す営為と理性的な合意をもたらす営為とを等置することが正しいと感じるのである。したがってたとえば、「理性的な合意への意志の背進不可能性」を表現しようとする根本規範N_2においては次のように言われる。「われわれがある問題の解決に対して真面目に関心を寄せているのなら、われわれはだれもが同意できるような解決を目指さなければならないし、理性的な合意を目指さなければならない[10]」。クールマンはこのことを説明して言う。「われわれが真に何かを知ろうとするとき、そしてわれわれが本当にある問題の解決を手にしようとするとき、われわれが本当に望んでいる事柄は、それを支持するあらゆるよき理由が挙げられ、それに反対するいかなる正当な反論もなされないし、またなされえないような解決であり、したがってだれもが正当に同意することができるような解決である。われわれが望んでいるのは、理性的な合意である」[11]。真理への意志が理性的な合意をもたらすことへの意志と同義であるなら、同等の権利を与えられたあらゆる他者との現実的な協働作業のための普遍主義的に理解されるべき規範は、実際に、談話が妥当性に定位していることのうちにそもそもはじめから埋め込まれている。この場合コミュニケーション倫理学の根本規範は、利害関心の衝突という特別なケースに対して特化された、もっとも一般的な合理性の義務づけ以外の何物でもないだろう。

私の反論は、もともと、独りでなされる思考の営みを仮想的な対話として解釈することとは無関係である。反対に、われわれが思考の営みにおいてさまざまな視点を顧慮し、われわれ自身に反論を企てる、などなどをするとすれば、こうしたことを内面化された対話モデル以外で理解することはほとんど不可能である。したがって、「正しい」解決を求める営為は、われわれ自身との同意に至る営為として理解できるだろう。この同意は、公共的な対話において達成されうる同意の代わりとなるものであり、個々の主体の内面において同時に他者の声が聞こえるというわけである。こうした理由から、現実的で「公共的」な対話はいつでもテストの機能をもっていることになり、このような対話において、われわれがわれわれの孤独な思考の営みの中で他者がもちうる論拠や視点、あるいは反論を、本当に正当に見出していたかどうかがはじめて明らかにされねばならないのである。ところがしかし、われわれの孤独な思考の営みの中で発言する他者はいつでも「代理」の他者であり、そうした他者からの耳を傾けよという要求は論証を顧慮せよという要求である。だがそれゆえに、現実的な討議へ入るべきであるとする義務づけが及びうるのは、いかなる重要な論拠も抑圧してはならないとかありうる反論から逃げてはならないといった義務づけが及ぶのと同一の範囲にすぎないことになる。しかしこの義務づけは、現実的で一般的な理性的合意をもたらすべきであるとする義務づけと同義ではないし、したがってそれはまた、普遍主義的なものとして理解された協働作業の義務づけとも同義ではない。むしろいかなる論拠も抑圧してはならないという要求は、私が実在するどの人格とともに何についていつ論証することを義務づけられているかという問いを未決定のままにし、したがってまた、どのケースにおいて私が現実的な合意を目指すように義務づけられているかという問いも未決定のままにする。基準を与える強いヴァージョンの合意説が前提とされる場合にのみ、基本的な合理性の義務づけが、そのまま係争中の問題において理性的な合意を目指すべきであるという義務づけとして解釈できるのである。それに対してこの前提がなされないのであれば、一般的な合理性の義務づけや、あるいは論争することの普遍的な先行前提でさえも、あまりにも弱すぎて、それだけでは普遍主義的な道徳原理を担うことはできない(12)。

この最後の考察によってさらに、「理想的コミュニケーション共同体」の概念は新たに解釈し直されることになる。孤独な思考の営みにおいては、現実的コミュニケーション共同体が理想的コミユニケーション共同体として存在していると言えるだろう。しかしそれは、現実的コミュニケーション共同体が、無限界のコミュニケーション共同体の成員によって口にされうるあらゆる可能的な論拠を含んだかたちで存在しているということである。だがこうした仮想的に存在するコミュニケーション共同体が「理想的」であるのは、二重の意味においてである。それは第一に、現実の人格によって、また数多くのパースペクティヴにもとづいて口にされうる可能的な論拠を含んだかたちでのみ存在しているという理由で理想的である。したがってそれは、よりよき論拠のもつ強制なき強制だけが重きをなす、論証する者の共同体として存在しているのである。そしてこの共同体が第二に理想的であるのは、あたかも理想的な同時性が形成されているかのように、われわれが無限界のコミュニケーション共同体と関わりをもつからである。こうした意味でいまや、理想的コミュニケーション共同体を想定することが、現実的な論証状況にとっても構成的であることが容易に認められる。理想化によって、ここで実際に、われわれが「合理的になされる論証」とか、あるいは「合理的になされる思考の営み」と呼ぶ事柄が意味をもつための条件が明らかとなる。論拠を口にする現実の人格が、理想化によって抽象されるのであり、われわれが論拠を論拠として考察するということには、論拠を提出したり、あるいは提出しうる人格からいわば切り離してその論拠を考えるということが含意されているのである。そのように理解されるなら、理想的コミュニケーション共同体を想定することはたしかに必然的である。しかしこの想定を現実的コミュニケーション共同体によって実現されるべき理想状態の先取りとして理解するのなら、それがもちうる意味を取り違えるだろう。しかも、意味は相互主観的に分有されるという必然的な想定がもつその意味を、この想定を最後の言語あるいは理想的な言語の先取りとして理解するなら、同じように取り違えるだろう。私が言いたいのは、こうした想定を現実の理想として具象化するなら——そしてすでに示唆したように、ことによると取り違えを引き起こす仮象は言語そのもののうちに係留しているのかもしれないが——、そのときわれわれはこうした想定を行う必然性の意味を取り違えるということである。現実的コミュニケーション共同体のうちに理想的コミュニケーション共同体が存在していると いうことは、アーペルが望んでいるように、たしかに人間の談話が背進不可能な仕方で妥当性に定位していることの表現として理解することができるが、しかしこうした理想を形作る実質は、理想的な生活形式を構想するのに役立たない。論証の理想化されたかたちでなされる想定のうちには、道徳の究極の土台も究極の宥和の出現も含まれていないのである。[13]

原注

（1） 第二部第六章注（1）で挙げた文献も参照のこと。

（2） アーペルは、論証の規範的な基盤を究極的に基礎づける原理を次のように定式化した。「私が何かを、実際に自己矛盾することなく論駁することができず、同時に形式論理的に論点先取することなく演繹によって基礎づけることができないとき、それは（…）論証という言語ゲームがその意味をもつべきであるなら、いつでもすでに承認されているにちがいない論証の超越論的言語遂行論的な前提である。したがってこのような超越論的言語遂行論的な論証の仕方は、意味批判的な形式をもった究極的基礎づけと呼ぶことができる」(K.-O. Apel, »Das Problem der philosophischen Letztbegründung im Lichte einer transzendentalen Sprachpragmatik«, in: B.Kanitschneider (Hrsg.), *Sprache und Erkenntnis*, Innsbruck 1976, S.72f.)。私は以下において、アーペルおよびハーバーマスの言うように論証することのもつ背後遡行不可能な先行前提があるということから出発するが、アーペルあるいはハーバーマスにおいて、究極的基礎づけの論証が説得力のある仕方でこれまで成し遂げられているとは思わない。このことは、厳密に何が実際に、論証することの背後遡行不可能な先行前提であるかがこれまで明らかになっていない、ということと関係していると私は考える。ここで、「遂行的」自己矛盾あるいは「遂行論的」自己矛盾と言われてはいるが、しかしそうではないような例を二つ挙げよう。(1) アーペルは、次のような主張が遂行論的自己矛盾を含むと言う。「私は、討議によって基礎づけることができる規範がすべて――遂行論的に目的に合致した討議の制限を含めて――普遍的に合意可能である必要はないということを、ここで主張する(=理想的コミュニケーション共同体において普遍的に合意可能なこととして提案する)」(K.-O. Apel, »Läßt sich ethische Vernunft von strategischer Zweckrationalität unterscheiden?«, in: *Archivo di Filosifia*, 1983, Nr.1-3, S. 424)。問題となっている主張は、討議によって基礎づけることができる(したがって合意することができる)規範がすべて、合意可能である必要はないというものである。これは、たとえば白い象がすべて白い必要はないといった種類の主張のように私には思われる。したがってたしかに矛盾はしているが、しかしおそらく単純な論理的‐意味論的矛盾と呼んだ方がよいだろう。(2) 二つ目の例は、討議倫理学についてのハーバーマスの仕事からのものである。そこでは次のように言われている。「似たような仕方で、次のような文を基礎づけようとする提案者の言表に対して、遂行的矛盾を指摘することができるにちがいないだろう。(3*) われわれはA、B、C……を討論(Diskussion)から排除した(A、B、C……を沈黙させた、ないしはA、B、C……にわれわれの解釈を押しつけた)後で、規範Nは正当なものであり、このときA、B、C……に関して、その人たちは（a）規範Nの発効に関わっている人々の一員であり、（b）論証の参加者としていかなる重要な点においても他の人々から区別されることはない、ということが当てはまるべきであることを、ようやく納得することができた」（DE 101）。

主張（3*）は、いかなる意味において（a）および（b）という前提のもとで矛盾を含みうるのか。答えは、またしても簡単だと思う。討論から排除される者がいかなる重要な点においても論証する者から区別されないのなら、このことは、排除される者の論拠が討論への参加が認められる者の論拠と同じ重みをもつか、あるいは同じように真面目に受け取られるべきであるということをこそ意味しうる。すると、排除される者の論拠を抑圧することは、真理性を獲得するために重要でありうるような論拠を抑圧することを意味する。したがって主張（3*）は、「われわれ」が重要なものとなりうる論拠の一部を知ることなく何かについて納得したということを意味するのである。それはつまり、われわれの納得に反対するよき論拠がありうると言っていることになるが、しかしわれわれはそれを知ろうとしないのである。われわれの納得はよく基礎づけられているが、しかし場合によってはよく基礎づけられていないということもありうる、と言っていることになる。そしてこれはまたしても、遂行的な矛盾ではなく、論理的な矛盾であるように私には思われる。

私がこれら二つの実例を挙げたのは、すべては究極的基礎づけが実際にどの箇所においてなされているのかを正確に示すことにかかっているということを、明らかにするためであった。

（3）　このことは、（アレクセイに従って）ハーバーマスがもち出す討議の規則――そしてこの規則から原則（U）が導出されることになるのだが――においても示されている。規則（3・1）は、「言語能力および行為能力をもついかなる主体も討議に参加してよい」というものである（vgl. DE 99）。強調するまでもなく、この規則において表現されている普遍主義的な直感は私ももち合わせている。しかし見逃すことができないのは、このように定式化されている規則は、間違っているか、あるいは（相対的に）何も言っていないかのどちらかだということである。つまりその規則が、言語能力および行為能力をもついかなる存在者とも、その望みに応じていつでもいかなる対象についても討議に参加するように私は義務づけられているということを意味するのであれば、それは明らかに間違っている。あるいは、言語能力および行為能力をもついかなる存在者も原理的に討議から排除されてはならないということをその規則が意味するのであれば、この場合それはあまりにも弱すぎるだろう。

（4） Wolfgang Kuhlmann, *Reflexive Letztbegründung*, München 1985.
（5） A.a.O., S. 22ff.
（6） A.a.O., S. 196ff.
（7） A.a.O., S. 198.
（8） A.a.O., S. 208.
（9） 「第二の反論」を参照。A.a.O., S. 227ff.
（10） A.a.O., S. 189.
（11） A.a.O., S. 190.
（12） 第十一章を参照のこと。
（13） こうした考察によって、アーペルの究極的基礎づけという考えの誤りを、最近のアーペルの著作からの特徴的で簡潔な一節において明らかにすることができる（K.-O. Apel, »Läßt sich ethische Vernunft von strategischer Zweckrationalität unterscheiden?«, a.a.O., S. 375ff.）。その一節は、カントを超越論的独我論とする批判と連関しており、アーペルによれば、カントは超越論的独我論のせいで道徳法則を基礎づける代わりにこれを「理性の事実」とせざるをえなかった。「こうした状況は、相互主観的に妥当性をもつ思考の内容が、すでに言語と結びついたものとして討議の構造をもっていることが明らかにされるならば、決定的に変化する」とアーペルは言う。「いまや、『私は考える』を超越論的に自己反省することによって以下のことが証明される。討議の構造とともに、同時に、有限な理性的存在者たちの——原理的には無限界の——共同体もまた、そして論拠への諸要求（＝論拠とともに主張しうる利害関心ないしは欲求）や論拠を吟味する能力を同じく限界なく一般化しうる相互性が前提とされる。簡潔に言えば、現実的コミュニケーション共同体において反事実的に先取りされる理想的コミュニケーション共同体が前提とされる。したがって、理想的な無限界の論証共同体において合意できる能力が理論的に重要であり、同じように実践的－倫理的に重要な論拠が相互主観的な妥当性をもつための統制的理念として承認される」（a.a.O., S. 421）。この一節においてただちに明らかになるのは、倫理の究極的基礎づけとされている事柄は、必然的な前提を必然的な先取り（必然的な統制的理念）へと変換することと連関していることであるが、ここでもちろん決定的であるのは、前提そのものの意味が取り違えられたことである。

第三部　カント倫理学と討議倫理学との媒介の試み

第十章

先に（第六章）示そうとしたように、ハーバーマスの普遍化原則の定式化においては、普遍主義的な道徳原理と手続き的（自然法的）な正統性原理とが、残念ながら混同されていた。この混同は真理の合意説にもとづいているのであるが、真理の合意説は、ハーバーマスとアーペルが言うような豊かな理論として擁護できるわけではない。もっともハーバーマスの道徳原理と正統性原理の混同に関しては、私は道徳的正当性の問いと規範的正義の問いを、これまでのところ、その区別をあまり説明してこず、むしろ前提してきた。私はこの区別をさしあたっては便宜上、道徳的規範と法規範の区別として説明しておく。いわゆる道徳的規範に関して言えば、道徳原理自身（「人間の尊厳は不可侵である」）や「広い」拘束性を持つ倫理的な義務（「困窮している者を助けよ」）がそうであるように、未規定的であるか、もしくはその「素質」からして例外もありうるか、どちらかだと考えられているのがつねである。

素質からして例外がありうるのは、道徳的な判断においては、何らかの状況下における行為様式——カントの場合には格率——が何よりも重要であり、一般的な諸規範は道徳心理学としては重要であるとはいえ、二次的な意味ではじめて問題になるからである。こうした留保をつけた上で、道徳的規範と法規範の相違について、次の三点の特徴を指摘したい。

（一）法規範は道徳規範と違って、効力を発したり失ったりする。法規範が効力を有する場合は、規範はつねに特定の当事者集団に対して有効である。法的な義務づけは、効力を有する法規範の機能の一つである。これに対して道徳的規範や道徳的義務は、それが妥当するのであれば、施行手続きに関係なく妥当する。今問題にしているこの相違は、わが国の基本法の第一条第一項において容易に明らかにできる。人間の尊厳は不可侵であるという内容は、われわれの憲法に記されていることに依るまでもなく――道徳的命令として――妥当する。この道徳的な命令がわれわれの憲法のうちに法規範として取り入れられたことは、言うまでもなく、ドイツの歴史の経験を踏まえて立法機関と司法を、当該の法的義務によっても拘束するという意義があった。――もちろん道徳規範と法規範という分析的な区別は、伝統的な社会の具体的な人倫性には適合しない。しかしポスト‐慣習的道徳への移行は、同時に法の契約化を意味しており、法の妥当性は、道徳的な制約のもとにあるとはいえ、ある程度自由裁量となる。この道徳的制約のいくつかが、法規範として――しかも立派な根拠から――ドイツ連邦共和国の憲法に取り入れられたのである。

道徳的義務の概念は、規範的妥当性要求の基礎づけの概念と結びついている。これに対して法的義務の概念は、規範の社会における（それゆえある意味、事実的な）妥当性の概念に結びついている。法の妥当性は、承認という契機なしには考えにくいとしても、しかし承認に吸収し尽くされるわけではない。すなわち、法の妥当には純粋な事実性という契機が不可欠であり、それはたとえ任意の共同の決議といった契機にすぎないとしても、そうなのである。われわれが次のようにそもそも問いを立てることができるのも、道徳的妥当性と法の妥当性が分析的には重ならないからこそである。すなわち、どの程度までわれわれは、事実上妥当している法規範に従うよう道徳的に義務づけられているのか、という問い。また、正義にかなった規範と正義に反する規範との区別が道徳的に基礎づけられていると前提している場合であっても、どれくらいわれわれは正義に反する規範をも尊重するよう道徳的に義務づけられているのかという問いや、あるいは特定の状況において、正義にかなった規範を破る道徳的な権利や、さらにはそのような道徳的な義務をわれわれはもちうるのかどうかといった問いは、つねに問うに値する。これに対し、妥当性のない道徳的規範にも従うようわれわれは道徳的に義務づけられているのかどうかと問うのは、まったく無意味であろう。

（二）法規範は――道徳的規範とは異なり――通常、実践に対して構成的である。構成的な規則が大きな部分を占めない法システムは、まったく考えることができない。法規範が構成的な規則であるのは、それが権利や義務、また資格やサンクションを確定するだけではなく、実際行動（たとえば、「連邦議会の選挙」）や制度（たとえば、「連邦議会」や「憲法裁判所」）や機関（「連邦首相」）を「構成する」からである。連邦議会選挙や閣議決定、法律の公布や税金の未納も、諸定義が相互に支え合っているシステムや構成的な諸規則のシステムなしにはありえず、このシステムも、また法なのである。もちろんそうした制度や実際行動のシステムは、イギリスでそうであったように、いわば自然発生的に――つまり歴史的に――形成されてきたかもしれない。ちょうど革命状態から新しい制度や実際行動――たとえば、革命評議会のシステム――が自ずと形成されたようにである。だが、諸規則が明文化して編纂されているか、それともたんに一般的な同意にもとづいているかは、規則の構成的性格には何ら決定的な役割を果たさない。それはゲームにおいて、その実践を構成する諸規則（たとえば、何が「ゴール」や「王手」とされるのか、チェスの駒の正しい動かし方は何か、など）が文章化して編纂されていなくても、ゲームが実践できるのと同じである。争いが生じた場合にそのつど――確定的にであれ、臨時的にであれ――編纂が行なわれれば、それで十分なのである。

　法規範の構成的なアスペクトによれば、法規範はシステムというかたちで生じるわけであるが、この点もゲームの規則と比較することができる。われわれは、何が殺人として見なされるべきかを確定し、裁判手続きの規則や刑執行の規則を確定しなければ、懲役刑を殺人に対する脅威とすることはできない。連邦議会の採決の手続きの確定も、連邦議会が決議すべき事柄は何か、連邦議会はどのように選出されるべきか、また誰が決議された法律の執行を監察するか、こうした諸々のことを同時に確定しておかなければ、できない。道徳的規範にはこうしたシステムという特徴が備わっていないが、その理由は、道徳的規範によって問われるのが、私にすでに与えられた世界――実際に与えられているものにはいろいろあるが、法規範もまたその一つである――における正しい行為だからである。道徳的な観点のもとでは、法規範が社会で妥当していることは、差し当たってさまざまな事実のうちの一つである。したがってたとえば、もし投票用紙に正しく記入しなければ、自分の投票が「数え入れ」られないことを私は知っているし、あるいはまた、交通規則や税法に違反する際には、刑について考慮する必要があることを私は知っているのである。そこで次に来るのが第三の点、すなわちサンクションの問題である。

(三) 法規範は、外的なサンクションによる脅迫と通常結びついている。構成的な規則に関するかぎりでは、サンクションが存立しているのは端的に次の点に、つまり規則を無視すればその行為は法的に無効となり、成立しないというところにある。したがってたとえば採決や判決は、手続き規則が破られていた場合は無効である――ちょうどオフサイドからシュートされたゴールはゴールとはならないようにである。別の側面ではサンクションは、懲役刑や罰金や公民権の喪失などのように、法的に決められた処罰において存立する。こうも言えるかもしれない。つまり「誰にも危害を加えてはならない (Neminem laede)」や「嘘をつくな」といった道徳的な根本規範は、特に刑法というかたちで法に取り入れられているのだと言えるかもしれない。すなわち、これこれをなした人は何年以上の懲役刑に処せられるというようにである。刑法においては、事例と事実構成要件が処罰と結びつけられている。言ってみれば刑法の核心は、ある行為に対する道徳的非難が、通常(つねに正しいわけでは決してないが) 単一だと前提されるのに対して、その行為のために段階化されたサンクションのシステムを取り入れているところにある。道徳的規範とそれに対応する法規範との分析的な区別が必然的であることは、ある行為が道徳的に非難されるのか、それともその行為は処罰されるべきなのかという二つの問いがまったく異なっていることを理解すれば、特に明らかとなる。私はアウシュヴィッツを嘘だと語ることを道徳的に嫌悪すべきことと見なしうると同時に、そのような発言を処罰でもって全面的に威嚇することに反対もできるのである。

法規範と異なって道徳的規範は、本質的な意味では、外的なサンクションと結びついていない。道徳的に善い行為は、合法的な行為とは違って、強制することはできない。道徳においては本質的なサンクションは、罪意識や後悔、自責、自蔑といった、内的なものである。[1] それゆえ道徳的な「ねばならない」も、法的な「ねばならない」や「べきである」とは違った意味を持つことになる。それぞれの「ねばならない」や「べきである」の意味は、しなければならないことを私がしないとしたらいったいどうなるか、という問いに対する答えに依存している。前者の道徳的な「ねばならない」の場合、私は悩まされるだろうだとか、自分自身をもはやまともに見れなくなるだろう、といった答え方だけができる。後者の法的な「ねばならない」の場合、典型的な答えは、外的なサンクションによる脅迫である。

(一)において指摘した法の妥当の概念における事実性の契機は、それ自体法でもある段階化された外的なサンクションのシステムにも、もちろん関わっている。むろん法システムは、暴力だけでは維持できない。法が社会において妥当するためには、当事者によって少なくとも法システムの本質的な部分が正統である(「正義にかなっている」)と承認され、それゆえ道徳的な義務と結びついていると承認されることも必要である。しかし「妥当している法」は、「妥当性をもつ(正義にかなっている）と承認された法」と同じことを意味しているわけではない。[2] むしろ法の妥当性の概念には、承認と強制可能性の契機が複雑な仕方で混ざり合っている。あるべき外的サンクションに結びついた事実性の契機も、承認の契機も、法の妥当の概念から取り除くことはできない。さもなければ次のような問い、すなわち、妥当している法律に従うよう（あるいは、そうした法律を適用するよう）私は道徳的に義務づけられているのかどうか、そしていつ、どこまで義務づけられているのかといった問いが、そもそも無意味になるだろう。むろん法の正統性が、すべての当事者による自由な同意の理念に（それゆえつまりは民主主義的な手続きに）結びついていれば、コンフリクトは暴力を用いずに決着されるであろうから、身体的なサンクションがもはや不必要な法状態も考えうる。すなわち、監獄のない社会を考えることはできる。だが、外的なサンクションがなくても法が可能だと想定することに意味があるのかどうか、はっきりしたことはわからない。それどころか、実定化した法やその外的サンクションへと人倫性を「外化」すれば、それは部分的には、内化されていた規範的強制から解放することも意味している。

私は道徳と法の違いを、法の三つの特徴的なアスペクトから明らかにすることを試みた。そこで次に、普遍主義的な道徳原理と民主主義的正統性原理とが何ゆえ区別され、またどのような意味で区別されるべきかについて、もっと詳しく説明しよう。両者のどちらにおいても、「正しい」と「誤った」とを区別する場合、理性的存在者や当事者らによって強制なく形成された共同意志が関わってくる。だが両者においては、この共同意志との関係は、異なった仕方で理解される。道徳的判断において重要なのは、具体的な状況のもとで、われわれが一般化可能な行為様式として――B・ガートの用語によれば――「公共的に主張」できそうなものを適切に捉えることである。この連関において議論がどんな役割を果たすかは、そのうち示すだろう。そのつど問われることは、われわれ――すなわち、理性的存在者――がある特定の一般化可能な行為様式を意欲できるかどうかということである。そうしてこの問いに対する否定的な答えが、はじめて道徳的な「ねばならない」を構成する。それゆえ道徳においては規範の役割は、たとえそれが道徳心理学や認知心理学の観点においてどれほど重要であるとしても、二次的である。

これに対して法においては諸規範と諸規則が実際非常に重要である。すでに指摘したように、ポスト伝統的社会への移行における道徳の「脱‐契約化」は、同時に法の契約化を意味していた。道徳と法の展開はこのように反対方向であるが、それと同時にもちろん法は道徳の要請のもとに置かれる。すなわち道徳は、法を超えた、法よりも「上位」の審級となるのである。これより同時に、手続きの正当性、すなわち、民主主義的な正統性の概念が展開される。つまり法秩序は、それに従う人々の共同意志を表現していると理解されうる場合に、正統なのである。カントに至る近代の自然法は、法の正統性のこうした概念を洗練させようと試みてきたのである。しかしともかく、ある法システムに属す当事者の共同意志に関しては、ここでは道徳の場合と構造的に異なったものが意味されている。というのも、ここでは当事者の生を何らかの諸規則に――つまり、これはつねに、他の諸規則ではなくこれらの諸規則に、ということであろうが――従わせ、その規則に結びついたサンクションに従わせようという、当事者の肯定的な共同意志が重要だからである。いわばここでは共同意志は、決議や取り決めといったアクションにおいて考えられ、実定化された法には、発効や失効させる行為が分析的に帰属している。たしかに、この法の正統性の概念は、反事実的にも適用され、たとえばカントはその意味で、立法者は、人民がみずからについて決議できるような法律だけを公布することが許されると述べている。もちろん、近代の正統性概念の論理によれば、決議の共有は、可能なかぎり事実的な共有として実現される――すなわち、すべての当事者に、集合的な意志形成の手続きに参加する等しい権利が最終的に認められるべきなのであり、これが民主主義の理念である。しかし正統な実定法が、すべての当事者によって共同で決議されうるべきであり、またすべての当事者が――原理上――集合的決定に参加する等しい権利を持つべきであるならば、次のことは自ずと理解されよう。すなわち、近代的な正統性概念の意味において正統な法を実現し、その正統性の承認を保障しようと試みるさいに、規範の問題の公共的かつ論証的な解明が、つねに中心的な役割を果たすにちがいないということである。この場合ある法規範――あるいは、法規範のシステム――を論証するとは、他のすべての当事者に対して、次のことを十分な根拠によって示す試みにほかならない。つまり、なぜ善意ある分別を備えた人が誰しも、これこれの規範が社会において妥当するのを誰にとっても等しく善いと判断できるはずだと言えるのかである。すでに見たように、ハーバーマスはこうした規範的妥当性と現実の議論とが連関している特殊なケースを、結局のところ規範的妥当性のモデルケースとした。しかしそのためにハーバーマスの普遍化原則は、カントによってすでに明確に練り上げられた（十分に説明されたわけではなかったとしても）道徳的な問題と法の問題の差異化を取り落とすのである。これがとりわけ意味していることは、ハーバーマスは、構造的に見れば規範的正義のレベルで取り組んでいるために、道徳の妥当性の問題を捉え損なわざるをえないということである。ホッブスからカントに至るまで近代自然法の契約論者が、道徳的な妥当性の問題を、法の正統性問題の前段階において扱ってきたか、もしくは基礎部門として扱ってきたか、そのどちらかであったのは偶然ではなく、まったく本質的なことなのである。討議倫理学は、道徳における反啓蒙の動きに対抗して、法を普遍主義的な道徳へと再び結合し、それによって同時にカント倫理学と近代自然法をみずからの内部で「止揚する」ことを望んでいるが、このもっともな願いも、すでに達せられている問題の差異化を取り落とさない場合にのみ、実現できるのである。

原注

（1） これについては、特にウルズラ・ヴォルフが、トゥーゲントハットに対する批判の中で指摘している。Ursula Wolf, *Das Problem des moralischen Sollens*, Berlin und New York 1984, S. 23, 35ff. トゥーゲントハットは、この批判を受け入れ、のちに再度カント寄りの道徳の基礎づけを提案している。その基本的な考え方については、後でまた引き合いに出すであろう。Ernst Tugendhat, »Retraktationen«, in: ders., *Prob-*

leme der Ethik, Stuttgart 1984, S. 132ff. を参照のこと。

（2）H・L・A・ハートはこの点に、法実証主義の伝統が真である契機を見ている。ハートは道徳が法規範にとっての評価基準であることを徹底して認めているが、法の妥当性の概念を道徳的妥当性の概念へと還元することには反対する。「したがって次のような二つの危険があるが、それをくぐり抜けるには、この（存在と当為の）相違を堅持することが手助けとなるだろう。一つは、法とその権威が、人々が抱いている在るべき法のイメージのうちで解消されてしまう危険であり、もう一つは、存在する法が、行動の最終的な基準として機能している道徳を追い出し、その結果批判を受けつけなくなる危険である」（H. L. A. Hart, *Recht und Moral*, Göttingen 1971, S. 19〔「実証主義と法・道徳分離論」『法学・哲学論集』矢崎光圀・松浦好治他訳、みすず書房、一九九〇年、六三—六四頁〕）.

第十一章

以上の考察のうちには、討議倫理学を可謬主義的に再構成するための重要な諸要素がすでに含まれている。それらの諸要素をここでつなぎ合せておくことが必要であろう。私はそれを間接的に、すなわち、道徳的な妥当性要求を討議によって解明するという理念を、これまで私が主張してきた準‐カント的なパースペクティヴの内部で、どのような仕方で生かせるかを示すことによって行なうであろう。このパースペクティヴを「準‐カント的」と呼ぶのは、もとより私は、カントが形式主義という覆いによって見えなくしてしまったその豊かな根本思考を、その覆いを取り除いて明らかにしようとしてきたからである。このようなカントの読み方を選ぶのは、カントに対する批判のゆえにであり、その批判は、討議倫理学に対する批判とまったく類比的である。私の批判は、どちらの場合にも、理想を要石として頼っている哲学的建築術に向けられている。カントにおいては目的の国が、アーペルやハーバーマスにおいては理想的了解状況がそれである。しかし天井と要石が、共同し合ってのみ状態を維持しうるかぎり、ここでも次のことが、すなわち、理想化による概念形成に対する批判はどうしても構造全体に作用するということが当てはまる。これまでのところ私は、このことがカントの場合にはどういう意味になるのかを説明してこず、たんに示唆しただけであった。私のテーゼはこうである。すなわち、カント倫理学の形式主義と厳格主義は、倫理学を永遠の相のもとで、すなわち目的の国の観点から基礎づけようという試みに直接由来しているということである。カントにおいて道徳規範とは、目的の国の成員にとっての行為の格率である。それゆえカントにとっては、例外もなければ、決定不可能性もなく、不一致も解決不能な衝突もありえない。また同じ理由から、カント倫理学においては、判断力は何ら重要な役割も果たさないのである。目的の国に対しては「一般性の形式」だけで十分であり、この形式は曖昧さを許容しない。これに対し道徳の現実的問題は、特殊的なものと一般的なものの媒介の問題においてようやく始まるのであり、この点に関しては、少なくともヘーゲルは正しかった。ところで討議倫理学は、たしかにもともとこうした問題のためにこそ組み立てられているのであるが、しかしその問題を解くことはできない。なぜなら討議倫理学は、その考えの中心部分において、カントの建築術を固持しているからである。つまり討議倫理学もまた、永遠の相のもとに見る道徳を描いているからである。

　倫理学の解釈にあたって私は、その意味を完全にしてゆく考えによってそれを進めるのではなく、逆に、ナンセンスなものを除去してゆく考え方にもとづいて解釈を行ないたい。私の主張するところでは、ナンセンスなものの除去は、完全な意味だとか、最終的な和解や、究極的な真理といった理念に関わらなくても考えてゆくことができる。さらに言えば、カントの根本的な考えは、この意味において可謬主義的に（それと同時に対話的に）解釈できると思われる。

すでに述べたように、私は間接的な方法を採っており、道徳的判断形成や道徳的な学習過程との関わりにおいて論証や議論が、「カント的」――これまで説明してきた意味において――に理解すればどのような位置価をもつかを明らかにしている。道徳に関する問いを論証やコミュニケーションによっていかなる意味において解明できるかが、いったん明らかとなれば、対話の規範をカント的に基礎づけることもまったく困難ではない。というのも、そもそも対話による解明が可能であり、また場合によってはそうすることが当事者にとって重要であるかぎり、対話を拒絶する格率が一般化不可能であることは容易に知りうるからである。当の対話の規範が十分に未規定なままでなければならないこと、言ってみれば、特定の状況解釈――これ自体、もちろん修正されうるものであるが――のコンテクストにおいてはじめて特定の内容を受け入れることができるというのは、私の見るところでは、討議倫理学における準－超越論的な議論の規範に比べて、むしろ優れた点である。というのも、討議倫理学における議論の規範は、守りうる以上のことを約束せざるをえないからである。

以下では次のような単純な前提から出発しておくが、この前提については、後の段階に至ったときに取り下げるであろう。その前提とはすなわち、道徳的議論の論理は、普遍主義的に理解された道徳原理によってすでに規定されているというものである。これは、われわれの社会のすべての成員が経験的に受け入れているという意味で理解すべきではなく、次のような論証や確信を、すなわち、神の意志や自然の秩序や伝統の権威などといった、規範の妥当性のさまざまな源泉を前提しているような論証や確信を、（方法的に）除外した意味において理解してくれなければならない。それゆえにわれわれは、行為様式の一般化可能性が道徳的正しさの規準や道徳的価値の基準として前提されている道徳的な議論に話を限定する。こうした前提のもとでは、道徳的な議論は、ほぼ行為状況や欲求状態の解釈と、行為者と受け手の自己理解のみに関わるというのが、私のテーゼである。それゆえ、もしわれわれが状況解釈と自己理解について意見が一致したならば、道徳的論争は通常解消される。つまり、私の格率が一般法則となることを、われわれが（理性的に）意欲できるかどうかという問いは、私の状況解釈や私の自己理解や私の諸解釈が、適切であるか、的確であるか、あるいは誠実であるかといった問いと、多かれ少なかれ同じ意味になるのである。討議倫理学を悩ます「われわれ」というのは、いわば私の状況記述や私の現実理解や私の自己理解の妥当性のうちに存しているのである。それゆえに批判や論証的解明も、ここに起点を持つ。

こうした私のテーゼを、二つの異なった例のレベルにおいて説明したい。第一は集合的解釈モデルのレベルであり、第二は、複雑な状況における道徳的判断のレベルである。集合的な解釈モデルのレベルに関しては、同性愛や女性の役割、教育、人工妊娠中絶、子供の権利についての伝統的な把握の修正が、その該当例として見出せる。もちろん普遍主義的道徳（それをここで問題にしているわけであるが）の論者も、かつては同性愛者や女性や子供のもとで道徳がストップするとは考えていなかった。むしろそうした論者は、同性愛が人間の堕落であり、女性には理性的な自己決定の能力がなく、子供は礼儀をわきまえた人間になるためにはもっぱら従順になることを学ばねばならないと考えていたのである。そのような理解が疑問に付されるかぎり、すなわち、もはや十分な根拠によって弁護できないかぎり、これらの人々に付与されてきた道徳的把握もまた変化する。子供を殴ることが、必要な教育を施さずに無意味に傷つけることだと認められるならば、それは道徳的に疑わしいものとなる。同性愛者を法的に責め立てたり社会的に差別したりすることは、同性愛者に対する有罪宣告が根拠のないものであることが認められるならば、道徳的に疑わしいものとなる。女性の自己実現を妨害することは、女性の本性についての伝統的な理解が維持しえないことが認められるならば、道徳的に疑わしいものとなる。言い換えれば、同性愛者や女性や子供に対する態度を決定する社会的に有効な道徳的志向は、集合的な解釈モデルにもとづいているのである。すなわち、そのような解釈モデルが十分な理由から疑問に付され、十分な理由から修正を施されるところでは、道徳の集合的な学習過程が生じる。加えて言えば、そのような修正は、議論という手段のみによってではなく、承認をめぐる闘争の圧力や新しい経験の影響のもとから生じてくるのが普通である。こうした学習過程の結果は、ここでの事例から言えば、同性愛者や女性や子供について語ったり振舞ったりする新しいやり方のことであり、さらに、当事者がそのつど自己を見つめ、自己自身に対して振る舞う新しいやり方のことなのである。しかし道徳的に見て重要なことは、伝統的な独断的把握が根拠なきものとして明らかにされた後に、いわば地盤を失った不平等と不平等な取扱いを除去することである。このように見ると、道徳の集合的な学習過程は、社会的に受け継がれてきた解釈モデルや態度が批判的に解体されることによって、相互承認の関係が拡張してゆくところに存立しているのかもしれない。ここでは理想への接近よりも、限定的な否定が重要なのであり、そのことは、誤った不平等な取り扱いや、イデオロギーにもとづいた不平等な取り扱いでさえも、言わば真正な理想像を持っていることから理解できる。ここで念頭に置いているのは、根拠の与えられていない不平等な取り扱い事例であり、ある人々に事実的な自己決定に対する平等な可能性が認められていなかったり、まだ認められていなかったり、もはや認められていない事例のことである。すなわち、幼い子供と重度の精神障害者と犯罪者という三種の事例である。誤解してほしくないが、子供や精神障害者や犯罪者の事例が、自己決定という理念が伝統的な理解の枠を超えてさらに妥当していることを同時に示す好例にもなっているということではない。そうではなく、これらの事例がもっぱら意味するのは、われわれは、どんな人間に対する振る舞いにおいても、それらが自己決定能力を持った存在者であるという観点のもとで振る舞うべきだと要請するわけであるが、その要請の意味を、子供の社会化や精神病の本性や犯罪の原因についての誤った把握が解消される程度まで、ラディカルにしなければならないということなのである。自由は自由であることを訓練することによってのみ習得できるというカントの洞察は、今日ではたとえば民主主義的な精神医療のうちに、まったく新たな適用領域が見出された。しかしこのような変化に対し、その理想的な極限値を考えることは決してできない。道徳が前進してゆく原理は、意味を完全にしてゆくことではなく、ナンセンスなものを除去してゆくことなのである。

私の基本テーゼの説明のための第二の事例のレベルは、複雑な状況における道徳的判断のレベルである。まず、道徳に関する状況の複雑さを、異なった三つの形式に区別したい。さまざまな道徳的要請がいわば相互に衝突し合い、決断が容易ではなく、また一義的にもゆかないような状況は、道徳的に複雑であると名づけておく。行為者がみずからの動機を思い違いしているために、もしくはコミュニケーションの状況が全体として歪んでいるために、行為の道徳的意味が不明確な状況は、道徳的に不透明と名づける。最後に、われわれの行為の結果が不明確な状況は、実践的に不透明と名づける。「私はその人を（本当に）助けるべきなのか（あるいは許されているのか）」という問いが生じる場合、状況は道徳的に複雑だと言えるだろう。「私は本当にその人を助けたいのだろうか」と問う場合、あるいは問わざるをえない場合は、状況は道徳的に不透明だと言えるだろう。また、「私はその人をこの方法で助けることができるだろうか」と問う場合、状況は実践的に不透明だと言えよう。具体的な状況における正しい行為に関する道徳的議論の論理を問う場合、われわれはこれらの道徳的状況の複雑さの形式を、三つとも明確に考慮しなければならない。ところで少なくともさしあたっての方向づけという意味では、道徳的に不透明な状況は誠実性の妥当次元に、実践的に不透明な状況は経験的な真理性の妥当次元に分類することができるだろう。この道徳的討議のそれぞれの次元は、ハーバーマスが区別した意味において、「治療的（therapeutisch）」討議と「経験的－理論的」討議という名をあてがうことができるだろう。私がこの分類をここで用いるのは、討議倫理学の道徳原理の内部にあるとされている、特に規範的な議論の次元をもっぱら選り出すためであり、それは規範的討議として、治療的な討議や経験的－理論的討議を支えるものである。それだけではなく、われわれはまださらに次のように制約しなければならない。すなわち、われわれは道徳的討議の重要なアスペクトの一つをもちろんすでに扱ってきたということである。つまり、一般的な道徳的志向を問題とするが、しかし最終的には現実解釈や欲求解釈のための社会的に有効な方法を問題とするアスペクトである。このように制約をすべて課した後に道徳的討議の核として残されるもののうちに、われわれは道徳的議論の論理を明らかにできるはずである。

まず最初に、議論を道徳的に複雑な状況に限定するのは公平ではないと思われるかもしれない。しかし私は、道徳の基本的な教えに関して――したがって恣意的に嘘を吐いたり人を傷つけたり、また殺したり見殺しにすることに関して――は、ここで述べている準-カント的なパースペクティヴには何の問題も生じないと前提しておく。すなわち、われわれは――それも理性的な仕方で――当の行為様式が一般的になることを意欲できないと前提しておく。「誰にも危害を加えてはならない」や、虚言の禁止といった一見自明な規範は、ここから帰結する。さて、道徳的に複雑な状況についての問題であるが、これは、たとえば規範が衝突している場面において、いかにもろもろの例外の基礎づけは理解されるべきかという問いに関わる。もっともこのような言い回しは、すでに誤解を与える表現である。道徳において規範が第一のものではなく――論理的に見て――導出されたものであれば、道徳的に複雑な状況において道徳的判断を基礎づけることは、例外を基礎づけることではなく、最終的には、ある行為様式の一般化可能性――もしくは一般化不可能性――の基礎づけを再び意味するだけである。私はここで第三章の考察に立ち戻ろう。そこで私が示したことは、いわゆる道徳における例外的状況は、厳密な（カント的な）意味では規則のもとに置くことができないということであった。私はそのことをもう一度二つの事例を手がかりとして思い起こしたい。具体例として取り上げる二つの格率は次の通りである。すなわち、「必要とあれば私は嘘をつき、罪もないのに迫害されている人（訴えられている人）を逮捕（有罪判決）されることから守るだろう」、および「私は死の病にある人に対し、その人の望みに従って安楽死を手助けするだろう」である。どちらの格率においても、このままでは一般化可能と言えないことは明らかだと思われる。というのも、どちらの場合にしても、それらの格率に従って行為するのはとんでもないと、あるいはそうでなくとも、少なくとも誤っていると私が見なすような状況を、私自身難なく想像できるからである。たとえば、私が安楽死を手助けする人が、自分で死の病であると信じているだけだということはたしかにありうるし、またその人が遺言状を作成してしまう前に、私は喜んでその人を厄介払いし、この絶好の機会を利用することもあるかもしれない。罪のない人については、私がその人の無実について思い違いをしているということもありうるし、私の嘘が他の罪のない人を危険にさらすということもあるだろう。強調しておけば、ここで問題となっているのは、私が一般法則として意欲できることが、他のすべての人も一般法則として意欲できるかどうかということではない。むしろ、私自身、正しく考えてみれば、たとえ特定の状況においては当該の行為を正当と見なすかもしれないとしても、それでも当該の格率を一般法則としてすでに意欲できないのである。したがっていわゆる道徳的に例外的な状況が、道徳的に基本的な状況とは異なって、実際のところ規則のもとにもたらしえないことは、事実として明らかである。もしこのような「許される規範」を定式化したければ、それは次のようになるであろう。すなわち「この状況と十分類似した状況においては……してよい」（場合によっては「……しなければならない」）と定式化できよう。

ここでわれわれは再び、道徳的に基本的な状況と道徳的に複雑な状況との間にある特有の非対称性に突き当たる。前者においては、他者を恣意的に傷つけるような行為様式が一般化不可能であることから、「十分な『公共的に主張しうる』理由がないかぎり、誰にも危害を加えてはならない」という規範が帰結する。だが後者の分析が示すところでは、そのように公共的に主張しうる諸理由を例外的な規範というかたちで定式化できるのは、もっぱらそうした例外的規範が、目録の一項目として加えられると考えられる場合か、もしくは「特定の状態においては……が道徳的に正しい」といった不特定の制約条項として加えられると考えられるか、そのどちらかの場合においてのみである。このことは、すでに述べたように、私が「意欲できる」ことと、すべての他の人が「意欲できる」ことが一致しうるかどうかという問題とはまったく無関係に当てはまるのである。とはいえ、問題はまったく概念的なので、私の分析が正しければ、道徳的に判断する誰にとっても同じ仕方で問題となるのである。

こうして私の考察の最終段階に至る。これまで見てきたように、道徳的に複雑な状況における道徳的判断は、（厳密な語義における）格率の一般化可能性の判断として再現することはできない。だがその意味は、諸状況における行為様式の一般化可能性や一般化不可能性の判断――道徳的判断をこのように解釈することは維持しておきたい——が、ここでは結局のところ具体的な状況の分析によってのみ基礎づけられるということである。言い換えれば、この場合にとりわけ道徳的議論が関わるのは、ある状況において与えられる行為のもろもろの選択を含めた、状況記述の適切さやそれなりの完全さに関わるのである。このことは、先に（第二章）示したように、道徳的な「ねばならない」や「べきである」が、「否定を通して発生」してきたことを思い起こすならば、より明らかとなる。というのも、行為様式の一般化可能性ではなく、一般化不可能性が、道徳的判断形成ならびに道徳的議論における優先的なテーマであるのは、道徳的な「ねばならない」や「べきである」が、このように否定を通して発生してきたからである。一般化不可能ではない行為様式が、一般化可能な（許される、正当な）行為様式にほかならない。ここでは否定の概念的および認知的な優位が問題となっているのであるから、これはトートロジーではない。認知的に優位である理由は、ある与えられた状況における行為様式を一般化不可能と確定することが、いわば道徳的判断形成の基本的操作だからである。ところで、ある行為様式を一般化不可能だと判定することが、その行為様式をある与えられた状況におけるそれとして理解する機能を果たしているのは明らかだと思われる。たとえば、ある逃亡者を警察に引き渡すことを、正統な国家権力に協力する行為として理解するのか、それとも無力な者や無実の罪を着せられた人を見殺しにする行為として（つまり、あるテロ集団に協力する共犯的行為として）理解するのかどうかによって、私が当該の行為様式を一般化不可能だと判定するか否かは決まる。とはいえ、ある与えられた状況において正しいと言えるのは、二つに分かれた解釈のうちの、せいぜい一方だけであろう。けれども、状況の正しい理解の問題が解明されれば、すぐさま特定の行為様式に関する一般化可能性の問題も片づくのが普通である。したがって道徳的判断力とは、行為の諸状況からあるアスペクトを、つまり行為様式の一般化不可能性（また一般化可能性）を決定づけるアスペクトを把握する能力だと理解できる。これに対して道徳的討議は特に、ある道徳的観点のもとで正しいとされる現実理解についての討議だと言えよう。

したがって私のテーゼはこうなる。すなわち、もしこれまで述べてきた道徳的討議のさまざまな次元——一般的な解釈や当事者の自己理解、状況記述、あるいはある状況における予測可能な行為の選択肢や行為の結果についての理解——において、同意が達成されたとすれば、道徳的論争も通常解決できるということである。この意味において、われわれがある行為様式が一般的になることを——理性的に——意欲できるかどうかという問いは、特に具体的な行為状況の適切な理解に関する問いであると言えるかもしれない。同じようにしてまた、われわれが——理性的存在者として——共通に意欲できることは何かという問いは、われわれ——当事者——が行為状況をいかに適切に理解できるかという問いに実践的に収斂していると言える。しかしこの問いに関して言えば、道徳的な確認のためには、すべての人による実際の同意よりも、具体的な状況に十分に身近にいる、判断する能力のある数少ない人たちの合意の方が、しばしば重要である。

以上の考察より、先に導入した道徳的討議のアスペクトの区別、つまり「治療的」ならびに「経験的–理論的」、（狭い意味での）「規範的」アスペクトの区別を、再び問いに付す必要がある。すなわち、すでに明らかになったと思うが、誠実性や（非常に広い意味で）経験的真理についての問いを道徳的な討議から除外するのは、討議からその本質を奪い去ることなしには不可能である。この問いを除外した後にも、なおも道徳的規範の基礎づけの問題が——いわば分析的に研ぎ澄まされて——残るというのは、明らかに違っている。私が「道徳的討議の核」——すなわち、かの補充的なアスペクトを除外した——と呼んだものは、むしろ次のような道徳的判断形成のアスペクトを特徴づけているように思われる、つまりそれは、自ずと理解される（カントによれば、定言命法に照らせば、私がみずからの利益のために嘘をついてはならないことは自ずと理解されるのであるが、そうした意味で）アスペクトであるか、もしくはこれに対して、相互主観的に拘束的な決定力の余地をもはや残さないアスペクトであるか、どちらかである。これは思うほどパラドクス的であるわけではない。というのも、道徳的論証が規範的な種類の論証である必要がないことを知るためには、道徳的判断が諸規範へと遡及することによってのみ基礎づけられうるという前提だけを放棄すればよいからである。「君はその人にそれを約束した」——これは、（単純な）道徳に関する論証である。しかし、われわれが——他の事情が同じならば——約束を守るべきだということは、そもそも「それゆえ君はそれをしなければならない」という帰結のための前提、すなわち、さらに高次の議論のレベルで十分な根拠をもって論争されるべき「前提」などではない。むしろこの「前提」は、そもそもたんに、当該の行為状況に対するわれわれの理解を一見自明な規範というかたちで表現しているだけなのである。

もちろん私は、道徳的な諸判断に、規範的な一般性という見出しが備わっていることを否定するつもりはない。この意味では、道徳的な議論において規範の基礎づけもつねに重要であることはもちろん認める。しかし重要なのは、規範の基礎づけと行為様式の評価との連関をいかに理解するかである。ハーバーマスはこの連関を、導出連関の意味で理解している。すなわち、ある特定の行為が妥当性をもつ規範に適っているがゆえに、その帰結として、その行為は命じられるというわけである。これに対して私がいま述べている理解では、道徳的規範の妥当性は、せいぜいこの規範によって表現される——基礎づけられるのではなく——道徳的判断の妥当性までしか到達しない。規範自身には、いわば状況に関するインデックスがついており、そのインデックスによって規範は、それが発生する状況に結びつけ直されているのである。まさにそれゆえに、道徳的規範の適用の問題が存在し——またそうだからこそ、適用の問題が理解できるのである。言い換えれば、基礎づけの討議と適用の討議は、道徳的規範の場合には、カテゴリー上、相互に区別できない。このことを念頭に置いている場合にのみ、具体的な状況における道徳的な判断形成の問題は、道徳的規範の「適用」の問題として有意味に解釈できるのである。

ここに提示した道徳的議論の解釈は、討議倫理学の根本理念のもっともらしさを、むしろ強化するかもしれない。というのも、道徳的独断論と道徳的自己欺瞞は、議論から締め出された状況解釈——欲求や関心の解釈を含んだ——の背後にたいていの場合ひそかに隠れているからである。しかし、こうした現実的構造を固持することは潜在的には、一定の人間の毀損をも引き起こしてしまうのがつねである。そうだからこそ状況解釈や自己理解をコミュニケーションや討議によって解明せよという命令は――少なくとも、当事者自身に発言させるということに関しては――たんに合理性にもとづいた義務という地位を有するだけではなく、道徳的規範としての身分も持つのである。もちろんこの規範にも、私が先に他の道徳的規範について述べたことは当てはまる。したがって、すでにこの理由から、それは他のあらゆる規範に貢献できるわけではないのである。

補論

ここで述べた立場とは逆に、ハーバーマスは、基礎づけ問題と適用問題を鋭く分析的に区別することに固執している[1]。それどころかハーバーマスは基礎づけ問題を適用の問題から分化するさいに、カントによってはじめて新たに達せられた差異化のレベルを考えており、それを「見落としてはならない」としている[2]。これに対して私が論証したことは、カントは法則-厳格主義のゆえに、適用問題を、体系上等閑に付しているということであった。実際カントにおいて重要なのは、適用問題を犠牲にして、規範の基礎づけの問題を分化することである。こうしたわけでハーバーマスの差異化のテーゼは、私にはやはり納得がいかない。道徳的規範の基礎づけに関しては、すでに見たように、どんな場合にも「一見自明」な規範（あなたは嘘をつくべきではないといった規範）が問題となりうる。しかしもしそうであるならば、適用問題は、例外的状況や葛藤状態（それは程度の差はあれ、道徳的に複雑な状況である）の問題に、かなりの部分が重なる。だが私がさらに示したように、道徳的に複雑な状況が、道徳的に基本的な状況と同じ意味では規則のもとにもたらされえず、またそもそも基礎づけられるものが、ある種類の状況においての行為様式の一般化可能性や一般化不可能性であるならば、基礎づけ問題と適用問題をハーバーマスの言う意味で相互に区別することはもはやできない。やや誇張すれば、道徳的基礎づけにおいて扱われるのは、適用問題であると言えるかもしれない。すなわち「適用される」ものは、道徳原理そのものなのである。このことを道徳的に複雑な状況の問題に対してはすでに説明したが、先に述べた、一般的な道徳を志向した基礎づけの場合も、同じように理解できるであろう。私が挙げた事例を出しておけば、そこで問題になっていたのは、「人間の尊厳は不可侵である」や「すべての人間はみずからの人格性を自由に発揮する権利を等しくもつ」といった諸原理——いわば定言命法の目的の法式からそれほどまだ遠くない諸原理——が、女性や子供や同性愛者に対する態度という観点から見たときどのような意味をもつのかということであった。したがってハーバーマスとは反対に、私は、道徳の場合には基礎づけ問題が一つの適用問題としての性格をもつと考える。すなわち、道徳的討議において重要なのは、社会の具体的な問題状況への適用であれ、個々の行為状況への適用であれ、道徳的観点の「適用」なのである。

これに対してハーバーマスが「いかなる規範も（…）それ自身を適用する規則を（含んでいな

い」[3]と言うとき、それはたしかに正しいが、しかしそのことは道徳の場合の基礎づけ問題と適用問題の区別を正当化するものではない。ここにはむしろ、二つの異なった適用問題が混同されているように思われる。その二つの問題のうちの第一は、与えられた規則や行動規程や規範――たとえば、刑法の規範――が具体的なケースに適用されるべき場合に立てられる問題であり、そのようなケースにおいては、規範の基礎づけと規範の応用は、二つの異なった事柄である。つまり、規範の基礎づけ（基礎づけではないとしても少なくとも規範の「公布」）は、その適用に先立っている。だが、法と道徳の分化とともに、またポスト慣習的道徳意識への移行とともに、道徳的意識は与えられた規範内容に関する教義学から解放され、まさにそれゆえに、道徳の諸問題に別の種類の適用問題が生じるのである。この第二の適用問題において問われるのは、いかにして「道徳の観点」そのものが、そのつど正しい仕方で妥当させられるのかということである。道徳的討議は、この問いに関わっており、規範の基礎づけに関わるのは、二次的な意味においてのみなのである。したがって道徳的討議は、本質的な意味では、適用の討議である。それゆえに道徳的討議と道徳的判断力は、その対象によっては相互に区別されず、実践理性は道徳的判断力として現れるのである。（ハンナ・アレントが「思考と道徳的配慮[4]（Thinking and Moral Considerations）」という論文において考察した要点も、本来このことであると思われる。ただし、またもやハンナ・アレントは、ハーバーマスの手順に比してもっぱら事態の補完的なアスペクトのみを捉えている。すなわち、ハーバーマスが基礎づけ問題に対して適用問題を周縁化するのに対して、アレントの場合には、道徳的判断が可能な道徳的討議とどう関わるのかが不透明になる。）

先に取り上げた「『ニュー・レフト・レビュー』によるインタビュー」のなかで、ハーバーマスは、基礎づけ問題を適用問題から区別する独特の基礎づけをさらに与えた。それによれば、カントを継承したさまざまな道徳理論は、「典型的には規範と行為の正当化の問いに特化して」おり、「正当化された規範はいかにして特定の状況に適用されうるのか、また道徳的な洞察はいかにして実現されうるのか、（…）といった問いには答えない」という。他方、基礎づけについてハーバーマスは、「われわれは道徳理論に過剰な要請をすべきではなく、一部は社会理論に、大部分は当事者自身に――道徳的討議がなされるか駆け引きがなされるのかに関わりなく――任せる」(5)べきであると提案する。この「差異化のテーゼ」の基礎づけは、この通り「大部分を当事者自身に任せる」べきである点をまったく問おうとしないがゆえに、独特である。ハーバーマスに従っても、規範の基礎づけは、この通り道徳理論の仕事には属さず、「当事者」どうしによる道徳的討議が扱う事柄なのである。それゆえ問題になるのは、道徳理論に対する正しい境界づけではまったくなく、当事者に委ねられるべき事柄、すなわち、道徳的討議についての正しい理解なのである。

私はこれまで、道徳的議論の論理が普遍主義的道徳原理によって規定されていることを前提としてきた。先に述べていたように、第二の段階に至ったいま、この前提を捨て去りたい。カントが定言命法を普遍的で不可避的な「理性の事実」だと主張しても、定言命法がすでに普遍主義的な道徳原理として理解されているのであれば、そのようなテーゼは明らかに意味に乏しい。だが、定言命法をより弱い意味で理解することもできるかもしれない。その場合定言命法は、たとえば「みずからの規範的信念に即して行為せよ」となるかもしれない。つまりは、「自己自身を例外にしてはならない」や、あるいは「自分がなすべき（と信じている）ことをなせ」ということになろう。この意味で理解すれば、定言命法は理性の事実である。というのも、定言命法は人間の行為に対する基本的な一貫性の条件のみを定式化しているからである。そう理解するならば、定言命法は、特殊主義的な規範システムや封建的な規範システム、あるいは宗教に基礎づけられた規範システムなど、極めて多種多様な規範システムともちろん調和する。むろん定言命法の意味がこのように制約されているとしても、そこで要請されていることがくだらないことだとは思えない——少なくとも道徳的な自己欺瞞や自己例外化への傾向が、知りうるかぎりどの人間社会にも広がっていると想定してよければ、くだらないことではないだろう。

いま検討した定言命法の「最小主義的」解釈は、もちろん、道徳的評価や自己評価の次元が人間の共同生活のあるゆる形式に対して構成的だという仮定にもとづいている。(6) すなわち、人間の社会的関係の互恵構造のうちには定言的な「ねばならない」が組み込まれており、道徳的な非難や自己非難（罪悪感）と引き換えにしてのみ、その命令に違反しうるというわけである。われわれがこの道徳的判断の次元そのものから逃れられないということによって表現されていることは、われわれが相互承認という生の条件から逃れられないということである。それにもかかわらず、定言的な

「ねばならない」が（おそらく）普遍的に現存するとしても、もちろんそのこと自体は、まだいかなる「理性の事実」も示すわけではない。むしろ事態は次のようになっているのである。すなわち、定言的な「ねばならない」の可能な合理的意味をそもそも問いうる以前に、その特殊主義的な、あるいは伝統主義的な、宗教的な理解や基礎づけがまず崩壊しなければならなかったのである。ところで、カントの道徳原理は、定言的な「ねばならない」の合理的な意味に関する問いには答えを与えていないとしても、しかしその合理化可能な核に関する問いには、回答を与えていると思われる。定言的な「ねばならない」の合理化可能な核は――それ自身は理性の事実というよりは、むしろ人類史の事実であるが――一般的な行為様式としてわれわれが意欲できないことを否定した、「ねばならなかったこと」である。時代を遡れば、このことは伝統的な社会にも特殊主義的な種族道徳にも当てはまる。もちろんそこでは、そのように理解されていたわけではなく――たとえば――神の命令や自然秩序の現れとして理解されていたのである。それゆえに定言的な「ねばならない」の合理化可能な核は、互恵構造そのもののうちに根差している。また普遍主義的な道徳の発展は、そのような互恵構造の特殊主義的な理解の基盤を、漸次除去してゆく過程として理解できる。時代を遡れば、どの互恵構造においても道徳の普遍的な核を形成するような、そうした共通なもの――内容としては、それは「嘘をついてはならない」や「殺してはならない」、「恣意的に傷つけてはならない」といった命令によって表される――にわれわれは突き当たるが、しかし伝統的な定言的「ねばならない」は、その地盤の喪失が露わになることによって、ようやく理性にとって手近な、「合理化可能」なものになるのである。普遍主義的な道徳も、誤りを除去してゆくことによって成立するのであって、自己自身の基盤を、究極的基礎づけの過程においてすべて手に入れることはできないであろう。普遍主義的道徳には、たんなる事実性の契機が残っており、その契機は、われわれが相互承認の構造の外部ではわれわれ自身に成ることも生きることもできないということに由来している。しかしこの事実は理性の事実ではなく、すべての可能な理性の基盤であり、われわれはこの事実を、事後的に理性の条件下に置くことができるのである。この意味において、理性は自己自身の基盤を、普遍主義的道徳のうちで手に入れる。だが道徳の言語遂行論的な究極的基礎づけは不可能であり、その原因は次のところにある。すなわち、われわれは、自分にやましいところがあれば善き生を送れないことを、最終審級において基礎づけることはできず、ただ受け入れることができるだけだということである。カント的に言えば、他者が目的自体としてわれわれに迫ってこないような個体化の過程、またヘーゲル的に言えば、相互承認の構造に結びつかないような個体化の過程は、うまくゆくとは考えられない。このような承認関係を媒介するものは言語である。言語において承認関係は、規範的な妥当性要求として表象され、そしてこの妥当性要求は言語的な妥当性要求として、言語能力を持つすべての存在者の可能な同意とつねにすでに潜在的に関係しているのである。まさにこの点において、普遍主義的な道徳を言語という基盤において探し求める試みは正しい。しかし、もし感情に根差した道徳的な「ねばならない」――これは、われわれが自己自身であることができるための条件に由来しているのであるが――の基盤が与えられていなければ、言語という媒体のうちにある承認関係から、根源的な特殊主義的要素を除去できるとは思えない。この道徳的な「ねばならない」の力のうちには、自己に成る過程において脅威として随伴していた実在的な暴力のかすかな痕跡を、なおも認めることができるのである。普遍主義的な道徳においては、この実在的な暴力は、よりよい論証という、強制なき強制のうちに止揚されている。もちろん、そのような止揚がなされるのは、道徳法則によって、次のような意識がたんなる「強要」に取って替わる場合のみである。すなわち、互恵構造の内面化のおかげを被っている自己にとって、互恵構造を傷つけることが、どれほど高くつくかという意識が取って替わる場合にほかならない。というのも、道徳的な妥当性要求の定言的な「ねばならない」は、そのとき——はじめて善き生の条件に関する実践的な知のうちに止揚されるからである。たしかに道徳的妥当性要求は、二重の意味での要求である。それは、一般的な同意という困難な要求を含むとともに、特定の振る舞いを要請する。カントの定言的な「べきである」は、後者の道徳の要請の性格を表現したものである。ショーペンハウアーからマッキンタイアにいたるまで、この定言的な当為の合理的意味は、つねに繰り返し疑問視されてきた[7]。だがカントにとっては、その意味は、有限な理性的存在者における理性と感性の間の緊張関係をそのまま表現したものであった。カントによれば、「完全に善い意志」に至ると、意志は善の客観的な法則によって「法則に適合した行為へと」もはや「強制されている」と表象されえない」とされる。

「というのも完全に善い意志は、その主観的な性質により、自ずと善の表象によってのみ規定されうるからである。それゆえ神的な意志や一般に神聖な意志に対してはいかなる命法も妥当しない。ここでは、意欲がすでに自ずから法則と必然的に合致しているのであるから、当為は場違いである[8]」。

カントは、「当為」の「意欲」への止揚を、一つの可能な道徳的前進の消尽点として考えている。しかし「完全に善い意志」は、カントの場合、そもそも身体をまったく取り去った主体の意志としてのみ表象され、したがってもはや意志としてはまったく表象されえないわけであるから、この止揚の言い回しにはアポリアが残る。この止揚が――カントに反して――現世化されうるとすれば、それは、完全に善い意志の理念が現世化されることによってではなく、定言的な当為自身のうちにあって、当為によってなおも理性の外部にとどまっている現世的な要素――内化された強制――が指摘されることによってである。当為の意欲への止揚は――それは同時に義務論的倫理学と目的論的倫理学の対立の止揚であろうが――、自己愛と他者との連帯や、自己主張と他者の承認を、もはや対立として意識しないような、そうした道徳意識の形式として考えることができるだろう。この形態の止揚は、われわれに「完全」に善い意志を想定するよう迫るのではなく――そのような意志についてては、われわれはどのような性質をもつか、決して語ることができないであろう――、むしろ自己自身の道徳的意識をどう啓蒙できるかを表現しており、（たんなる）徳の（実践的な）知への止揚を表現しているのである。

この意味において、普遍主義的な道徳は、認知的である。しかし「道徳感覚の欠如（lack of moral sense）」は、認知的な欠如ではない。むしろ相互承認の関係の習得に失敗したということである。しかし論証だけでは、これに対して無力である。もし道徳意識がすでに発達しているのであれば、啓蒙の条件のもとでは、普遍主義的な道徳意識の発達は、不可避的に道徳の言語ゲームからの撤退へと向かう。だがそのような撤退は、他者との連帯の絆を広げるどころか引き裂くものであり、個人が自己自身を毀損し、極端な場合には自己破壊を同時に意味している。(9) カントが道徳法則による意志の強制を「理性の事実」と呼んで表現したのは、この種の洞察であったと思われる。生が理性の条件のもとにあるという事実を、われわれは、さほどの誤解を与えることなく語ることができるだろう。そのような事実をわれわれ自身想起できるし、他の人にも想起させることができる。だがこのような想起は、合理性にもとづいた義務が不可避的であることを証明しているわけではない。しかしながらこの想起は、究極的基礎づけ論証という形式を採ることはもちろんできないものの、ひょっとすると、道徳の究極的基礎づけの唯一可能な形式であるかもしれない。

原注

（1）Jürgen Habermas, *Die neue Unübersichtlichkeit*, a.a.O., S. 237〔前掲、「『ニュー・レフト・レビュー』によるインタビュー」、三三一頁〕; ders., »Moral und Sittlichkeit. Treffen Hegels Einwände gegen Kant auch auf die Diskursethik zu?«, a.a.O., S. 21f.〔前掲、「カントに対するヘーゲルの異議は討議倫理にも当てはまるか？」〕を参照。

（2）»Moral und Sittlichkeit. Treffen Hegels Einwände gegen Kant auch auf die Diskursethik zu?«, a.a.O., S. 21f〔同前〕.

（3）A.a.O.

（4）In: *Social Research*, Vol. 38 Nr. 3, Herbst 1971.

（5）In: *Die neue Unübersichtlichkeit*, a.a.O., S. 237〔前掲、「『ニュー・レフト・レビュー』によるインタビュー」、三三一頁〕.

（6）これより以下では、もちろん任意に変更を加えてあるが、エルンスト・トゥーゲントハットの考察を引き合いに出している。Ders., *Probleme der Ethik*, Stuttgart 1984, S. 132f. 参照。

（7）第一部第三章の注（2）を参照のこと〔1. III: S. 31 Anm. 1〕。

（8）GMS. 42f. (BA 39)〔カント『基礎づけ』、四三頁〕.

（9）ハーバーマスが最近の著作で引用していたクラウス・ハインリッヒの文章を、私はこの意味において理解したい。「神との絆を保つことは忠誠の象徴であり、この絆を破ることは、背信の原型である。神への忠誠を保つことは、自他の内なる——存在のすべての領域の内なる——生を与える存在自身に対して忠誠を保つことである。それを存在のいずれかの領域において否定することは、神との絆を破ることであり、自己の基盤に対して背信することである。（…）それゆえに他者に対する背信は、同時に自己に対する背信であり、背信に対するあらゆる抗議は、たんに自分の名においてなされる抗議であるばかりか、同時に他者の名においてなされる抗議である」（Klaus Heinrich, *Versuch über die Schwierigkeit nein zu sagen*, Frankfurt 1964, S. 20〔ハインリッヒ『ノーを言う難しさ——宗教哲学的エッセイ』小林敏明訳、法政大学出版局、二〇〇〇年、一〇頁〕. Jürgen Habermas, *Der philosophische Diskurs der*

Moderne, Frankfurt 1985, S. 377f.〔ハーバーマス『近代の哲学的ディスクルスII』三島憲一・轡田収・木前利秋・大貫敦子訳、岩波書店（岩波モダンクラシックス）、一九九九年、五六三頁を参照のこと〕。その解釈として、ハーバーマスは初期ヘーゲルを引き合いに出して、次のように述べている。「現実の生活状況の落ち着かなさのうちには、背信と復讐する暴力の弁証法にもとづいたアンビヴァレンスが抱え込まれている」(a.a.O., S. 378〔同前、五六四頁〕)。共同生活を毀損すれば、それは「復讐する暴力」によって、それを引き起こした人自身をも見舞う。しかしわれわれが「弁証法」を語ることができるのは、われわれが復讐する暴力を同時に言語的な判断のうちに止揚された暴力として、すなわち他者からの非難や軽蔑、また――そうした判断は必然的に相互主観的であるから――自己非難や自蔑として見なす場合のみである。しかしそれを言語的判断のうちに止揚された暴力として、また自己非難のうちに止揚された暴力として、まさに見なすのである。道徳的非難や自己非難のうちに実在的な暴力の名残が生き続けていることは、そのような非難や自己非難が、「非難された人」の人生を毀損する力を有しているところに認められる。道徳的非難や自己非難に備わっている、生を毀損するこうした力は、「復讐する暴力」が道徳的判定の内で止揚されるだけではなく、完全に消滅してしまうとすれば、説明できない事柄であろう。

第十二章

先に（第六章）私は、道徳的当為をより高次の述語として――「真である」という述語との類比で――解釈するハーバーマスの試みについて言及した。その方法を用いてハーバーマスは、当為を、三つの普遍的妥当性要求のタイプの一つとして解釈することにより、道徳的当為の問題を認知主義的に解決しようと試みている。私が示そうとしたように、討議倫理学が手がけたことを遂行してゆくと、その試みは解き難いアポリアへと行き着く。思うにこのアポリアは、文法的な再構成という提案そのもののうちにすでに予示されており、しかもその理由は、ハーバーマスがその提案を道徳的妥当性要求だけにあらかじめ関係づけているところにある。もちろんハーバーマスが再構成を提案する眼目は、いま述べたように道徳的要請が、ちょうど三つの普遍的妥当性要求のタイプ（真理性・誠実性・規範的正当性）のうちの一つとして説明されるべきだというところにある。これらの妥当性要求に関してハーバーマスの主張するところによれば、それらはすべての言語的言明のうちに――直接的また間接的に――現存しているのである。もし道徳的な当為がこのように説明されるとすれば、それは次のことを意味していよう。すなわち、道徳的な当為は言語の普遍的な構造のうちに非常に深く根づいているがゆえに、その合理的意味の可能性に関する問いは片づくだろうということである。しかし同じ理由から、あまりにも多くのことが道徳原理の究極的基礎づけの成功に依存することになる。というのも、究極的基礎づけのみが、規範的妥当性要求の一般的な文法から普遍主義的道徳における特殊的な要請へと橋渡しすることができるはずだからである。さてしかしながら、規範的妥当性要求の一般的な概念を、あらかじめ道徳的な妥当性要求という特殊な意味を含ませて持ち込むのは、すでに問題をはらんでいるように思われる。「べきである」や「ねばならない」、「してよい」、「命じられている」、「正しい（正当な）」、「善い」といった語を道徳的に使用することは、もちろん非常に特別な使用の仕方である。しかし、これらの語の一般的な（道徳的ではない）使用も妥当性要求と結びついているのであるから、基礎的なこれらの規範的な語の意味を文法的に再構成する際に、あらかじめ道徳的な妥当性要求という特別なケースに関係させないでおくことは、当然思い浮かぶであろう。言い換えれば、カント的な意味での仮言命法、つまり文法上の指令（「ここでは不定形を使わなければならない」）も、また美的な「ねばならない」の命題（「ここでは急にフォルテにしなければならない」）もある種の規範的な妥当性要求なのであり、ハーバーマスが提案する再構成が正しいとすれば、この種の規範的妥当性要求にもそれが当てはまるはずであろう。これらのどの場合においても、ちょうど道徳的な命題の場合と同様に、基礎づけ可能で批判可能な妥当性要求が問題となっており、一般的な意味ではたしかに（真理性要求や誠実性要求から区別される）規範的な妥当性要求が問題となっている。しかし一般的な意味での規範的な妥当性要求は、何か特定のことを行なうための一見自明な理由を与えるだけであって、無条件的な（定言的な）義務を——道徳的な妥当性要求の場合のように——表現しているわけではなく、その点において道徳的な妥当性要求とは異なっている。義務の特性は、言うまでもなく、あるタイプの規範的妥当性要求に対してそれぞれ述べられる理由の種類に連関している。しかしそれは、道徳的な当為の定言的な意味が、道徳的な妥当性要求に対して申し立てられる理由にもとづいてはじめて解明されうるということを意味する。それゆえにカントにおいては、定言的な当為は道徳原理自身の中に現れている。それに対してハーバーマスの場合には、原則（U）の中に現れているのは、「妥当性をもつ」（正義にかなった）規範という概念のみであるから、この規範概念を当為命題として文法的に再構成することと、原則（U）として定式化することとは、次のように連関していると理解しなければならないだろう。すなわち、「正しい〔正当な〕」や「命じられている」という語は、原則（U）に連関してはじめて「道徳的に正しい〔正当な〕」や「道徳的に命じられている」という意味を受け取るというようにである。したがってたとえば、「もしpがある妥当性をもつ規範に適合しているならば、状況Sにおいてpをなすことは、道徳的に（無条件的に）命じられている（正しい〔正当〕）」ということになる。だがここには、道徳的な当為の問題が規範的な妥当性要求を文法的に再構成することによってはまったく片付かなかったことが示されており、それどころかむしろ次のような特殊の問題が残されるのである。すなわち、特殊的なケースでは——正しい〔正当な〕行ないではなく——特定の意味で正しい〔正当な〕行ないが無条件に命じられるのであり、したがってそのようなケースにおいては、一つの意味において正しい〔正当な〕行ないを、別の正当性の規準を引き合いに出すことによって十分な根拠から否定することはできないのである。（これが果たして道徳的な妥当性要求が他の規範的な妥当性要求に対して上位にあることを、まったく適切に描く描像なのかどうかは措いておく。いずれにしても、それはハーバーマスがカントと共有しながら抱いている描像である。）ハーバーマスの再構成によっては、道徳的な妥当性要求が他の規範的妥当性要求に対して上位にあることが理解できなくなるので、それゆえハーバーマスは、道徳的当為の問題を、実際には言語遂行論的に中立化したのではなく、いわばあるグレー・ゾーンに押し込んだだけだと思われる。つまり、道徳的当為を規範的な妥当性要求として文法的に再構成する試みと、その当為を原則（U）として定式化する試みとの間にある、グレー・ゾーンにである。

ひょっとするとこれに対して次のような反論がなされるかもしれない。すなわち、道徳的な当為はコミュニケーション的行為の妥当性志向に深く根差しているばかりか、主張的言明の真理性要求も、道徳的に類比的な権利要求のカテゴリーにおいて明らかにされるはずであるといった反論である。もしわれわれが「真理」を「保証つきの主張可能性」と理解するのであれば、たしかにわれわれは、主張行為は権利要求を唱える行為であり、また同時に義務を引き受ける行為だと解釈する。つまり、主張的言明において掲げられる権利要求は、論証によって認証されるはずであり、また私が何ごとかを主張するときには、私はそのような権利要求を、論証によって認証する義務すら負っているかもしれないと解釈する。それゆえ、命題の真理性がそれ以外の妥当性様相よりも上位にあるという哲学の伝統に特徴的な関係をひっくり返して、規範的正当性が上位にあるとしてみることはできるだろう。もし実践理性の優位がこの意味において基礎づけられれば、道徳的当為の問題は、西洋の思考の「ロゴス中心主義的」な先入観を表現したものとして、(1)解消されるかもしれない。すなわち、道徳的義務や道徳に類比的な義務の承認は、了解志向的な行為に参加するための可能性の条件一般として明らかにされ、それゆえ、主張的言明の可能性の条件としても明らかにされるであろう。

実際真理の合意説は、伝統的な優先順位をすでにそのようにラディカルに反転した表現である。ハーバーマスは『コミュニケーション的行為の理論』においても、この優先順位の反転を「系譜学的」に正当化しようと試みている。デュルケムにならい、ハーバーマスは道徳的当為の妥当性の根源を、合理化以前の、シンボルによって構造化された聖なるものの領域――いわばまだ自覚されていない根源的な規範的合意の領域――に見出している。(2)規範的妥当性についてのまだ合理化以前の理解は、この合意によって構成されているのであり、それは、人間の発話を文法的に分化するための決定的な媒介要素になる。そしてこの分化は、「聖なるものの言語化」(3)というかたちで遂行されるのである。聖なるものの領域がこうした媒介機能を担うことができるのは、それが「コミュニケーション的行為の三つの根」(4)のうちで特別な地位を占めるからである。コミュニケーション的行為の三つの根とは、言葉で分ければ認知や義務づけや自己表示と言われる言語以前的な根であり、(5)いわば文法的に分化されたあらゆる言語的言明にとっての基本的な構成要素と見なしうるものである。

つまり、文法的に分化された発話とは、こうしたさまざまな契機を、命題的成分と発語内的成分と自己表示的成分からなる一つの全体へと統合することにほかならない(6)。とはいえ、それ自身まだシンボル的に構造化されていない言語以前的なものに由来するのは、言語的発話の命題的成分と自己表示的成分のみである。すなわち、知覚や表象や適応行動は、言語的言明の命題的成分に対応する言語以前的な相関項であり、身体的な自己表示は、言語的発言の自己表示的成分に対応する言語以前的な相関項である(7)。これに対して発話の発語内的成分は、主張文と自己表示文に、「聞き手を言語行為による申し立てを受け入れるように動機づける(8)」力をはじめて与えるものであり、他とは違った種類の言語以前的な根を指し示している。すなわち、言語以前的であるが、しかし自然のものではなく、すでにシンボル的に構造化された聖なるものの領域を指し示す。

> 「この根において興味深いのは、それがもともとシンボル的な本性を持っているということである。知覚可能な対象や操作可能な対象と認知的に関わることは、外的自然と接触していることであり、またわれわれの感官刺激や欲求についての体験を自己表示することは、内的自然と接触していることである。すなわち、それらは、言語を超越しているばかりか、シンボル構造からも解放されている実在性と、関わり合っているのである。しかも人間の認知や自己表示は、たとえ言語によって形成されているとはいえ、動物の知能や表現のジェスチャーにまで自然史を遡及することができる。これに対して規範意識は、同じくらい自明な言語の外部の指示体を

もっていない。しかも義務づけに関しては、感官印象や欲求の場合とは異なって、自然史的な相関項を一義的に見出すことはできない。それにもかかわらず集合意識は、すなわち、原初的なシンボルに支えられたかの規範的合意とその合意が担っている集合的アイデンティティは、シンボルから自由ではないとしてもやはり言語以前的である実在性との接点を、義務の体験に保証するのである――義務の体験は、言語に媒介された相互行為よりも『もっと古い』のである」[9]。

言語的言明の発語内的成分が「拘束的効果」をもつのは、その言語以前的な根が、シンボル――すなわち、「原初的なシンボル」――によってすでに構造化された規範的合意であるところに根差している。もちろん、それがすべてであれば、ハーバーマスが確認しているように、「事実確認的な言語行為も自己表示的な言語行為も、その拘束的効果を自己自身の力から獲得するのではなく、もっぱらそれらの言語行為が行なわれる規範的なコンテクストから獲得しうるだけとなる。そうすると、それぞれの言語行為のうちの発語内的成分は、いかなる動機づけの力ももたないであろうし、行為を統制する負担は、むしろ規範的コンテクストを支えている先行合意によって担われなければならないだろう」[10]。この箇所でハーバーマスは、みずからが主張していた次の並行関係、すなわち

（1）「Sにおいてhをすることが命じられている」

と、

（2）「pということが成り立っている（真である）」

を再び取り上げ[11]、以下のように推測を行なっている。すなわち、タイプ（2）の事実確認的発言を用いて真理性要求を唱える行為が可能となるのは、もっぱら次のようにしてはじめてであると想定される、つまり、すでに扱いうる規範的妥当性の概念が、主張の発語内的な様相のうちへといわば移り住んできたことによってであり、しかも、もとの規範的妥当性の場合とは異なって、認証と基礎づけがあらかじめ調和していなければならないタイプの権利要求が構成されたことによってであるというようにしてである。

「命題的真理性の要求が、正当に認証可能な妥当要求の構造を引き出してきたのは、一方では、妥当性をもった規範に支えられた要求からであったかもしれない。だがそれと同時に他方で、命題的真理性の要求は、ラディカルな形式において、つまり基礎づけに向けた形式において現れなければならない。こうした事情から自ずと推測されることであるが、批判可能な妥当性要求という概念は、言明の真理性が規範の妥当性（差し当たっては決して批判可能ではない）と同化することによって成り立っているのであろう[12]」。

ハーバーマスが再度デュルケムにならって説明しているように、規範的妥当性という概念にはすでに、ある社会のすべてのメンバーによる理想化された同意という想定が結びついているのである。それゆえに、シンボルによって構造化された根源的な規範的合意は、発話が文法的に分化する端緒となるのであり、つまりは、すべての妥当性概念にとっての——とりわけ真理性妥当性の概念にとっての——モデルとなるのである。

「聖なるものの意味論において解釈される規範的合意は、時空の変化を超越した理想化された同意というかたちで、メンバーに対して現前する。これが、あらゆる妥当性概念のモデルを、とりわけ、真理の理念のモデルを提供する」[13]。

聖なるものの領域として分節化された規範的合意は、理想化された同意の原型であり、「理想的コミュニケーション共同体に関係づけられた相互主観性[14]」の原型であり、それゆえに、可能な相互主観的妥当性の原型である。あらゆる妥当性のこうした原型は、聖なるものが言語化されることによって原初的なシンボルの覆いから解き放され、可能な合理的妥当性の基盤として扱えるようになる。最終的には規範的妥当性の概念自身も、妥当性様相の分化を経て、その根源的な聖なるものの束縛から脱して——真理妥当性と類比的に——討議によって認証可能な一つの妥当性要求の形式へ変換される[15]。このようにして結局、「聖なるものによって基礎づけられていた道徳的同意の拘束力は（…）、次のような道徳的同意によって置き換えられるのである。すなわち、（…）神聖なもののシンボル表現の内部でつねにすでに志向されていたもの、つまり根底にある利害関心の一般性を合理的な形式で表現する道徳的同意によって、置き換えられるのである[16]」。

以上のような魅力的な考察によって、ハーバーマスは、ともあれ道徳的な当為を言語的な了解の一般的構造の内部に深くもとづけることに成功し、道徳的当為の合理的な意味についての問いは、根拠がなくなったように見える。道徳的義務の意識が、いわば言語的な了解のすべての可能な合理性の核として明らかになるのであれば、かつてカントを悩ました形態の道徳的当為の問題は、最終的には仮象問題として明らかになるだろう。ところで、ハーバーマスが行なった、文法的に分化した妥当性概念の「系譜学的」な再構成に糧を与えているのは、言うまでもなく、この再構成の過程においてはじめて基礎づけられるはずの、理論的な諸前提である。すなわちハーバーマスは、「理想化された同意」や「理想的コミュニケーション共同体」の概念を、すでに真理の合意説の意味において用いているのである。もしその再構成が、その重要な点においてこうした諸前提から独立に理解できれば、その場合にのみ、われわれは討議倫理学の理論的な前提に対する独立した論証を、その再構成から獲得できるであろう。しかしながらハーバーマスの再構成は、重要な点においてまったくよくわからない。もしハーバーマスが、聖なるもののシンボル表現を、道徳的な同意の表現として解釈するのであれば、それは機能主義的な考察方法という意味では正当化されるかもしれない。だが、道徳的妥当性が他の妥当性様相に対して言語遂行論的に上位にあるというテーゼとしては、正当化できないと思われる。むしろ思い当たるのは、ハーバーマスが使っている聖なるものの概念について、後々分化されることになるそれぞれの妥当性様相がまだはっきりと相互に区別されていないと考え、それゆえにたとえば道徳的妥当性と真理妥当性がいわばまだ混じり合っているとを考えてみることである。そのようなパースペクティヴを採れば、差異化の問題は、ハーバーマスがデュルケムにならって考察していたのとは違ったふうに表現されるだろう。それどころか、それは、ハーバーマス自身が『コミュニケーション的行為の理論』の第一巻の「神話的世界観と近代的世界観の若干の特色」と題する節において解明していた[17]ように表現されるであろう。そこではハーバーマスは、神話的な思考形式の「閉鎖性」を、近代の「開かれた」思考形式の特徴をなしている、根本的な差異化が欠如しているところに、結びつけていた。しかもそこでは、たんにさまざまな妥当性様相の差異化のみならず、因果連関とシンボル連関の差異化や、文化と自然の差異化や、言語と世界の差異化も扱われている。これらの差異化が欠如していると、シンボル的な妥当性の領域を、批判可能な妥当性要求一般の領域として認めることが、できなくなるのである。神話的な思考形式は、言うなれば、まだ自己自身の内部に閉じこもっている。なぜならそこでは、自己自身について反省的に振り返ることを可能にする言語的な手段が、まだ発達していないからである。

「われわれはシンボル的な発言に非経験的な妥当性を帰属させるが、こうした妥当性に対する的確な概念は明らかにまだ存在していない。妥当性は経験的な有効性と混同されている。そこにおいてわれわれは特殊的な妥当性要求を考えてはならない。すなわち、神話的な思考においては、命題的真理性や規範的正当性や自己表示的誠実性という異なった妥当性要求が、まだまったく分化していないのである。しかも妥当性一般のおぼろげな概念ですらも、経験的な混合からまだ解き放されていない。つまり道徳性や真理性といった妥当性概念は、原因性や健全さといった経験的な秩序の概念と融合している。したがって、言語によって構成された世界像は、世界秩序そのものとあまりにも同一視されうるために、その世界像は世界解釈として見抜かれえず、誤謬のもとにある批判可能な解釈の一つとして見抜かれることができないのである。この点において、自然と文化の混同は、世界像の物象化という意味を持つのである[18]」。

もしわれわれが差異化の問題をこのように立てるならば、人類学の歴史において、聖なるものの領域が、たんに根源的な規範的妥当性の領域（道徳の原形）として解釈されてきただけではなく、根源的な世界説明の領域（学問の原形）や、ミメーシスによって自己表示する行為の領域（芸術の原形）や、さらには未熟ながらも世界支配を試みる領域（技術の原形としての魔術）としても解釈されてきた理由が、差し当たり理解できるようになる[19]。

実際、聖なるもののうちで交錯しているシンボル的意味や儀礼を、こうした諸機能の一つに固定するのは不可能だと思われる[20]。デュルケムは、聖なるものの道徳的な拘束的機能が、集合的アイデンティティを映し出して安定させる機能と連関していることを強調しているが、ハーバーマス自身、その連関を指摘している。グループの集合的アイデンティティは、一つの「われわれ」という意識であり、それ自身は聖なるもののシンボルや儀礼において経験可能になると同時に、そこにおいて生じ、再生されるのである。(21) グループを維持する機能という観点から見れば、このことは、「連帯した諸個人の動機の集合がシンボルによって捉えられ、同一の意味論的な内容を経て構造化される」(22)ことを意味している。だが、聖なるものがこうした規範的な拘束機能を果たすことができるのは、認知的内容と、ミメーシス的‐自己表示的内容と、道徳的内容とが、意味論上相互に切り離されていないからこそである。たとえハーバーマスの次のような主張を、すなわち、聖なるものを取りまく感情のアンビヴァレンス――安らぎと驚き、畏敬と畏怖、魅惑と嫌忌の交錯(23)――は、道徳的な義務に結びついている感情のアンビヴァレンスの根源的な形態として理解されうる、という主張を受け入れたとしても、しかしわれわれは、道徳的な感情について、もとより語りえていないだろう。というのも、道徳的な感情には、たとえ痕跡としてであれ、道徳義務の概念が帰属しているからである。だが、この道徳義務の概念は、ハーバーマスがこの概念を用いて説明しようとしていた妥当性領域の分化を前提していると思われる。

もちろんこれに対して、聖なるものの領域においてすでに自由にできる規範的妥当性の概念（たとえば、儀礼やタブーに関する指令を念頭に置いてもらいたい）は、ハーバーマスの論証を十分に支えていると反論がなされるかもしれない。聖なるものの権威の意味することが、あるゆる指令、つまり、あらゆる規則がいわば無条件的な「ねばならない」のアウラによって取り囲まれており、それに応じた感情によって占められていることであるとすれば、そこからわれわれは、聖なるものに帰属している規範意識は、その構造に関して言えば道徳的であると結論できるかもしれない。その意味するところは、規範意識は道徳的な規範意識としてのみ構成されえたのであり、たとえその最も重要な内容——儀礼やタブー——がもしかするとわれわれの考える意味で道徳的な内容ではなかったとしてもそうなのだということであろう。しかしながらこのような考え方は、どれほど魅力があるとしても、私には心理学的であって、概念的には説得力を持っていないように思われる。というのも、儀礼や、タブーを避ける執り行ないは、われわれ自身の文化の内部にもその断片を残しているが、そこには思うに次のことが認められるからである。すなわち、儀礼やタブーの指令と結びついた無条件的な当為は、道徳的内容をもつ必要がないばかりか、道徳的当為の強制とはまったく異なった種類の強制——承認や自己尊敬を欲求するのとはまったく異なった種類の欲求——も表現することができるということが認められるからである。ここでは私は、この考えについて人類学や心理学の意味においてではなく、もっぱら概念的に基礎づけを試みることができる。たとえばある子供がいて、その子が物事とやり方には決まった秩序があると主張し、読み聞かせるにしても物語るにしても、言葉の選び方まで確定された儀礼があると主張するならば、そこにはたしかに無条件的な「正しい」や「誤った」が、したがって無条件的な「当為」が含意されている。しかし子供の自我は、この「当為」、すなわち、この「正しい」や「誤った」によって、現に自分が家にいる一つの世界の秩序を守っているのである。この秩序を毀損することは、自我に対する脅威である。

「君はこうしなければならない」というのは、もともと「事態はそうでなければならない」のことである。もちろんここには、他者に向けられた本当の道徳的な要求が隠れている。しかしその道徳的要求を認識できるのは、道徳的ではない「正しい」や「誤った」の性格を認識する人だけである。道徳的な要求とは、子供の欲求を尊敬せよという要求である。しかし逆説的な言い方になるが、子供が要請することは、自分の道徳的な要求を尊敬してもらうことではなく、物事の正しい秩序を尊敬してもらうことである。この物事の正しい秩序は、道徳的な秩序ではない。それはむしろ世界の秩序の一つであり、それなしには子供のみならず――広い意味で捉えれば――結局のところ誰もがそのままでいられなくなるような世界の秩序である。

この事例によって私が示したいのは、ある定言的な「ねばならない」の可能性である。すなわち、たとえ感情は十分に占めているとしても、その機能に関しては道徳的ではないために、道徳的と呼びえない規範意識の可能性である。このことは、いわば事後的に道徳的な基礎づけを与えようとしてみると、明確になる。そのときに明らかなることは、要請が道徳的に基礎づけられていなかったということではなく、むしろ、要請が道徳的な要請ではなかったということであろう。ところで、もしこのことが正しければ、われわれは、感情に占められた規範意識が原始社会において現存していることを、そう簡単には道徳に担わせることはできないだろう。むしろ思い当たるのは、それが「入り混じった」規範意識だということである。われわれにできることは、この入り混じった規範から、道徳的な部分と道徳的ではない部分とを分離することだけであって、いったん「基礎づけのゲーム」が持ち込まれた後には、規範がうまく基礎づけられているかどうかを考察するのではなく、どんな種類の基礎づけが考えられるかを考察することによって、その分離を行なうのである。タブーの問題に関しては、人類学の文献にも類似した考察がある。ロビン・ホートンがメアリ・ダグラス(25)を引き合いに出して示したところによれば、原始社会において階級のシステムを疑問視すれば、それは脅威として経験されるのであるが、タブーは、このシステムを「保護」する態度に由来している(26)。人類学におけるこの観察が正しいとすれば、ここでもまた、感情に占められてなされている「正しい」と「誤った」の区別や「善」と「悪」の区別は、集合的アイデンティティの安定化に由来しており、やはり「道徳的」な区別と呼ぶことはできないであろう。

最終的には、さらに次のような「準 - 聖なるもの」の性格も、すなわち、われわれの社会における何らかのコンテクストにおいて――それは子供たちにおいてばかりではない――、ゲームの規則や礼儀作法の規則でさえも備えているような性格も、われわれは指摘できるかもしれない。そのことは、こうした規則が感情によって占められている点が多いところに示されている。ところで、ゲームの規則や礼儀作法の規則の遵守に対する要求は、もちろんつねに道徳的要求でもある。だがそれらの規則そのものは、たとえ定言的な「ねばならない」という内容をもつとしても、その種類は道徳的なものではない(27)。それらの規則が述べているのは、われわれが特定の状況において何か特定のことをしなければならないだとか、してはならないということであり、あるいはわれわれが何かをある特定の仕方でしなければならないだとか、してはならないということである。この「しなければならない」や「してはならない」は、道徳的な「しなければならない」や「してはならない」ではない。むしろそれは、あるゲームの遂行を構成する規則に、あるいは少なくともゲームを行なう特定のやり方を構成する規則に属している「しなければならない」や「してはならない」である。たしかに、認知的な差異化や社会的な差異化が乏しい条件下では、どの規則の定言的な「ねばならない」も、道徳的な「ねばならない」のアウラを含んでいると推測できるかもしれない。しかしそれが意味しうることは、差異化が進展してはじめて、道徳的な規則と道徳的ではない規則が区別可能になるということだけであろう。その際に重要なのは、たんに道徳的原理が慣習的な道徳的規範に取って代わるということだけではなく、いわば慣習的な規範が、道徳的な規則とそうではない規則――文法の規則・美的規則・法的な規則・構成的規則など、あらゆる種類の規則――とに分かれるということである。

　私が言わんとしているのは、原始社会における規範的合意は道徳的な合意と同一視されえないが、そのように推測する根拠には、経験的な根拠のみならず、概念的な根拠もあるということである。この事情が簡単に見落とされる理由は、もっぱら次の点にあると思われる。すなわち、コールバーグを手本とした道徳心理学において、「慣習的」道徳意識の概念が流布したが、そこには、あたかもすべての「慣習的」規範が、道徳的な規範や道徳的に基礎づけ可能な規範の前身であり、それゆえ慣習的な規範の眼目が（またその機能も）、あたかも道徳的な規範のそれであるかのような暗示が伴っているからであろう。だが、ある原始社会で共有されている規範が「根底にある利害関心」

の「一般性」を表わしていると前提するとしても、しかしそこから、その規範がつねにすでに――個人の利害関心とは異なる――共通の利害関心を妥当させようと志向しているという、ハーバーマスの言うようなことは導けない。

言い換えれば、聖なるものの領域においてすでに扱いうる規範的妥当性の概念が、たとえ感情に占められた無条件的当為によって特徴づけられうるとしても、しかしそのことから、この規範的妥当性の概念を道徳的妥当性の根源的な概念と同一視してよいことにはならない。むしろ予想されるのは、科学的な世界説明が神話的な世界解釈に閉じ込められているのとちょうど同じように、道徳的妥当性の概念は、規範的妥当性のこうした根源的な概念のうちにまだ閉じ込められているということである。すなわち、いくつかの意味のアスペクトのうちの一つとして閉じ込められているのである。「慣習的」な世界観が反省的に明らかにされる時、どのような種類の基礎づけが考えられるかによって、「慣習的」な規範の無条件的な当為が、果たして可能な合理的意味のうちのどれを表わすのかは、決まるだろう。しかし、もし(「慣習的な」)定言的な「ねばならない」が、すべて道徳的な「ねばならない」を意味しているわけではないとすれば、差異化の問題は、ハーバーマスが想定した規範的妥当性の根源的な概念自身のうちへ転移する。これが意味していることは、当為の妥当性をおそらく普遍的なタイプの妥当性と解釈してよいとしても、しかし、そのようなタイプとしての当為の妥当性を、道徳的な妥当性と同一視してはならないということになろう。こうしたことは、本章の始めで、ハーバーマスが行なった規範的な妥当性要求の文法的な再構成を考察したが、その考察に対応している。

私は、以上の考察が試験的な特徴をもつものであることを十分自覚している。しかし、ハーバーマスがデュルケムの聖なるものの解釈を、示唆的に、また意味深長な仕方でさらに押し進めはしても、しかしそれは概念的な問題を、解くべき課題以上に投げかけることになっており、そのことを私は示したかったのである。それゆえ、私はすでに討議倫理学の合意説の前提をまったく内在的に批判したわけだが、その前提を補うような論証を、ハーバーマスの再構成のなかに見出すことは少なくともできない。しかし、私の推測どおりに、道徳的義務の概念が妥当性領域の（まさしくまた規範的な妥当性領域の）分化した結果であるとすれば、それは、私が先に行なったような、合理性にもとづいた（一般的な）義務と道徳的（特殊な）義務との区別をいっそう擁護するであろう。合理性理論のためのこの区別は、本来次のところに眼目があると私は捉えている。つまり、私の考えるところでは、この区別は、究極的基礎づけにも依存していなければ、究極的宥和に頼ってもいない、「複数的」で開かれた合理性概念を考えることをはじめて可能にするということである。討議倫理学の合意説の前提は、道徳的当為を言語遂行論的普遍として解釈することと密接に結びついているが、この前提は、かの複数的で開かれた――しかし、決して相対主義的ではない――合理性概念の展開にとって妨げになっているように思われる。この合理性概念は、思うにハーバーマス自身が、普遍的言語遂行論のメタ理論的な前提を、近代の規範的内容の分析へと「移し変える」際に、どこにおいても主張している概念でもある。そういうところでは特に明らかとなるが、――一般的なレベルで――「生活世界を合理化」し、――特殊的なレベルで――倫理学を対話によって「切り開く」ことを考えるのに、強い合意説を前提する必要はないのである。ハーバーマスは、最近の著書（『近代の哲学的ディスクルス』[28]）において、生活世界の可能な合理化の「消尽点」を、次のように特徴づけている。すなわち、「文化にとっての消尽点は、伝統が流動化され、反省されることにより、絶えず修正を受けている状態であり、社会にとっての消尽点は、正統な秩序が、規範の設定と基礎づけを行なう形式的な手続きに、最終的には討議による手続きに依存している状態であり、また人格性にとっての消尽点は、極めて抽象的な自我のアイデンティティを、危機に曝されながらも自己調整している状態である」。それゆえに、生活世界の合理化によって、次のような「構造的強制が生じるのである。すなわち、確実とされた知を批判的に解体し、一般化された価値や規範を設定し、また自己調整された個体化をするよう（というのも、抽象的な自我のアイデンティティは、自律的な生活設計の中で自己実現するよう指示するからである）、構造的に強制されるのである」[29]。ハーバーマスの述べる生活世界の合理化の「消尽点」が示しているのは、理想的コミュニケーション共同体の構造ではなく、普遍主義的な価値を共有し、合理性にもとづいた一般的な義務を意識することによって形成された生活世界における、「構造的な強制」なのである。これによって示されているのは、社会の理想的状態ではなく、近代社会において蓄積している、合理的に背進不可能な問題や可能性である。すなわち、生活世界の合理化の「消尽点」は、もともと合理性の理解の消尽点であり、この理解を引き戻すことは、退行や抑圧や恐怖という代償を必要とするのである。こうした合理性の理解という地盤の上ではじめて、社会秩序と善き生についての実質的な問題が適切に取り扱われうるのであり、また「言語的了解における否定の潜在力」[30]は、善き生の可能性と批判的な修正の可能性と革新的な変化の可能性が開かれ続けるよう、発揮されるのである。

「生活世界の合理化は、差異化と同時に稠密化――相互主観性の繊維から織られた織物の、頼りない生地を稠密にすることであり、文化・社会・人格という、ますます鋭く分化してゆく構成要素を同時に結び合わせている織物の生地を稠密にすること――を意味している。もちろん生活世界の再生産の様式は、反省性や抽象的普遍主義や個体化というキーワードで表わされる方向へと直線的に変化してゆくわけではない。むしろ合理化された生活世界では、意味連関の連続性は、批判という非連続性をもたらす手段によって保証され、社会統合の連関は、個人主義的に個別化された普遍主義という危うい方法によって確保され、そして、系譜的な連関の圧倒的な力は、極端な個人化をもたらす社会化という手段によって、もろく傷つきやすい一般性へと純化されるのである[31]」。

しかし、合理化された生活世界のこうした示唆的な像が、可能な理想的状態を示しているわけではなく、いわばわれわれ自身の眼前で繰り広げられている構造的変化をむしろ記述しているのだとすれば、次のことはただちに明らかになる。すなわち、生活世界の合理化という概念はあまりに一般的すぎるために、特定の社会における特殊な問題や合理性の特殊な欠如を把握できないということである。生活世界の合理化は、完全に合理的な生活世界が最後に来るような過程としては、考えることもできないのであって（それどころか、このようなものは意味のはっきりしないイメージであろう）、それはむしろ、次のような意識が社会的に効果を持つようになる過程であろう。すなわち、可能な妥当性のための確実な基盤は存在せず、網目をなしている共通性は、コミュニケーションの実践と論証の実践を手段にしてのみ確保され、つねに繰り返し新たに強化されうるという意識である。進行しているのは、こうした過程である。なぜなら、「言語的了解における否定の潜在力の発揮」は、学習過程や革新過程としてのみ考えられうるからである。しかしその過程の基準点は、未来に考えられる理想的コミュニケーション共同体などではなく、病理や不合理性や阻害や非人間性が経験されている、まさにこの現在なのである。

以上に区別した差異化モデルの選択肢は、どちらも、理性の諸契機の分化と同時に理性の統一を考えるための、二つの選択の可能性を含意していると思われる。第一のモデルである「合意説」の差異化モデルは、宥和のパースペクティヴに結びついたままであり、このパースペクティヴは、アクセントの置き方に応じて、感情的に過ぎるか、もしくは合理主義的であるか、どちらかに整理されるだろう。このモデルでは、理性の統一は、了解の理想的な最終地点から考察されており、そこでは分裂していた理性の諸契機は、最終的な宥和の状態に至るとされる。第二の差異化モデルは、これに比べると慣習的である。というのも、このモデルはヨーロッパの近代哲学において広まっている問題意識に、すなわち、分化した妥当性の諸様相の間では、真理妥当性よりも道徳的当為の妥当性の方が、いっそう了解しにくいものに思われるという問題意識に直接結びついているからである。たしかにこのことは、近代哲学の根底に存する「ロゴス中心主義」の先入観に、言ってみれば科学主義の先入観にも由来している。だがそれだけではない。道徳的当為が不可解となるのは、むしろ、道徳的当為の場合には、聖なるものの言語化が、真理妥当性の領域においては存在しないような障害に突き当たるからである。聖なるものの権威による支えなしには道徳的な意識はその安定を失うにちがいないという懸念は、たしかに反啓蒙のトポスであるが、しかしこの懸念の根拠は本質的には、道徳的論証の有効性が、たんに認知的な種類の前提のみならず、感情的な種類の前提にも束縛されているところにある。すなわち、合理的なものが、聖なるものや宗教的なものに支えられている道徳的同意に代わるものとして存在できるのは、もっぱら相互的な承認関係の——認知的かつ感情的な——習得がうまくゆくかぎりである。そうでなければ道徳的な議論は、手がかりを失ってしまう。こうしたことは、経験的‐技術的な議論に対しても同じように当てはまるわけではないであろう。道徳感覚の欠如というものは存在する。だが、この欠如を合理性の欠如として解釈しうるのは、この道徳感覚の欠如が生じるときに満たされていない諸条件が、すでに前提されている場合のみである。

右記の第二の差異化のモデルにおいては、一方では、分化した妥当性の諸様相が、厳格に自立させられた。したがって、理性の統一は、もはや理想的コミュニケーション共同体という消尽点からは、すなわち、分立した理性の諸契機が道徳的理想において統一的に止揚される消尽点からは、考察することはできない。だが他方で、この第二の差異化モデルは、分化した妥当性の諸様相の間の内部連関を、いっそう鋭く描くことができる。私が先に示そうと試みたのは、道徳的討議の主要な部分が——非常に広い意味での——「事実」に関する討議として、すなわち、状況の意味の適切さや完全さに関する討議として理解されうるということであった。それゆえに道徳の領域においては、「存在」から「当為」へ移行する道筋は、究極的な規範的前提によるまでもなく、「道徳的観点」そのものによってつねにすでに開かれているのである[32]。しかし道徳的判断に関わる諸事実を解釈するとき、そこにはつねにすでに美的経験が入り込んでおり、道徳的討議は美的討議に対しても開かれている。他方で事実に関する討議もまた、道徳的観点や美的観点に対して閉ざされてはいない。人間の生活世界や歴史について語るわれわれの言語に価値判断が浸透しているだけではなく、むしろ諸事実は——道徳的態度と経験的確信がつねにすでに相互に結びついているような——別の方向性をもった生活世界から見られるときには、異なって表現されるのである。これは循環に陥るように見えるし、そのため最終的には、やはり相対主義に行き着くように見える。しかしこの循環は理論的な問題ではなく実践的な問題である。つまりこの循環は、つねに繰り返し露わになる合理的な討議の事実的な限界を示している。われわれがこの循環から抜け出すことができるのは、もっぱら内側からであり、いかなる妥当性要求も批判から逃れないよう、理性が努力することによってのみである。それゆえに、理論的な意味で循環が問題になっているのではない。なぜなら、実践的な志向と経験的な確信との相互嵌入は、内在的批判や新たな経験にもとづいた批判が原理的にできないような究極的前提によって支えられているわけではないからである。

それゆえ少なくとも生活世界においては、道徳的観点や実践的－技術的観点、美的観点、真理の観点、そしてこれらの諸討議は、つねにすでに相互に結びつき合っている。ここでは合理性は、さまざまな観点を区別する能力において、それと同時にそれらの観点を正しい仕方で相互に結合する能力おいて明らかになる。しかしこれに類したことは、程度の差はあれ、制度的に分化した学問と芸術と法の「価値領域」に対しても当てはまる。法の場合にはこれは明らかだと思われる。芸術に関してはマルティン・ゼール[33]が示したとおりである。すなわち、美的妥当性の意味は、美的討議において、経験的・道徳的・自己表示的というそれぞれの妥当性要求が組み合わされることによって、まさに説明できるのである。最後に学問に関しては、そのタイプによって問題は異なる。人文科学と社会科学は、経験的真理と理論的真理に問いが特化している場合ですらも、種々の妥当性領域を生活世界において組み合わせることにもともと関与していると言える。数学的な自然科学は、わずかにその「周縁」においてのみ規範的な問題設定や美的な問題設定にも関わるような、そうした経験科学の唯一のパラダイムかもしれない。すなわち、研究の目的や応用が問題になる場合には、道徳的な問題設定に、また自然科学の基礎が問題になる場合には、方法論的な問題設定や「文法的」な問題設定に関わってくる。だからこそ近代哲学全体の中で数学的な自然科学は、妥当性領域の分化にとっての本来的なパラダイムに、すなわち、純粋な真理妥当性のパラダイムになったのである。

こうしたことは、ハーバーマスやアーペルにおいても同様である。たしかにこの基準を採用すれば、道徳的妥当性の意味と可能性に関する問いは、まったく鮮明に浮かび上がる。だが、妥当性領域の内部連関もこうした基準から適切に再構成できるのかどうか、私には疑問である。たしかに自然科学の知は、道徳的な論争に対してもますます大きな役割を果たしている（最近の事例はエイズの問題である）。しかし、——かつてセラーズが表現したように——何が現実であるのか、したがって何が経験的な事実でありまたそうではないのかという問題に関し、自然科学が道徳的議論に対しても基準をなすと想定することは無意味に等しい(34)。存在と当為の区別は、「その人は偽りを述べた」と「偽りを述べてはならない」という違いにおいて、また「その人は無実だ」と「無実の人に有罪判決をしてはならない」という違いにおいて、実際すでに簡単に示すことができる。徹底した経験主義者であるセラーズにおいては、ここに挙げた事実言明は、自然科学的な事実言明ではないわけであるから、最終的には、真でありうるような事実言明ではないということであろう(35)。しかしアーペルやハーバーマスが独特の仕方で行っているように、経験的事実の概念をこのセラーズの基準に合わせると、社会的な事実の領域は不可解なものになる。つまり、社会的事実の領域は、分化した妥当性の諸領域から、いわばもう一度「合成」されなければならないことになる(36)。おそらくこの点は、なぜ普遍的遂行論において、真理妥当性という一つの（極端な）概念に対して、規範的妥当という一つの（極端な）概念だけが対置されるのかということについての理由の説明にもなるかもしれない。実際のところ、合意説は——この推測は前にすでに述べたが——アーペルとハーバーマスの理論の内部に潜む、隠された科学主義の残滓を補うものなのかもしれない。

　これに対して私は主張したい。たしかに存在は当為と根本的に異なっているが、しかし存在言明や当為言明の意味に応じて、まったくさまざまな存在の規準や当為の規準があり、それゆえに存在言明と当為言明の基礎づけや批判の形式もさまざまに可能であり、それらの言明の関係もさまざまに可能なのである。いずれにしても美的妥当性は、ハーバーマスが言うところの妥当性要求の一つとしては分類できないのであるから[37]、ここから自ずと次のような考えが出てくる。それは、「妥当性の諸領域」を言語行為論的に基礎づけられた妥当性の次元の類型論によって区別したり、そこからその諸領域を「理論的」討議と「実践的」討議と「美的」討議へと分類したりするのではなく、そうではなくて理論的な討議の内部や実践的な討議の内部において、さまざまなタイプの妥当性要求を区別し、さまざまに分類される議論の形式を区別するという考えである。理論的討議においては言明やそれらの連関の妥当性が重要であり、実践的討議においては行為の正当性が重要である。理論的討議において重要な真理性要求は、たとえば数学的・物理学的・歴史記述的・文献解釈学的・道徳哲学的なそれ（主張・理論・説明・解釈・再構成）であり、それぞれには、まったくさまざまな議論の形式と妥当性規準と検査の手続きが属している。すなわち、学問なるものは個別諸科学の集合体であり、個別諸科学の共通点は、唯一、行為に束縛されず真理への問いに特化するところにある。そうした真理への問いは、道徳的妥当性や美的妥当性に関する問いから独立している必要はないし、だからといってそのことによって理論的討議が実践的討議や芸術批判的討議に変ずるということもないであろう。ちなみに真理への問いおいてまずもって問題となるのは、個々の言明の真理ではなく、言明どうしの諸連関（理論・説明・再構成・解釈など）の妥当性である。言明の諸連関は、それ自身のうちにおいて、複雑な仕方で分節化されうるものであって、その妥当性（この妥当性には「より強く」だとか「より弱く」ということが認められる）は、カテゴリーの上で、個々の言明の真理と同一視されてはならないし、また言語システムの適切さとも同一視されてはならない。それゆえ「命題的真理」は、理論的討議において取り扱われるものの見出しとしては、不十分である。つまり、理論的討議においては扱われるのは、命題から形成されているもののうち、とりわけもっと高次のもの（場合によっては、議論の諸連関の形式さえも含めることができる）の妥当性である。もちろんこの関係において、個々の言明の真理も取り扱われる。——これに対して実践的討議においては、行為の基礎づけと価値評価が、すなわち、政治的・法的・経済的・技術的・美的・道徳的な意味で正しい行為についての問いが扱われるのであり、そこではさまざまな観点からの正当性が扱われるのに応じて、これまたそれぞれ異なった議論の形式や妥当性規準が対応している。理論的討議においては、合理性の諸基準は、審議されているそれぞれの妥当性要求の意味から、換言すれば、それぞれの妥当性要求と諸前提の内部連関から、そのつど生み出されるのであるが、これに対して実践的討議の場合には、次のような問題が追加的に生じる。すなわち、競合する合理性の諸基準は、相互に関係づけられ、相互に相対化されなければならないという問題である。つまり実践理性は、とりわけ行為のさまざまな合理性の次元——技術的合理性・経済的合理性・道徳的合理性・美的合理性など——を適切な仕方で相互に関係づけて相互に相対化する能力として示されるのであり、ゼールが表現したように、「相互合理的な判断力」[38]として示されるのである。「判断力」という語によって含意されているのは、「理性の諸契機を媒介[39]」する解決案は存在するが、それはいまここにおいてのみ正しい解決案であり、それゆえつねに基礎づけることはできても、一般的でもなければ究極的でもない解決案だということである。この連関から言うと「非理性的であること」は、経験の諸領域や妥当性の諸次元の全体に対して、部分的に無感覚であること、それゆえさまざまな経験の次元や妥当性の次元を適切な仕方で相互に関係づける能力がないこととして理解できるだろう[40]。——最後に美的討議において問題とされるのは、言明の妥当性や行為の正当性ではなく、美的対象の意味や出来栄えであり、つまりはこうした対象に対する（美的な）「妥当性要求」である。理論的討議や実践的討議の場合と同様に、美的討議においても諸解釈や経験的主張や道徳的正当性要求は、相互に結びついている。とはいえ、それらは美的討議の主題ではなく——ちょうど自己表示的妥当性要求と同じように——美的討議における論拠にあたる。美的討議において基礎づけられるものは、美的な価値言明である。しかしこの価値言明は、自己自身を超え出て、言明している美的対象の妥当性要求を指し示すのであり、そしてこの妥当性要求は審美的な経験においてのみ認証されうるのである。

　理論的討議と実践的討議と美的討議は、何重にも相互に組み合わさっている。しかしこれらの討議において取り扱われるのは、それぞれ別の事柄である。すなわち、理論的討議は、妥当性をもつ言明や説明や解釈を目指し、実践的討議は正しい行為や態度や決断を目指し、美的討議は美的対象についての適切な知覚を目指す。しかし種々の討議の内部においてもつねにすでに――少なくとも潜在的に――さまざまな議論形式が何重にも相互に網目状に結びついている。つまり、諸論証は、その意味をそのつど現前している諸観点や諸前提に手に入れるのであり、疑わしい場合には、これらによって、別の議論形式への移行が必然的になされるのである。だが普遍的遂行論によって基礎づけられた妥当性要求（命題的真理性・道徳的正当性・［自己表示的］誠実性という分類）をもってしては、種々の議論形式の間にある相互の内部結合が、まさに理解できないのである。これを別言すれば、言語行為論による区別を用いるだけでは、それぞれの「妥当性領域」の差異も、その内部連関も理解できないのである。普遍的遂行論と合意説による理性の統一の再構成は、あまりに低い地点とあまりに高い地点から試みられている。それゆえにその再構成は、一方では、基礎づけ主義の思考形式や宥和の哲学の思考形式になおも陥っており、他方では、独特の仕方で科学主義的な区別に、固有の仕方でとらわれ続けている。そのようなパースペクティヴに立って区別をしているかぎり、本来理解されるべきことが、つまり理性の部分契機が相互に分立した後にも、それらが相互に関連し合うということが、最終的に理解できなくなるのである。

　いまや理性の統一は、理論的・技術的・道徳的・美的な問題設定や、そのそれぞれの諸議論の間の結合ラインや移行から成る一つのネットワークとして表現される。この結合や移行が遮断されたり切り離されたりすれば、そこにはそれぞれ特有の理性使用の病理や偏りが生じる。基本的な一貫性の要請に反する態度や、論証や経験の拒絶という代償を払ってのみ一貫性を保持しうるような態度は、「非合理的」と呼ぶことができる。これに対して、ゼールが提案したように[41]、合理的態度が縮減された形式をとっており、他の合理性の次元を犠牲にして一つの合理性の次元を絶対化しているとき、それは「非理性的」と呼ばれる。「理性的」という語は、たとえばハーバーマスが「コミュニケーション能力」という語で特徴づけた位置にあると言えるかもしれない。これはもちろん、理性の諸契機の統合も含意している。ただし「理性的」という意味の内容は、今や形式的‐手続き的なものとして特徴づけられうる理想的構造モデルによっては、もはや説明することはできない。ハーバーマスの表現にあった、「学問や道徳や芸術がまだ相互に関連し合っている錯綜した小径を、粘り強く辿ってゆく[42]」ということであれば、鋭い勘も空想力も善意志も求められるのである。すなわち、「理性性」の諸要素が求められるのであるが、この理性性のためには、理想状態を実現する必要はなく、自由の余地と生の可能性を開かれたままに保ち、拡張してゆくことが必要なのである。理性の統一は分立した理性の諸契機が調和することによって実現されるのであり、そうした調和に対しては、究極的な基礎も究極的な基準も究極的な宥和も存在しえない。もちろん理性は基盤をもっており、現にある「理性の文化[43]」というのがそれである。いったんそのような基盤が存在したところでは、すべての人の自由という要請は（実践）理性の要請となるにちがいない。これは、放棄できない理性の（実践的な）千年至福説であり[44]、カントを継承したアーペルとハーバーマスがしかるべく固持したものである。とはいえこのような要請は、その正確な意味を、現に存在し、経験される不自由をそのつど背景にしてのみ、獲得しているのである。この要請はいかなる究極的な宥和も理想的な合意も意味していない。たとえ自由のために政治的に闘争する理由がもはやなくなった場合であっても、それでも依然として自由は守られ、伝えられ、新たに学び取られなければならないだろう。しかしこのことは、理想的合意という仕方では、決して考えることはできない。それどころか、新しい世代はみなそれぞれ、この理想的合意を妨げることだろう。しかしそのように新たに出発してゆくという要素なしには、自由もまた存在しないだろう。(45)

原注

（1）Jürgen Habermas, *Der philosophische Diskurs der Moderne*, Frankfurt 1985, S. 361〔前掲、ハーバーマス『近代の哲学的ディスクルスⅡ』五四三頁〕を参照のこと。

（2）Jürgen Habermas, *Theorie des kommunikativen Handelns*, Frankfurt 1981, Bd. 2, S. 69ff., insbes. S. 84〔ハーバーマス『コミュニケイション的行為の理論（中）』山口節郎・藤沢賢一郎訳、未來社、一九八六年、二六一頁〕.

（3）A.a.O., S. 118ff〔同前、三〇一頁〕.

（4）A.a.O., S. 97ff〔同前、二七五頁〕を参照のこと。

（5）A.a.O., S. 99〔同前、二七七頁〕.

（6）A.a.O., S. 97ff〔同前、二七五頁〕を参照のこと。

（7）A.a.O., S. 99〔同前、二七七頁〕.

（8） A.a.O., S. 106〔同前、二八六頁〕.
（9） A.a.O., S. 96f〔同前、二七四―二七五頁〕.
（10） A.a.O., S. 106f〔同前、二八五―二八六頁〕.
（11） A.a.O., S. 107〔同前、二八六頁〕を参照のこと。
（12） A.a.O., S. 109〔同前、二八八頁〕.
（13） A.a.O., S. 110〔同前、二八九頁〕.
（14） A.a.O., S. 111〔同前、二九〇頁〕.
（15） A.a.O., S. 112〔同前、二九一頁〕.
（16） A.a.O., S. 124〔同前、三〇七頁〕.
（17） *Theorie des kommunikativen Handelns*, a.a.O., Bd. 1, S. 72ff〔『コミュニケイション的行為の理論（上）』平井俊彦訳、未來社、一九八五年、七七頁〕.
（18） A.a.O., S. 81f〔同前、八五頁〕.
（19） 典拠としては、たとえば Bryan R. Wilson（Hg.）, *Rationality*, Oxford 1974 に集められている諸論文を参照のこと。
（20） Alasdair MacIntyre, »Rationality and the Explanation of Action«, in: ders., *Against the Self-Images of the Age*, New York 1971, S. 252 を参照のこと。「というのも、もしわれわれが異文化における発言や行動に、われわれの心に定着している分類様式によってアプローチし、与えられた儀礼や実践について、それは科学の応用されたものに属すのか、それともシンボル的行動やドラマ的行動に属すのか、あるいは神学に属すのか、と問うならば、われわれは実際のところ、どんな答えも誤解でしかないたぐいの問いを投げかけているのかもしれない（…）。というのも、当の発言や実践は、いわばわれわれの心にある様式に帰属すると考えられうると同時に、まったくどの様式にも帰属しないとも言えようからである」。
（21） *Theorie des kommunikativen Handelns*, Bd. 2, a.a.O., S. 84f〔前掲、『コミュニケイション的行為の理論（中）』、二六一頁〕.

(22) A.a.O., S. 88〔同前、二六六頁〕.

(23) A.a.O., S. 79〔同前、二五七—二五八頁〕を参照のこと。

(24) これはフロイトのタブーの解釈にも対応する。フロイトは、タブーによる禁止を、「感情のアンビヴァレンスの結果」(Sigmund Freud, *Totem und Tabu*, *Gesammelte Werke*, Bd. IX, Frankfurt 1968, S. 84〔フロイト「トーテムとタブー」、『フロイト全集12』門脇健訳、岩波書店、二〇〇九年〕)と解釈し、「タブー的良心」を、(道徳的)良心の最古の形式(vgl. a.a.O., S. 85)と解釈している。

(25) Mary Douglas, *Purity and Danger*, London 1966〔ダグラス『汚穢と禁忌』塚本利明訳、ちくま学芸文庫、二〇〇九年〕. Robin Horton, »African Traditional Thought and Western Science«, in: Bryan R. Wilson (Hg.), *Rationality*, a.a.O., S. 131ff.

(26) Horton, a.a.O., S. 164–166. 次もまた同様：Edmund Leach, *Kultur und Kommunikation*, Frankfurt 1976, S. 45ff〔リーチ『文化とコミュニケーション——構造人類学入門』青木保・宮坂敬造訳、紀伊國屋書店、一九八一年〕.

(27) フィリッパ・フットは、道徳規則をクラブの規則や礼儀作法の規則から区別しうるものは、定言的な当為そのものにあるのではなく、おそらく基礎づけの種類にあることを指摘した。「道徳判断」〔訳注1〕の規範的性格が、その理由づける力を保証するわけではないことは明らかである。道徳判断は規範的であるが、マナーの判断やクラブ規則の言明や、その他多くのものも規範的である(»Morality as a System of Hypothetical Imperatives«, in: Philippa Foot, *Virtues and Vices*, Berkeley and Los Angeles 1978, S. 162)。

(28) Jürgen Habermas, *Der philosophische Diskurs der Moderne*, Frankfurt 1985〔前掲、ハーバーマス『近代の哲学的ディスクルスⅡ』〕.

(29) A.a.O., 399f〔同前、五九六頁〕.

(30) A.a.O., 401〔同前、五九八頁〕.

(31) A.a.O., 400f〔同前、五九七頁〕.

(32) 後からようやく知ったが、ウィリアム・フランケナも同様の見解を述べている。William Frankena,

Has Morality an Independent Bottom, in: *The Monist*, Vol. 63, Nr. 1, Januar 1980, S. 49ff.

（33） Martin Seel, *Die Kunst der Entzweiung. Zum Begriff der ästhetischen Rationalität*, Frankfurt, 1985 を参照のこと。また、Albrecht Wellmer, »Wahrheit, Schein, Versöhnung. Adornos ästhetische Rettung der Modernität«, in: ders., *Zur Dialektik von Moderne und Postmoderne*, Frankfurt 1985, S. 30ff. も参照のこと。

（34） Wilfrid Sellars, »Empiricism and the Philosophy of Mind« in: ders., *Science, Perception and Reality*, London 1963, S. 173 を参照のこと。

（35） Wilfrid Sellars, »Philosophy and the Scientific Image of Man«, in: *Science, Perception and Reality*, a.a.O., S. 1ff., insbes. S. 32ff. を参照のこと。もっともセラーズは、道徳的領域に、それゆえに社会的な領域にも、ある実在性を独特の仕方で認めている。したがって、すべての重要な哲学者においてそうであるように、セラーズの場合にも、「逆らった」読み方をすることによって本質的な批判ができるだろう。「それゆえ人格という概念枠組みとは、われわれがお互いについて、諸原理や諸基準（それはとりわけ、有意義な討議や合理性そのものを可能にする諸原理や諸基準である）、つまりわれわれが自分自身の個人の生活を営むさいの諸原理や諸基準という環境を与えようとする共同体の意図を共有している者として見なす枠組みである。人格は、意図を持つ存在者としてほぼ定義できる。したがって人格という概念的枠組みは、科学的な世界像との調停が必要なものではなく、むしろそこに加え入れられるべきものである。したがって科学的世界像を完全にするために必要なことは、それを事例を増やしてゆくやり方で豊かにしてゆくことではなく、むしろ、共同体の意図や個人の意図に関わる言語によって豊かにすることである。そうしてわれわれは、われわれが意図する行為やそれを行おうと意図している状況を、科学的用語によって解釈し、科学理論によって把握された世界を直接われわれの目的に関係づけ、それをわれわれの世界となし、われわれが生活している世界にもはや疎遠な付属物ではないようにするのである」(a.a.O., S. 40)。

（36） Jürgen Habermas, *Theorie des kommunikativen Handelns*, Bd. 2, S. 585〔ハーバーマス『コミュニケイション的行為の理論（下）』馬場孚瑳江・脇圭平訳、一九八七年、四二一頁〕を参照のこと。「これらのそれぞれの領域において、差異化の過程には、対抗運動が伴う。すなわち、それぞれ支配的な妥当性のアスペクトの優位のもとで、さしあたって除外されていた残り二つの妥当性のアスペクトが再び取り直されるのである。たとえば、人文科学における非客観主義的な研究の試みは、真理の問題の優位性を脅かすことなく、道徳的批判や美的批判の観点も生かそうとしている。批判的社会理論は、もっぱらこのようにして可能となるのである」。今しがた（前の注で）セラーズについて述べたことが、ハーバーマスにも当てはまる。私が批判を向けるのは――両者に対する「逆らった」読み方はそれを目指しているのであるが――社会的事実という概念をさしあたっては物理学的事実のモデルに従って一旦考えなければならないという仮定に対してである。

(37) Albrecht Wellmer, »Wahrheit, Schein, Versöhnung. Adornos ästhetische Rettung der Modernität«, a.a.O., S. 36 を参照のこと。

(38) Martin Seel, »Die zwei Bedeutungen kommunikativer Rationalität. Bemerkungen zu Habermas' Kritik der pluralen Vernunft«, Manuskript (1985), S. 16.

(39) Jürgen Habermas, *Theorie des kommunikativen Handelns*, Bd. 2, a.a.O. S. 585〔前掲『コミュニケイション的行為の理論（下）』四二一頁〕を参照のこと。

(40) 私はここでは、ゼールの提案に従っている。ゼールの次の著作も参照されたい。Martin Seel, *Die Kunst der Entzweiung. Zum Begriff der ästhetischen Rationalität*, a.a.O. S. 320ff.

(41) A.a.O.

(42) Jürgen Habermas, *Theorie des kommunikativen Handelns*, Bd. 2, a.a.O., S. 585〔前掲『コミュニケイション的行為の理論（下）』四二一頁〕.

(43) Friedrich Kambartel, »Vernunft: Kriterium oder Kultur? Zur Definierbarkeit des Vernünftigen«, in: ders., *Philosophie der humanen Welt*, Frankfurt a. M. 1989, S. 27ff. を参照のこと。

(44) カントをあてこすることになるが、カントは「世界共和国としての国際連盟にもとづいた永遠平和の状態を望む」、「哲学的千年至福説」について語っている。カントはこの哲学的千年至福説から、

「全人類の道徳的改善の完成を待ち望む」神学的千年至福説を区別している。もちろんカントは、この神学的千年至福説も実践的な理念という意味において弁護している。*Die Religion innerhalb der Grenzen der bloßen Vernunft*, a.a.O., S. 682f.（カント『たんなる理性の限界内の宗教』［VI 34］）を参照のこと。

（45）この観点は、とりわけハンナ・アレントが強調した。アレントの「出生（Natalität）」の概念もこれに関係している。*Vita Activa*, Stuttgart 1960, S. 164ff.〔アレント『人間の条件』志水速雄訳、ちくま学芸文庫、一九九四年、二八五頁以下〕を参照のこと。

訳注

（訳注1）ヴェルマーの引用では「判断」の語が抜けている。

付論

まえがき

以下に収録した論文は、一九七九年にすでに執筆したものであるが、当時は公表しなかった。この論文は、本書における討議倫理学に対する私の批判を理解するために、またその背景を理解するためにいくらか寄与するところがあると思われるので、これを付録として添えることとする。この論文ではハーバーマスの理論の古い時代のものについて論じているが、そこで議論した問題は、私は今もなおアクチュアルなものだと考えている。さらにまた、この論文の最後で展開した真理の合意説に対する批判は、当時の私にとっては満足のゆくかたちで批判に成功していなかったのであるが、しかしいくつかの補充的な論拠を含んでいると思われる。その他の点については、私はこの論文の個々の表現や論拠に今日もはや意見を同じくしていない。このことは、S. 203–205〔本訳書二六八頁〜二七二頁〕でトゥーゲントハットを引き合いにしながら行った規範的討議の論理に関する考察に特に当てはまる。

理性・解放・ユートピアについて

——批判的社会理論のコミュニケーション論的基礎づけのために

I　革命のモデルあるいは資本主義社会と無階級社会との「連関」のモデル

1.　周知のようにマルクスは、資本主義社会という古い社会の胎内にすでに新しい社会が宿っており、その誕生を助ける産婆が共産主義革命であると理解していた。こうした革命理解のうちには、歴史は弁証法的に進歩するという思想が含まれている。この歴史的進歩の思想によれば、歴史の「論理」は資本主義社会の現状を超えて未来にまで及ぶ。つまり、解放された状態としての未来は、現在の社会構成とそのダイナミズムのうちにその輪郭がくっきり浮かびあがっているというわけである。未来社会のさまざまな——主体的および客観的——条件が、現在の社会の母体の内部ですでに発生しているのであれば、それを知ることは、意識的な革命行為によって新しい社会の生みの苦しみを短くすることを可能にする。しかし、理論によって提供されたこのような知識は同時に、時期尚早の革命の可能性についての知識でもある。マルクスはあくまでも、共産主義革命は、つまり無階級社会への移行は、そのためのあらゆる歴史的条件が、十分に発達した資本主義社会の母体内で成熟したところにおいてのみ可能だろうと考えていたのである。

マルクス主義的弁証法に関する客観主義的誤解が生まれるのは、弁証法的必然性あるいは歴史の進歩の「論理」——そもそもそれがあるとしての話だが——について語ることができるのは、回顧的にのみであるという事実を捉え損なっているからである。歴史の弁証法的構成が及ぶのは、予想される自由の王国への移行の時点までであって、王国そのものにまでは及ばない。未来の自由の王国は、理論的に把握可能な歴史的弁証法という意味で、資本主義社会の敵対的な生活連関のうちに書き込まれているという考えは、結局はヘーゲル的弁証法の自然主義的倒錯である。このような弁証法の倒錯という傾向は、マルクスにおいても多かれ少なかれ見られるのだが、このような傾向は次のような理論の中心的ディレンマである。すなわち、ヘーゲルの洞察と問題設定を踏襲しつつ、同時に学問的——近代的意味で——かつ徹底して社会批判的であろうとする理論である。このことは以下のように証明可能である。（a）ヘーゲルが歴史的事実として確認するところに、マルクスは歴史的課題を見る。それによってマルクスは、ヘーゲルの近代性理論においては構造的なものとして考えられていた対立と宥和の弁証法を「時間化」する必要に迫られた。弁証法の「時間化」はまた次のことも意味する。すなわち、マルクスは、疎外された状態の止揚を——ヘーゲル以前のように——抽象的な、したがって無力な、当為として悪しき現実に対置しようとはせず、むしろ資本主義的生産様式の制約のもとではいつまでも解決できない体制的問題の解決が、資本主義そのもの発展によって可能になると同時に必然にもなるというふうに捉えようとしたということである。こうした思想を思弁的ではないやり方で展開するためには、資本主義社会の構造的法則と発展法則を、学問的に再構成することが必要であった。(b) そのためにマルクスは、一方で資本主義体制の自己破壊的メカニズムが次第に崩壊の瞬間に近づくということを、他方で無階級社会への移行のための客観的・主体的条件が資本主義社会の母体内で形成されるということを、証明しようとした。あるいは次のように言ってもよいかもしれない。マルクスは、歴史とは〔大規模な経済恐慌などといった〕巨大な危機の針の穴を通って自由の王国へと進み入ること以外にはありえず、別の選択肢がありうるとすれば野蛮への退行のみであるということが理論的に保証されるところまで、歴史的偶然をどんどん取り除こうとしたと言ってよいかもしれない。(c) こうしていつのまにかマルクスは、自由の王国が、全体としては自然発生的に進行する歴史的過程から必然的に生じることにしてしまったのである。この点でマルクスはほとんど不可避的に曖昧な言葉遣いによる虚偽に陥っている。これは、資本主義に内在する歴史の論理がせいぜい計画的あるいは半計画的な福祉国家的経済体制というところにまでしか及ばないという事情にも対応している。その体制が、マルクスが予想するような無階級社会の特徴を持つことになるのか、それとも新しいかたちの官僚支配の特徴を持つことになるのかということに関しては、実際マルクス主義の理論的手段からは何も言えないのである。

2. マルクス以後の歴史の進歩は、歴史の弁証法の別の構想、マルクスよりはむしろマックス・ヴェーバーに結びつく構想に、説得力を与えることになった。すなわち、進歩と啓蒙そのものに内在する弁証法という構想である。批判理論の提唱者たちにとって、進歩の弁証法とは、人々を幻惑し理性を喪失させる歴史的連関の弁証法であった。その連関に内在するテロスは、解放ではなくテクノロジーの野蛮な振る舞いである。マルクス主義の伝統のなかで広まっただけでなく、すでにマルクスに素因があった弁証法の自然主義的倒錯に対して、ホルクハイマー、アドルノ、ベンヤミンが強調したのは[1]、一方の弁証法的必然性に従う解放の前史と、他方の自由の王国への歩みとの間に横たわる非連続性である。歴史的進歩の弁証法的必然性が及ぶのは、せいぜい自由の王国の入り口までである。これに対して自由の王国への移行が意味するのは、この歴史的必然性の粉砕であり人類の前史の連続性との徹底した断絶である。この断絶そのものを、もう一度「弁証法的」と呼んだところで、人間の頭越しに貫徹する必然性と同義である歴史の進歩の弁証法とは種類の異なる弁証法が問題であることに変わりはない。革命のマルクス主義的理解に対するこのような変更は、解放の前史としての疎外と物象化の歴史に対してどのような意義を付与するのかという点に関しても、重大な帰結をもたらすことになった。第一に、マルクスのもとで抹消されていた歴史の両義性が回復された。第二に、革命に必要なあらゆる条件の「成熟」のようなことが起こりうるという思想が今や疑われるようになった。自由の王国への移行は、むしろいかなる歴史的瞬間にも存在する可能性と思われるようになり、必要なのは人間がその可能性を捕えることだけだと見なされるようになった。せいぜい言いうるのは、歴史が進むとともに、つまりますます多くの進歩が不幸として実現するに応じて、不自由と野蛮の可能性とともに自由の可能性も増大するということくらいであろう。

こうした捉え方の欠点は、マルクスの捉え方の欠点と相補的である。マルクスが、解放された社会への移行における偶然性と、資本主義社会と無階級社会との間の非連続性とを取り除いてしまおうとするのに対して、批判理論の提唱者たちにとって、解放はまったくの偶然性のパースペクティヴのなかで現れ、自由とその前史との間の非連続性は絶対的なものになる。こうした観点のもとでは、自由の王国は結局、歴史の彼岸として現れ、歴史はまったく希望が見出されないほど神に見放されており、「天にまで届く」[2]瓦礫の山と見なされる。

3. ハーバーマスの理論は、たったいま記述した対立を弁証法的に止揚しようとしたものと理解することが可能かもしれない。つまりハーバーマスは、資本主義社会の構造は解放への衝動を封じ込めてしまうという思想と、そもそもこの社会は解放への潜勢力を生み出すという思想とを体系的に結びつけようとするのである。ハーバーマスは、資本主義社会の疎外と支配の関係を、体系的に歪められたコミュニケーションの関係として理解する。この理論が果たそうとする役割は二重である。一方で反省過程を始動させることで、解放的実践を、換言すれば、人々の「自由な取り決め」（ホルクハイマー）が社会の再生産過程を決定するような社会秩序をもたらすための実践を、可能にしようとする。他方で危機のメカニズムを追構成し、それによってこの体制の弱点、あるいは将来の弱点と思われる点——ハーバーマスが特に注目するのは正統化と動機づけの問題——を確かめるのを手伝おうとする。しかし、マルクスの場合と違って、批判的社会理論のこの二つの側面が簡単に一致することはもはやない。つまり、正統化と動機づけの問題に直面する人々が、必然的に、この体制を乗り越える実践の当然な主体となるわけではない。批判理論の当然な名宛人である人々が、同時に現存社会の退化的あるいはテクノクラート的発展の拠り所にもなりうるのである。マルクスの場合と異なって、一方での体制からの主体的離反と、他方でのラディカルなオルタナティヴという意味での啓蒙された実践に向かう傾向との間に予定調和が成り立つという主張を向けることのできるような社会集団を、もはや批判理論は名指すことができないのである。危機が社会の解放過程への出発点になるということを保証することができるのは、現存社会の「母体内」にオルタナティヴな組織形態が誕生するときだけであろう。理論によって提供された見通しが、本当に可能な現存の階級社会に対するオルタナティヴを提示するものなのかどうかは、その理論に依拠して行われる批判的な社会的実践のなかで確かめられるしかない。

その際、共産主義社会の「客観的前提」に関する中心的想定も、いつのまにかマルクスが考えていたものから変わってしまった。マルクスにとっては、生産力の十分な発展が共産主義革命の決定的前提条件であった。そして、この生産力の発展が可能となるのは、交換価値にもとづく生産様式の貫徹によってであった。マルクスにとってこの生産様式の貫徹は同時に、プロレタリアの間での普遍的交流と普遍的結合の貫徹・能力と欲求の限りない発展・伝統社会の自然発生的な支配形態と人格的従属関係からの解放をも意味した。マルクスにとっては、無階級社会への歴史的移行のためは、これらすべてで——十分に産業が発達した時代においては資本の有効利用が困難になることとあいまって——ほとんど十分であった。したがって、無階級社会への移行は、共産主義革命の必要にして（ほとんど）十分な条件をみずから作り出す資本主義的生産様式の論理なのである。その際、法普遍主義のブルジョア的形式は、まったくの従属的契機と見なされた。そのような法普遍主義は、資本主義的所有関係の、つまり交換価値にもとづく生産様式の、法的・政治的表現なのである。これに対して、ハーバーマスにとっては、ブルジョア的な法普遍主義と、それに結びついている普遍主義的な道徳意識は、市民社会に特有な学術・市民的公共圏・議会における討議の制度化とあいまって、たしかに生産力の発展と歴史的に結びついてはいるが、カテゴリー的にはそれと区別すべき、いわば独自の歴史的獲得物であった。そこには、民主主義的な自己決定と連帯とを実現する将来の社会形式に向けての解放の潜勢力が、生産力の発展における以上に、存在するのである。したがって、資本主義的な私的所有は、生産力の発展にとっての足かせというよりは、現存社会においてすでに制度化され、道徳意識に根づいている民主主義的正統性の形式の足かせと見なされるようになる。市民社会はすでに、社会の普遍主義的で民主主義的な組織原理に拘束されている。しかし同時に、資本主義的な私的所有が、この組織原理が制度として真に貫徹されることを阻む。解放された社会のあらゆる要素が現存社会の母体内にすでに存在しなければならないという思考パターンは、今や異なった意義を獲得する。ハーバーマスはそれを新しいかたちの史的唯物論、すなわち、実質的に法と道徳の普遍主義的タイプの形成理論として構想された史的唯物論で説明する。

さて、このようなパースペクティヴのもとで、解放された（ポスト資本主義的）社会への移行は、二つの異なったモデルによって描かれうる。つまり、ハーバーマスは、後で示すように、二つのモデルを用いてきたのである。第一のモデルは、精神分析を例として展開された自己反省を通じての解放という理念に対応するものと言えよう(3)。第二のモデルは、ピアジェ理論に依拠した次のような試みに対応するものであろう。すなわち、文化的進化を、社会の「組織原理」が内在的な「発達の論理」に従って段階的に発達するものとして再構成しようという試みである。(4) この二つモデルは二つ異なったタイプの実践的学習過程をいかなる意味で指し示すのかを、以下ではまず明らかにしたい。

両モデルが説明するのは、ハーバーマスの用語を使えば、実践的な合理化過程で、それは個人の自己関係および他者関係における学習過程によって引き起こされるとされる。しかし、学習の二つ形式は構造的にははっきりと区別される。発生論的学問で分析されてきた意味での学習過程と、虚偽意識の批判と解消という意味での学習過程、言い換えれば、自己反省を通じての解放という意味での学習過程とは、構造的に異なっているのである。前者の学習過程は一定の状況のもとでうまくゆく。つまり、(社会的進化の過程におけるように) 適切な副次的条件がそろっているか、(個体発生におけるように)「通常どおり」の場合である。この学習過程は、いわば有機体——個人的有機体あるいは社会的有機体——の「自然」な成熟段階に対応する。この過程が順調に進行しないからといって、そのことは——習性となってしまった「虚偽意識」という意味での——抑止されたコミュニケーションの形式あるいは歪められたコミュニケーションの形式が解消されていないということを意味しない。たとえ抑止の両形式の間に、当然ながら因果関係が存在するかもしれないとしてもである。道徳的意識ないし社会の組織化に発展段階があることは証明可能だということをさしあたり前提するならば、そのような発展段階は、歪められたコミュニケーションの段階ではなく、制約された反省・一般性・個人化の諸段階である。原始的な民族の世界観や儀式にも、個人のノイローゼとそっくりだと思わせるような特徴が見られるにしても、発達論理的な見方を適用すればやはりそのような類比はほとんど排除されてしまうであろう。発生過程の早い段階のものであるということがただちに「ノイローゼ的」であったり「病的」であったりするわけではない。そのように言いうるのは、せいぜい異なる発達段階間の葛藤を引き起こしやすい関係に関してくらいである。つまり、発生過程においてより古い段階の思考と行動の様式が、より後の段階の思考と行動の様式のなかで、無理やり再生産されるような組織形式——主体の組織形式あるいは社会の組織形式——に関してくらいである。したがって、ハーバーマスが自己反省を通じての解放と呼ぶ第二のタイプの学習過程を有意味に想定できるのは、発生論的意味でそれに相応しい学習過程がすでに達成されている場合のみである。ノイローゼ患者とは、一定の認知的‐道徳的能力をいまだ獲得していないような人なのではなく、これらの能力の発揮が何らかの点で妨げられている人なのである。だからこそそうした人は、この妨げられているという事態を知ることができる。発達心理学の意味で失敗したり抑止されたりした発達過程が、第一義的に批判的学問の出発点になるということはおそらくなく、むしろ教育技術や適切な刺激の与え方を発達させるための出発点となりうるであろう。つまり、ある段階の通常の発達が滞っている場合に試みられるのは、その過程が前進あるいは加速しうるように条件を整えることだけである。これに対して精神分析にとっては、発生過程のより先のものによってより後のものが妨げられるという事態が、本来のテーマである。したがって、両学問において想定されている発達段階を相互に関係づけることが可能であるかぎり、ここでは、発生過程のより先の思考と相互行為のパターンによって、より後の、形式的にはすでにできあがっている構造が妨げられるという言い方をすべきなのかもしれない。精神分析は、自我を――形式的には能力が存在しているにもかかわらず――弱らせ、無力化し、その統合機能を制限してしまう強迫観念を解消するために、十分に発達した一人前の自我を要請する。

私は、精神分析的理論と発生論的‐心理学的理論との関係が今日においても大まかにしか解明されていないということを主張しているのではない。また、先に分析的に区別してきた二つのタイプの学習過程が、複雑に絡まり合っているなどということはありえないということを主張しているのでもない。私はただ二つの理論タイプをはっきり区別したいだけである。それらは、ハーバーマスがまさにそのように受容したように、それぞれの問題設定とモデルが異なっているのである。そうした区別を行うことで、ハーバーマスが必要とする実践的合理化の二つの異なった概念を、少なくとも分析的に区別する必要が生じる。一方が表わすのは、新たな発達段階に達すること、それによって新たな認知的‐道徳的能力（ないしは新たな組織原理）を形成することである。この場合、それぞれの発展段階は、形式的な側面に着目する構造記述によって特徴づけられる。第二の実践的合理化概念が表わすのは、すでに（形式的には）達成されている能力あるいは組織原理の水準におけるコミュニケーションの抑止と無意識の強迫観念の解消である。この第二の実践的合理化の学習過程に対しては、第一のタイプの学習過程の場合のように形式的に特徴づけられる構造という意味での「目標状態」を提示することはできない。これから論ずるように、この最後の点が、私の主張したいテーゼである。

　たったいま輪郭を示した二つの実践的合理化モデルは、資本主義的階級社会から「無階級」社会へのありうる移行のかたちを考えるために用いられる。この移行を、虚偽意識の反省による解消を通じて遂行される解放過程というモデルに従って理解するならば、そのときは資本主義社会、すなわち、ブルジョア的共和政体のうちにすでに制度化されている普遍主義を前提としてそこから出発することができる。この場合は、まずは実現されるべき組織原理（つまり、発展の論理がいう意味での社会進化の段階で、歴史的にいまだ達成されていない段階）が達成可能であると証明するとか、少なくともそれを仮定するといったことは必要ないであろう。この場合の社会理論は、「批判的（否定的）」な議論を展開することが可能である。なぜなら、すでに制度化された普遍主義を基盤とし、この基盤上で啓蒙過程の推進を試みるわけだからである。その試みの実践的帰結について理論的に先取りして示す必要はない。新たな自由の形式を先取りするにしても、それはノイローゼ患者もまた先取りするような自由の形式である。ここで基本的に想定されているのは、普遍主義的な組織形式にうまくそぐわない生が、排除されていることを経験して知ることができるということである。

　第二のモデル、すなわち、新たな発達段階（新たな社会の組織原理）を達成することによる実践的合理化から出発する場合は、社会理論の基本的問題は虚偽意識の分析ではなく、発達の論理からすればすでに定式化可能な移行を妨害したり促進したりする体制の構造と傾向を探求することである。こうした事情のもとで理論家が定式化するのは、現存の体制問題に対する唯一「正常」な——

つまり、実践的に適切な——解決策である。すなわち、現存社会の組織原理の欠陥と矛盾を、発達論理上の次の段階の組織原理へ移行することで取り除くことになるような、そうした解決策である。われわれの場合で言えば、普遍主義のブルジョア的形式に伴う制限・抑止・矛盾から解放された普遍主義の形式がどのように制度的に実現されうるのかということを予測することである。その際、理論家（および革命家）が訴えかけることができるのは、ブルジョア的法普遍主義の限界内にありながら、少なくとも潜在的にはつねにすでにこの普遍主義の形式を超えているような、そうした道徳意識にほかならない。ブルジョア的議会主義という拘束から解き放たれた、社会組織の新たな形式のもとでは、民主主義的‐共和主義的な自己決定の原理が生活のあらゆる領域に浸透しているであろうが、そうした新たな形式は、ブルジョア的‐議会主義的に制約された民主主義形式の諸条件下でも、原理的にはすでに予測可能なのである（その詳細までは前もって設計できるわけではないにしてもである）。

さて、移行の二つのモデルは——いずれにせよ、それぞれ単独で見れば——不十分であるように思われる。そこで以下では、両モデルの一方のみにもとづく場合、それぞれどのような問題が生じることになるのかを示し、それによって——当然誰もが考えるように——両モデルを合わせることで、そうした問題が解決できるのかという問題を論じてみたい。

まずは両モデルに、それぞれの理論的由来が分かるような名前をつけたい。そこで、それぞれを「フロイト‐モデル」・「ピアジェ‐モデル」と呼ぶことにする。まずはフロイト‐モデルからである。精神分析的に遂行される解放過程と、理論に導かれる啓蒙によって遂行される社会の解放過程とを類比的に考えることが妥当と見なされうるのは、極めて限定された意味においてのみであることは明らかである。若干の違いを指摘してみよう。フロイト－モデル（文字通りのそれ）において、行為主体の自己認識が意味するのは、過去の同化であり、自己の願望や動機の意識化であり、同時に新たな解釈によるそれらの再構造化である。この再構造化は、同時に自我の統合力の拡張をも意味する。つまり、一方では、以前は分裂したり、相互に抑制したり、無自覚に混同していたか、さもなければ無理やり統合していた衝動を、無理のないかたちで統合できるようになることを意味し、他方では、自己欺瞞にもとづくことのない首尾一貫した自己投企によって、偶然の現実に対処することを可能とするような意志形成を、したがってまた自己決定の能力と同時に自己放棄の能力の形成を意味する。認知的なものにはとどまらないこのような学習過程は、自覚できないまま自然発生的に影響を及ぼしてきた強迫観念からの解放である。ただし、このようにして自己自身と一致する意志の具体的内実がどのようなものであるのかということについては、理論によってあらかじめ規定することはできない。

　これに対してイデオロギーの場合、反省によって獲得される洞察は解放と同義ではない。制度的機構、すなわち、諸個人の間の社会的関係の構造改革が達成されなければ、解放とは言いがたいであろう。ルカーチがかつてそうしていたように、ここで、洞察と解放とが一致する社会的な「超自我」のようなものを持ち出すことはできない。イデオロギーは社会構造に埋め込まれ、それによって再生産されているのであり、社会的に必然的な仮象なのである。この仮象を単なる仮象として批判的に解消することは、個人の（哲学的）反省という媒体においては可能である。しかし、反省という媒体においてイデオロギー的仮象を批判的に解消したからといって、それによって社会的に機能している仮象までもがただちに解消するかといえば、そんなことはない。それはちょうど精神分析の意味での自己欺瞞が、単なる論証によっては解消できないのと似ている。しかし、イデオロギーの場合は、いわば社会構造そのもののうちに、そしてそれを通じて再生産される態度・動機・解釈・行動様式のうちに、「抵抗」が組み込まれている。たしかに行動様式・態度・動機、要するに個人の自己関係および他者関係が、同時に変更されることなしに制度の構造が変わるということは考えにくいが、ここではカテゴリー的に異なる過程が問題になる。つまり、内面化され過去から現在まで及んでくる社会的強制の暴力を、実践を引き出す洞察によって打破することと、社会的制度に体現され相互主観性の次元に現存している社会的強制の暴力を、洞察にもとづく実践によって無効化することとは、カテゴリー的に異なることなのである。前者の場合は、有効に機能している（少なくとも機能していると想定される）公的言語を背景として私的言語的ゆがみを止揚することが問題であり、後者の場合は、公的言語そのものを正常に機能させることが問題だと言い直すことも可能かもしれない。

　別の言い方をしてみよう。社会的解放過程の場合は、理論に媒介された啓蒙が、そこにおいて自己認識と、実践および経験の変革とがともに析出してくるべき結晶の核となるということである。

もしこのような解放過程が進行すれば、啓蒙された諸個人の間により合理的でより透明な関係が形成されるであろうし、そうした個人の実践は、そのような関係を社会全体の組織化にも貫徹させることを目指すと同時に、みずからの組織形式においてもそのような関係を先取り的に実現しようとするだろう。しかし、これが意味するのは、分析的な治療過程と違って、理論的啓蒙を通じて生み出される行為する諸個人のより良き自己理解は同時に、経験的に可能で実践的に必要な社会の構造改革に関する知でもあるということである。つまり、この構造改革が実際に起こるのは、変化した自己理解が、いわば変化した社会構造に反映し、そこで素晴らしい成果を発揮し、それによって実際に解放へとつながってゆくときなのである。

　したがって、理論が提供する洞察は、（自分の境遇・自分が従っている強制・自分の意図等々に関する）反省的知であると同時に、社会関係を新たに構造化することの可能性と実践的必要に関する社会理論的知でもある。これに関連して、理論とそれを具体的ケースに適応してなされる解釈との区別はフロイト－モデルでも行われるが、社会理論の場合はこれと同じ意味で区別がなされるわけではない。つまり、社会理論自体が具体的歴史的状況の解釈（自己認識の乗り物）であり、同時にシステム問題とその解決の方向性に関する客観的知でもあるのである。社会理論の両機能は切り離すことができない。それゆえに批判の説得力は、理論的意味での仮説的要素の説得力と無関係ではありえない。もし理論が正しいと見なされれば、理論によって媒介された行為する個人の自己認識とともに決定的な政治的課題や目標設定（意志の特定内容）も同時に提示されることになる。もし理論が誤っていれば、それによって個人が本当の自己認識に至ることはないであろう。したがって、理論が正しいかどうかは、実際に実践が成功することで、つまり社会の解放と変革においてはじめて証明されうるのである。ここでは「仮説的」自己認識の驚くべき現象が問題になっている。すなわち、反省的になった洞察の説得力が、未来の予想の説得力と不可分なのである。ただし、これはフロイト－モデルの場合とは根本的に異なる構造である。フロイト－モデルの場合は、洞察と解放とは一致する。洞察と構造の変更（実際の変化）とは同義だからである。これに対して、社会理論の場合は洞察と解放との間にはずれがある。ただし、これが意味するのは、洞察そのものは、まだ解放が実現されていない程度に応じて、仮説的なものにとどまるということであり、さらに、社会理論の場合の洞察は、フロイト－モデルの場合とは構造的に異なるものを意味するにちがいないということである。つまり、ここでの洞察はフロイト－モデルの場合のように生活連関の「分裂した」契機を反省によって取り戻すことではないし、そこで同時に主体の変化が実際に起こることを意味するわけでもない。フロイト的モデルでは、予見される自由の状態が本当に達成可能かとか、自律という基礎概念は適切かなどと問われることはない。意識できなかった強迫観念が反省によって打破されれば、それがただちに解放と見なされてよいのである。精神分析の治療を受ける者は、洞察を得た瞬間に、自分の心理的機構の将来構造を予期したりしない。むしろ、何かが明らかになると同時に、強迫観念から解放されるのであり、自我の活動範囲は変化するのである（この場合、「理想」が存在する必要はないであろう）。これに対して社会理論の場合は、いま問題にしているのは真の洞察なのかという問いを、未来の社会の組織形式の予想は説得力があるかという問いから分離することはできない。両モデルとも、特定の強制・強迫が止揚可能かどうかはア・プリオリに決まっているわけではない。しかし、フロイト－モデルの場合は、洞察が強迫観念の止揚を意味する。すなわち、認識と解放が一体なのである。これに対して社会理論の場合は、まさに強制の止揚が起こってはじめて、洞察がそれなりに妥当なものであったということが最終的に確定する。この場合、洞察は、いわば強制の止揚を先取りするのであり、洞察とはつねに、強制の止揚可能性についての洞察でもあると言ってもよいかもしれない。だからこそ、洞察には仮説的契機がつきまとうのである。

以上で、マルクス主義の伝統において、批判的社会理論が、イデオロギー批判であると同時にシステム問題とその可能な解決策に関する社会理論であらざるをえない理由が理解してもらえたことと思う。問題は、理論が潜在的な革命主体を特定できなければならないことではなく、社会構造とその可能な変革に関する客観的知を生み出さなければならないことである。したがってその独特なところは、この客観的知が反省的洞察と結びついているというところにあり、しかも両者とも的を射たものかどうかは実践が成功することではじめて証明されるのである。しかし、以上のことから言えるのは、フロイト－モデルは、社会の解放過程およびその解放過程そのものの性格との関係で、批判的社会理論の内容と機能を規定するには不十分だということである。

他方で、ピアジェ－モデルも単独ではやはり不十分である。このモデルでは、社会の構造および社会進歩の独自の論理に由来する抵抗が啓蒙を押し止めることを説明することができないからである。簡単に言えば、このモデルでは「虚偽」の意識が登場することはなく、せいぜい「低発達」の意識が登場するだけである。しかし、だからこそ両モデルを組み合わせることが必要なのである。そのことは、次のようなマルクス理論の根本的意図を堅持しようと思うかぎりは、誰でもが思いつくことであろう。すなわち、社会の組織原理のポスト資本主義的なそれへの移行は、発達の論理からすれば「期限がきて」おり、主観的な面でも客観的な面でも可能であるにもかかわらず、その移行が阻止されていることに対しては、社会の構造によって再生産される虚偽意識に（とりわけ）責任があるだろう、という根本的意図である。このように理解すれば、資本主義社会から無階級社会への進化論的で弁証法的な移行というマルクスの構想を救済することも許されようし、旧世代の批判理論の反客観主義的特徴を自己のうちに止揚すると同時に、疎外された社会と解放された社会との非連続性という彼らの強調が正しかったことを証明することにもなろう。つまり、解放は啓蒙の問題であり、社会進歩が人々から理性を奪うという事態を打破せんとする諸個人の意志の問題となるのである。その一歩を踏み出すことは、原理的にはいかなる瞬間にも可能であるが、そのときがいつ本当に訪れるのかは誰にも分からないのである。同時にマルクスの理論に特徴的な、史的唯物論とイデオロギー批判と資本主義体制〔システム〕の理論の結合は、新たな仕方で理解されるようになるであろう。つまり、これら理論の三つの部分あるいは契機は、現在の社会の歴史上の位置を理論的に規定するために、どれも同じくらい重要なのである。

原注

（1） Vgl. insbes. Max Horkheimer und Theodor W. Adorno, *Dialektik der Aufklärung*, Amsterdam 1944〔ホルクハイマー＋アドルノ『啓蒙の弁証法――哲学的断想』徳永恂訳、岩波文庫、二〇〇七年〕. Max Horkheimer, *Autoritäer Staat* (Aufsätze 1939–1941), Amsterdam 1967〔ホルクハイマー『権威主義的国家』清水多吉訳、紀伊国屋書店、一九七五年〕. Walter Benjamin, »Über den Begriff der Geschichte«, in: *Gesammelte Schriften*, Bd. I.2 (Hrsg. R. Tiedemann und H. Schweppenhäuser), Frankfurt 1974〔ベンヤミン「歴史の概念について」、『ベンヤミン・コレクション1』久保哲司訳、ちくま学芸文庫、一九九五年〕. ホルクハイマーの「権威主義的国家」とベンヤミンの「歴史の概念について」の論文の初出は、ともに、*Zeitschrift für Sozialforschung, Sonderausgabe, Walter Benjamin zum Gedächtnis*, Institut für Sozialforschung in Los Angeles 1942 である。

（2） Vgl. W. Benjamin, »Über den Begriff der Geschichte«, a.a.O., S. 698〔同前、六五三頁〕.

（3） J. Habermas, *Erkenntnis und Interesse*, Frankfurt 1968 und 1973〔ハーバーマス『認識と関心』奥山次良・八木橋貢・渡辺祐邦訳、未來社、二〇〇一年〕.

（4） J. Habermas, *Zur Rekonstruktion des Historischen Materialismus*, Frankfurt 1976〔ハーバーマス『史的唯物論の再構成』清水多吉監訳、法政大学出版局、二〇〇〇年〕.

II　解放された社会

1.　ここまでマルクス主義の伝統における中心的な実践的仮説から出発して議論を進めてきた。すなわち、資本主義は、歴史的にいずれ貫徹されるべき社会の新たな組織形式に照らして理解し分析することが可能であり、この未来の社会は「解放された」「階級のない」社会、「理性的」に組織された社会と特徴づけることが可能だという仮説である。ちなみに、正統派マルクス主義者・アナキスト・批判理論家たちは、現在の社会と未来の社会の関係や、前者から後者への移行の問題に関しては意見が大いに異なっていたにもかかわらず、この理念に関してはつねに一致していた。それどころか、ハンナ・アレントのような保守的なアナキストのもとでも、これと類似の理念が見出される。アレントは、近代の革命に関する書物のなかで、近代における社会の大変動のあらゆる場合に、唯一本当の革命的核心として、何度も新たに試みられては何度も挫折したラディカル・デモクラシー的な評議会共和国を目指す動きがあったことを明らかにしようとした(1)。史的唯物論の周りに集った理論家たちのなかで、おそらく最も決然と革命における連続性の想定――マルクスの場合もこの想定によって疎外と進歩の歴史が自由の王国と結びつけられていた――と決別したベンヤミンと同じように、ハンナ・アレントの場合も評議会共和国の設立は、世界史上比類がなく歴史的に深刻の度を増しつつある問題状況の、理論的に予想可能な解消とは考えられてはおらず、いかなる時期にも原理的に可能で、進歩が不幸をもたらすという事態に対抗して起こる、共同行動に向けて解放された諸個人の営為と考えられていた。ハンナ・アレントとマルクス主義との間には大きな隔りがある。それにもかかわらず両者を相互に結びつけているのは、両者の基盤となっている革命の伝統である。すなわち、近代ヨーロッパの大衆社会の支配構造と疎外を生み出す諸関係を脱してラディカル・デモクラシーを目指すという、何度も試みられては何度も挫折してきた革命の伝統である。これに応じて、議会主義に対する批判という点でも、ハンナ・アレントはマルクス主義者やアナキストと一致している。近代の産業社会における議会主義とは対照的に、評議会共和国はアレントにとって政治的自己決定が人びとの日常生活において現実となった形式という理念を具体的に示すものであった。

話をマルクス主義の伝統に戻そう。当面の問題は、私のここまでの考察でも前提されていた「実践的仮説」である。つまり、資本主義社会の組織形式に対して何かしら構造的に新しい面を有するとともに、実質的な意味で自由を実現するであろう、新しい合理的な社会の組織化が可能だという仮説である。こうした実践的仮説に対抗するものとしてすぐに思い浮かぶのは、いずれもやはり歴史哲学的基盤を有する二つの立場である。すなわち、修正されたヘーゲル主義とシステム論的な社会構成〔論〕である。修正された意味でヘーゲル的だというのは、ブルジョア社会で制度化された法普遍主義の形式はある意味で「乗り越え不可能」であり、ヘーゲル的な国家の構成はその根本的なところは問題だが、近代的世界における理性の実現という問題を解決する戦略としては正しいということから出発する立場である。[2] これに対して、システム論的な近代社会構成〔論〕における際立った特徴は、近代社会においては人間の理性的な生活連関の実現などという問題は時代遅れだとしてこの問題を理論から締め出してしまうことである。社会統合はシステム統合によって最終的に乗り越えられてしまうのである。[3]

ここでは、システム論的立場に立ち入るつもりはない。この立場に対するハーバーマスの異論が私にも説得的だと思われるからである。[4] これに対して、ヘーゲル的立場とマルクス主義的‐アナキズム的立場からのアンチテーゼについては少し論じておきたい。ヘーゲル的立場は次のような基本的確信によって特徴づけることができるであろう。（1）複雑化した近代社会の諸条件のもとでは、「否定的」（あるいは「抽象的」）自由の領域が自立化することでブルジョア社会の構造的特徴となった「疎外」や「分裂」の契機を取り消して元に戻そうとすれば、必ずや全体主義や集団的退行という代償を払うことになる。このことは、資本主義的な経済形式を維持しければならないということを意味するわけではないが、しかしおそらくは貨幣のような「コミュニケーション・メディア」や市場のような制御機構を、政治的形式ないし行政的形式を取る決定によって代替しようとすれば、ブルジョア的〔市民的〕自由権の重大な制限なしにはすまないということを意味しているであろう。したがって、まずは資本主義経済によって実現されたようなシステム統合とシステム制御は、ブルジョア的な法普遍主義の「土台」である――まさにマルクスがすでにそのように想定していた――だけでなく、システム的な自己制御とそれに応じて部分的に「脱人倫化した」社会関係という土台が引き続き存続するということを同時に想定せずに、より高度で実質的な社会的自由の形式による法普遍主義の「止揚」について語ることはできない――これがこの立場のヘーゲル的なところであろう――ということになろう。(2) このことは、法と道徳の分化/自立化・政治と経済の分化/自立化・芸術と科学と世俗的な生活実践の分化/自立化、これらの分化/自立化それ自体を、法と道徳意識の普遍主義的構造そのものを巻き添えにすることなしに取り消すことはできないということを意味する。近代性の諸条件のもとでは、理性の統一は本質的にかつ必然的に分裂における統一なのである。それは、「ゲマインシャフト」と「ゲゼルシャフト」の分離、つまり諸個人の間の連帯的な関係と道具的な関係との分離というもはや元に戻せない事態にもとづくとともに、とりわけ機能的分化が進むシステムが深く関わっているのである。(3) ヘーゲル的構想が考慮する最後の点は、理性的に組織された社会という概念は、個々の主体の(理想的な)理性性という概念からはいずれにせよ構成することはできないということである。個々人のレベルでは、病気や欠陥が生きている証しのようなものとして止揚できないのと同様に、偶然性や特殊性の契機がまったくなくなるなどということは考えられない。そこから帰結するのは、紛争や葛藤がなくなることはないということであり、誤謬・犯罪・精神病・自己欺瞞・不幸などの可能性はつねにいくらでも存在するということである。強調されなければならないのは、このことは社会的秩序がまだ不完全だとか、実践的合理化が少なくとも考えうる限界までは至っていないといったことの印なのではなく、特定の状況の中で死を免れない肉体とともに生きている主体として精神の証しだということである。

少し前に説明した社会的解放の二つのモデル——フロイト－モデルとピアジェ－モデル——のうち、近代性に関するこのような「ヘーゲル的」構想の枠組みにすぐに収まるのはフロイト－モデルであろう。つまり、近代社会では普遍主義的法と普遍主義的道徳の構造がすでに制度化されており、その構造が孕む潜在的可能性を完全に解き放とうというモデルである。

これに対して、アナキズム的立場をも包含するマルクス的立場——ここで考察している問題に関するかぎりでの——は、次のような根本的想定によって特徴づけられよう。（1）資本主義社会から無階級社会への移行は、社会の新たな「組織原理」への移行を意味する。無階級社会では、統合された諸個人は、自然との物質代謝ならびに諸個人の社会的生活過程を意識的で合理的な統制下におく。これによって疎外と自然発生性は、人類の歴史から消し去られる。（2）無階級社会では、法・道徳・政治のブルジョア的形式はその機能を失う。つまり、法・道徳・政治のブルジョア的形式は、その構造のうちに、資本主義社会の対立的な生活連関を表わしているのである。ブルジョア的政治は、個別と普遍の見せかけだけの宥和が図られる場所であり、ブルジョア的法は、一方で交換関係にもとづく社会秩序を表わし、他方では自由と平等の名のもとに存続する階級支配を表わしている。ブルジョア的道徳は、ブルジョア的法と資本主義的な成果主義倫理の内面化によって形成された主体性の形式である。この主体性の形式によって、諸個人の分離・個別化が強化されると同時に、諸個人相互の対立的関係は隠蔽される。（3）無階級社会での諸個人間の社会的関係と、諸個人の道徳的性格を特徴づけようとする場合、私の見るところが正しければ、マルクス主義の伝統においてはいずれもそれなりにマルクスの言葉を引き合いに出すことが可能な二つの異なるモデルが存在する。（a）第一のモデルは、エンゲルスとレーニンによって提唱されたもので、自由の王国と必然の王国との関係に関する『資本論』第三部の有名な一節に対応するものである。それによれば、われわれが普通、政治的問題と呼んでいるものが、無階級社会では管理上の問題に還元される。つまり、人間と自然との物質代謝をできるかぎり合理的に統制する問題に還元される。ここで想定されているのは、この問題に関しては社会的対立を引き起こす要素がもはや存在しないということである。すなわち、「必然の王国」は引き続き存在し、それに由来する強制をまったくなくすことはできないが、生産は自由に結合する諸個人が全体的計画を立ててそれに従って組織されるので、全員が同じ程度にそうした強制に服することが保証されるのである。強制に服することを――歴史上はじめて納得にもとづいて行うところに、この領域における諸個人の自由が存するのである。これに対して、必然の王国の彼岸、換言すれば、本来の自由の王国においては、諸個人は何ものにも妨げられずに自由に自分の能力を発揮することができる。マルクスは、「各人の自由な発展が、すべての者の自由な発展の条件となる」ような「共同体」について語っている。別のところでは「全面的に発達した個人」や「労働の自己確証活動への転換」や「これまでの制約された交流の、全き個人同士の交流への転換」などについても語っている。(5)「協同組合的富のあらゆる源泉」が湧き出すような条件のもとでは、貧困の問題はもはや存在せず、したがってまた配分における公平の問題ももはや存在しない。「各人には欲求に応じて」配分される。決定的なのは、社会的生産過程を統制するための管理機関を除けば、人々の人間的関係のいかなる制度的「対象化」や譲渡も、もはや必然とは見なされないことであり、個別と普遍がいわば直接的に宥和するようになることである。つまり、階級対立の止揚とあり余る物質的富の存在によって、各個人の人格構造からエゴイスティックな特殊性の痕跡が消え、そこに個別と普遍の宥和が直接体現されるのである。搾取・階級支配・財の不足の解消とともに、人間的関係を断念してそれを社会的制度——「自立化」と抑圧性という特徴を伴った——へと譲渡させざるをえないような諸条件も消え失せる。エンゲルスが人間に対する支配から物の管理への移行について語り、レーニンが国家の死滅を予言したのは、このような想定を背景としてであった。(b) 極めて未展開で曖昧なかたちにおいてではあるが、無階級社会における社会的関係の第二のモデルも、やはりマルクスによって示唆されている。それは近代の革命の歴史における評議会民主主義の伝統に対応するものである。それによれば、無階級社会は、社会的生活のあらゆる次元での自己決定がラディカル・デモクラシーの形式に則ってなされることによって特徴づけられることになろう。マルクスは、パリ・コミューンを称賛しつつ、ラディカル・デモクラシー的な組織形式の構造的特徴を何点か強調した[6]。すなわち、下(地域評議会やコミューン)から場合によってはいくつかの中間段階を経て上(すなわち、中央評議会)へと至る代表派遣の原則、代表を派遣した委員会はいつでも派遣した代表を解任できること、行政・立法・司法の三権分立の止揚、自治のあらゆる段階で可能なかぎり権限を直近の下位の段階へ委譲すること、近代のブルジョア的国民国家に特徴的な（中央集権的な）統合・統制・弾圧の担当機関、すなわち、官僚機構・警察・常備軍の解体、などである。無階級社会のエンゲルス－レーニン的なモデルと違い、評議会民主主義的なモデルでは無階級社会の政治的構想が――ただし、政治的という概念をマルクスに特徴的な階級支配との結びつきから切り離して、より古い、たとえばアリストテレス的な理解に依拠するならばの話だが――問題になっている。

先に論じた移行モデル――フロイト－モデルとピアジェ－モデル――のうち、マルクスが期待した階級社会から無階級社会への移行を構想するのに適しているのは、明らかにピアジェ－モデルである。もちろん、無階級社会の（調和主義的な）非－組織－モデルではなく、政治的組織モデルを問題にする場合だけの話であるが。さて、以上で私は、非常に図式的に、フロイト－モデルをどちらかといえば合理的な社会組織のヘーゲル的モデルに、ピアジェ－モデルをどちらかといえばマルクス主義的なモデルに対応させたが、そうしたのは、ハーバーマスが十分には解明していない両モデルの相互関係のうちに、実は重要な問題が隠れていると思っているからである。つまり、解放された社会に関するどちらかといえばヘーゲル的で元に戻るような構想と、どちらかといえば顕著にマルクス主義的な構想との間には、解明されていない競合関係があるという問題である。もちろん、ハーバーマスに即して言えば、両モデルの相互関係は、私が提示したのとはまさに正反対である。つまり、ハーバーマス自身の発展史に即して言えば、フロイト－モデルが、政治的に理解された無階級社会の構想をいまだ、いわば何の屈折もなく主張していた時期に提起されたのに対して、ピアジェ－モデルを展開したのは、システム論からの異論を受け入れると同時に、合理主義的な社会のユートピアの一部を断念せざるをえなかったように思われる時期だからである。しかし他方で、両モデルの対応関係を正反対に考えることも可能だということから言えることは、「理性的」な社会に関する前述の二つの構想はあまりにも不明確であるがゆえに、一義的な対応関係と明確な境界を定めることができないということである。したがって私が試みようと思っているのは、前記二つの構想を出発点として、そもそもそれらが答えようとした体制的な問い――すなわち、近代性の諸条件のもとで理性的な社会はどのようなものとして考えられるのかという問い――を、少なくともそのいくつかの局面に関して精密に規定することである。

2. 私はまず、前に概略を示した二つの構想の問題点と弱点を示したい。ヘーゲル的構想が強く主張するのは、近代社会の複雑性は縮減不能ということであり、個人の特殊性や「状況依存性」――社会的－歴史的な生活連関という点でも、自然的存在としての個人の特性という点でも――も縮減不能ということであり、したがって近代性の諸条件のもとで個人と社会との「直接的統一」――大昔あるいは古代を模範とするものであれ、社会の生活連関に直接かつ遍く浸透する理性的な普遍意志という意味であれ――を再建することは不可能だということである。このような立場にとって当然問題になるのは、社会の理性的組織化という理念とどう両立可能なのかということである。というのも、ヘーゲルが、社会の合理的秩序に関するあらゆる啓蒙主義的－「主体主義的」構想を批判しながら、なおも社会の理性的組織化という理念を堅持することができた諸前提を、この立場は放棄することになるからである。ここで「ヘーゲル的」と呼んだ構想を、システム論的に間引くのか、それとも普遍的遂行論によって下から攻めるのか、はたまた「状況依存的自由」の哲学によって新たな解釈を施すのか、これらに応じてこの立場は異なった意義を帯びることになる。つまり、この立場の主要な弱点は、まずはその根本的曖昧さにあるということである。

マルクス主義的構想の問題点は、啓蒙主義的‐合理主義的な自由および理性的――個人ならびに社会の――自己決定の概念に対するヘーゲルの異論を、十分真剣には受け止めなかったことである。共産主義社会に関するマルクスのイメージでは、自由は無条件的なものとなり何の障害もないかのように描かれている。あるいは、自由に制約があるにせよ、それはせいぜい自然と人間との物質代謝の必然性によるものだけである。こうした描き方は、超越論的意識哲学と自由の哲学を自然主義化したようなものである。つまり、解放された人類は、ある意味で「超‐主体」――単数形の主体――のように考えられている。それは自己自身と一致するようになった主体であり、その自由は外的自然の抵抗によってのみ制約されるだけである。ここで外的自然が自由に制約を課すといっても、それは自由が――カント的意味で――「選択意志の自由」として理解されているかぎりでのことであり、マルクスはもちろん無階級社会ではそのような制約がほとんど感じられないほど自然支配が高度化していると想定している。これに対して理性的自己決定の自由に関してマルクスは、複数の個人が存在するという歴史的‐自然的現実において、本来の自己の、自己自身との一致をこれまで阻んできたものは、無階級社会への移行によっていわば除去されているだろうと予想していた。自由の王国は目的の王国である。したがって、厳密に言えば、制度的媒介はもはや不要ということになる。というのも、制度的媒介とは、個々人の直接的な見解や意欲と、共通の理解とか共通の意志として認められるものとの間には、つねにいくらかのずれがあることを前提とするものだからである。無階級社会に関する政治的構想は、こうした自然主義化した超越論的一元論に対する修正を最初から含んでいる。もちろん実際のマルクスの論述で目立つのは、コミューン体制は共産主義社会への単なる通過段階にすぎないと捉えていた点である。つまり、「そのもとで労働の解放が達成されうる「ついに発見された政治的形式」と捉えていた。マルクスの論述にはこのような両義性がつきまとっているが、私としては無階級社会に関する政治的構想から議論を進めたい。史的唯物論の規範的基礎を普遍的遂行論によって再構成するというハーバーマスの試みも、この構想に関係づけることが可能である。支配から自由な社会とは、集団的な意志形成が討議によってもたらされる強制なき一致という形式で遂行される社会であろうと考えられているからである。この想定においては、解放された人類が単数形で登場するということはもはやない。むしろ解放の理念は一元論的な意識哲学の準拠体系からはっきりと離脱し、自由と合理性に関する徹底的に啓蒙された概念のうちには、記号に媒介された相互主体的な生活連関が各主体の主体性にとって構成的意義を有するというヘーゲルの洞察が取り込まれている。この概念はカントとヘーゲルの統合を試みるものだと言ってもよいかもしれない。つまり、この概念においては、各主体の合理性は、合理的になった相互主体的な生活連関の関数となっているのだが、こうした構想にはヘーゲル的な意味で「超主体的」に構想された理性、つまり個々人の意欲と見解から独立な理性という基盤が存在しないので、主体の合理性と主体を超えた生活連関の合理性の関係は、相互に条件づける関係として構成せざるをえない。つまり、社会は、社会によって統合された諸個人が合理的になるのに応じて、合理的になるのである。これによってマルクスの構想に関する問題は次のように新たに定式化することが可能になる。すなわち、われわれは、解放された社会について、諸個人および彼らの社会的諸関係が一切の濁りから浄化され理性が十分に発揮される状態という一種の理想的極限値から構成されるものであるかのように語ってよいのだろうか。もちろん、もしそのように語ることができるとしても、社会の状態が実際にこのような極限値にどこまで近づいているのかという問いはあくまでも経験的問いであり続けるであろう。つまりそれをア・プリオリに知ることはできないのである。とはいえ、このような理論構成は、社会の事実的状態をそのような極限値に即して「測定する」ことができるということは想定しているのである。

こうした理論構成には問題があると私は思っているので、それをもう少し詳しく論じてみたい。問題だと思うのは、この理論構成が依拠する合理性の概念である。すなわち、その合理性概念は——極限値としてではあるが——個人も社会も自己自身と何の分裂もなく同一化していることを想定しているのである。もちろんこれは非常に大雑把な推測なので、以下の点に即してこの推測をもう少し明確にしてみよう。それは、ハーバーマスが論じている支配から自由なコミュニケーションという概念は、どうも実践的問題には明確に規定できる合理的な解決策が存在するということを想定している——たとえ間違った解決策を選んでしまったり、コミュニケーションを妨げる内的あるいは外的要因によって実際には問題の合理的解決が達成されないことがあるとしても——ように思われることである。ハーバーマスは、実践的な問題解決の正当性の基準として、存在論的に確定された合理的秩序を持ち出すことはもはやできず、諸個人の強制なき一致こそがその基準だとすることで、このような想定を正当化する。私はこのような考えには循環論法が含まれていると思っているが、ここでは議論の構成そのものに立ち入ることはせず、代わりにそのような構成が孕むことになると私が推測している問題を取り上げたい。それは、非歴史的に理解された理性の自己自身との統一という問題である。そのような理性概念のパースペクティヴからは、（1）諸個人の相互の関係および自己自身との関係は、潜在的には完全に透明になりうる関係と見え、（2）個人ならびに社会の自己解釈は、少なくとも反事実的に先取りされた「真なる」知の光に照らされて行われるように見える。この真なる知は、たとえわれわれには決して到達しえないものと見なされてはいても、いわば歴史的索引を一切持たない知と想定されている。さらに、（3）人間のあらゆる状況にいわば個別性の索引を付与する自然的ならびに社会的諸条件は、合理的な自己決定および合理的なコミュニケーションにとっての可能的制約にすぎないと見える。もしかするとさらに合理的な自己決定および合理的なコミュニケーションが生成するための必要条件と見えるかもしれない。しかし、状況依存性と制限されたパースペクティヴこそ真理を可能にするものでもあるというふうに、それらが理性概念の重要な契機として考慮されることはない。したがって、以上のようなパースペクティヴにとっては、理性的社会とは、いわばすべての糸が一点に——たとえその一点が、理想的コミュニケーション共同体という反事実的現実のうちに想定されていようとも——集まるようなシステムに見えるのである。

マルクスの構想が孕むと私が思っている問題は、ハーバーマスによって再構成された形式においても継承されてしまっているが、それは、合理主義的な理性と自由の概念の構造が固定的に考えられていることである。理性的になった社会の状態に、われわれが実際にどこまで近づくことができるのか、知りえないということが問題なのではない。むしろ理想的な基準そのものに問題があると私は思っている。これは、ヴィトゲンシュタインが、日常言語のコンテクストに関して、もともとそこでは「厳密さという理想」が追求されるわけではないと語ったときに念頭においていた問題と似た性質の問題であるように思われる。

さて、以上によって、われわれは次のようなディレンマの前に立たされているかのようである。すなわち、ヘーゲル的立場に立つならば、理性的社会という概念自体が成り立たなくなってしまうように思われる。それに対して、ヘーゲルの批判を受容しつつ、理性概念を徹底的に啓蒙されたものへと再構成することでマルクス的立場を新たに基礎づけようとする試みの方は、疑わしい合理主義的立場へと逆戻りするように思われる。

これまでの考察の帰結として生じるディレンマは以上のとおりである。さてそこで、合理主義的な同一性要求から解放された理性概念および社会の理性的組織化の概念をどうすればわれわれは手に入れることができるのかという問題を、次に探究してみたい。

原注

（1） H. Arendt, *Über die Revolution*, München 1963〔アレント『革命について』志水速雄訳、ちくま学芸文庫、一九九五年〕.

（2） マルクス主義的伝統に対してヘーゲルの法哲学と歴史哲学の要素を再度生かす試みとして最も説得的と思われるのは、Ch. Taylor, *Hegel and Modern Society*, Cambridge 1979〔テイラー『ヘーゲルと近代社会』渡辺義雄訳、岩波書店（岩波モダンクラシックス）、二〇〇〇年〕; sowie ders., *Hegel*, Frankfurt 1978である。

（3） J. Habermas und N. Luhmann, *Theorie der Gesellschaft oder Sozialtechnologie*, Frankfurt 1971〔ハーバーマス＋ルーマン『批判理論と社会システム理論――ハーバーマス＝ルーマン論争』佐藤嘉一・山口節郎・藤沢賢一郎訳、木鐸社、一九八四年〕を参照のこと。

（4） A.a.O.

（5） K. Marx, *Frühe Schriften*, Bd. II (Hrsg. H. J. Lieber und P. Furth), S. 90f.

（6） K. Marx, *Politische Schriften*, Bd. II (Hrsg. H. J. Lieber), S. 918ff.

III　ポスト合理主義的な理性概念に向けて

1. 改めてハーバーマスの議論を取り上げることから、考察を出発させたい。ハーバーマスはいくつかの著作で、ポスト近代の社会が持つであろう構造上の特徴について仮説を表明している。その根本テーゼは以下のとおりである。すなわち、従来の歴史においては伝統や生活形式や解釈体系が、いわば自然発生的に行われていた伝承を通じて、特定の内容――価値・規範・解釈――と結びついた集団的アイデンティティの形式を成立させてきたが、そうした伝統や生活形式や解釈体系の一切が衰退してしまった今日においては「集団的アイデンティティは反省的形態においてしか考えることはできない、つまり継続的な学習過程としてアイデンティティの形成が行われるコミュニケーション過程に誰もが平等に参加する機会を有しているという意識を拠り所としているとしか考えることはできない」(1)というものである。これとの関連で、進化論的に新しい歴史の水準を予示するものと見なす相互に関連する二つの現象を、ハーバーマスは指摘する。動機形成過程の反省化と、これまでは自然に再生産されてきた資源である意味の欠乏である(2)。動機と意味の「欠乏」は、一方で、価値・規範・欲求解釈の「コミュニケーション的流動化」のうちに現れている。そうした流動化は、たとえば、従来自律的であった生活諸領域の脱分化傾向に見て取ることができる。[3] ハーバーマスが特に指摘するのは、芸術の「脱芸術化」・犯罪の脱道徳化・精神病の脱病理学化・政治の脱国家化である。[4] 価値・規範・欲求解釈のコミュニケーション的流動化を「民主化」という言葉で特徴づけることは適切でない。というのも、問題になっている過程は、整然と組織化された政治的な意志形成過程に対して、いわば補完的に進行する過程だからである。「それらの過程はしばしば曖昧な状態にとどまり、はっきりとしたかたちを取って現れる場合でも実にさまざまに定義され、「土台」から流出するかのように、整然と組織化された生活諸領域の微細な穴に浸透してゆく。それらは、下位政治的な性格を有している。つまり、政治的な決定過程が行われる次元に対して、より下の次元で進行する過程であるが、政治的決定の規範的枠組みを変化させるがゆえに、政治システムに間接的に影響を及ぼすのである」。[5] 他方で、動機と意味という資源の欠乏は、動機と解釈を産出したり統制したりするであろう新しいタイプの社会的管理の発生傾向を強める。ハーバーマスは、動機形成過程の反省化と意味の欠乏化とともに、社会の新たな組織原理がはっきりとしたかたちを取りつつあると推測しているが、それには反省的になった集団的アイデンティティの形式が対応していると付け加えてよいであろう。

さて、私にとって重要なのは、ハーバーマスが定式化したオルタナティヴである。それによって私は最初の問題に立ち返ることになるからである。一方でハーバーマスは、「参加の拡大と社会的管理の増大、動機形成の反省化と社会的統制（つまり動機の操作）の増大」の「悪循環」が、将来にわたって定着してしまうかもしれないと語る。(6)これは、ポスト近代社会に関する構想の、いわば悲観ヴァージョンである。もしこのヴァージョンが現実のものになることがあれば、ハーバーマスが集団的アイデンティティの新しい形式として念頭においているものは、単なる投射にとどまることになろう。(7)これに対して、もう一つのヴァージョン、つまり楽観ヴァージョンが現実のものになることがあるとすれば、それは、社会の現実の生活過程のうちに集団的アイデンティティの反省的形式が現れているような社会においてであろう。「複雑な社会において集団的アイデンティティが形成されるとすれば、それは、自分たちのアイデンティティに関わる知を、競合するアイデンティティの投射を通じて、つまり伝統を批判的に想起したり、科学や哲学や芸術の刺激を受けつつ討論したり実験したりしながら形成する、そうした人々からなる共同体のアイデンティティであり、したがって予め決まっているような内容をほとんど持たず、特定の組織に依存することもないアイデンティティというかたちを取るであろう」。(8)先に引用したいくつかの言明と同様、この言明のうちには、先に論じた「合理的社会」に関する「ヘーゲル的」構想と「マルクス主義的」構想との二者択一を乗り越えられるような、理性および理性的アイデンティティの「脱中心化した」概念が明瞭なかたちで表明されているように私には思われる。ただし、ハーバーマスのヘーゲル講演における最後の発言は、どう考えてもこの概念にそぐわないように思われる。「そのもとでは、未来指向の想起という時間構造によって、そのつど特殊な方向性を持った解釈に加担することで普遍主義的な自我構造の形成を目指すことも許されよう。というのも、現在においては相互に異なっている立場同士であっても、将来、普遍的なものが実現されることを目指しているという点では、いかなる立場も一致しうるからである」[9]。私は、この発言は、先に確認した解釈と調和しないと思うが、その理由は、いわばマルクス主義の伝統において無階級社会という理念が何度も呼び込むことになったアポリア構造を、再び解放された社会の構想に持ち込むことになるからである。トロツキーの永久革命論が一例であるが、より一般的に言えば次の点にそのアポリア構造は現れている。すなわち、メルロ゠ポンティがすでに指摘しているように、無階級社会が、資本主義の後に来る体制として歴史的に明確に位置づけられているにもかかわらず、結局は到達できない定点として歴史の彼岸あるいは歴史の終焉に想定されることになってしまうという点である。私の考えでは、解放された社会――ハーバーマスはそれを、集団的アイデンティティの反省的となった形式によって特徴づけている――においても存続する対立を、将来にはじめて達成されるべき普遍的なものと関係づけるとき、ハーバーマスは首尾一貫しない議論をしていることになる。換言すれば、達成されるべき理性的で普遍的なものが、まさに達成されるべきものとして本気で考えうるとすれば、それを、将来にはじめて達成されるべき普遍的なものを持ち出して特徴づけるわけにはいかないということである。こういう場合に、ヘーゲルとともに人々が口にしてきたことばがある。ここがロードスだ、ここで跳べ。

以下で私は、これから実現すべき理性などには依拠せずに、「理性的」と呼びうる社会の概念を構成してみたい。それによって、先に引用したハーバーマスの言明に少し異なった意義づけを与えてみるつもりである。

2. 出発点は、「理性的」に組織された社会においては、原則的に全員が平等に討議と参加のチャンスを有するという条件下での「討議的合理性」の原理が具体的に制度化されているであろうという想定である。討議的合理性の原理ということで私が理解しているのは、相互主観的な妥当性要求を問題とする原理である。すなわち、それは、相互主観的な妥当性要求に議論の余地がある場合、それをはっきりさせるための唯一合理的な手続きとして——経験的吟味と論理的分析という手続きとならんで——対等な討論相手同士による議論という手続きを顕揚する。この場合、「よい」あるいは「妥当性のある」論証は、十分な能力（洞察力や判断力）を有する話者であれば誰もが認めるものでなければならないという点に、妥当性要求の相互主観的性質が現れている。したがって、相互主観的な妥当性要求の一切には、そうした妥当性要求が向けられている者全員が強制されることなく論証ないし洞察にもとづいて同意するということが、先取りされて含まれているのである。

さて、私が主張したいテーゼは、「討議的合理性」が組織原理として承認され徹底されている社会の理念に十分明確な意味を与えることができる場合であっても、それによって同時に、完全に合理的になった生活形式という理想を定式化したことを意味するわけではない、ということである。そのような理想は存在しないのである。

このテーゼを説明するために、まずはトゥーゲントハットに依拠して、普遍的遂行論的に理解された真理の合意概念に対して、若干の異論を提示したい。

経験的言明が掲げる真理性要求は、これらの言明が——何らかの意味で——言語から独立した現実と結びついていることを含意する。それらの言明の真理条件を定めるのは、それらの言明のうちに登場する表現の意味を規定する意味論的規則である。これに対して、規範的言明が掲げる妥当性要求もまた、正当性の尺度との結びつきを含意しており、その尺度は――これらの言明は言語から独立の現実との結びつきを欠いているがゆえに――それらの言明のうちに登場する表現の用い方を定める意味論的規則によって規定されているわけではなく、「公正」などの言葉の用い方を定める意味論的規則によって定義されている。経験的言明について論争するということは、その言明の真理性を支持または否定するために論拠を挙げて議論を展開することであり、経験的言明を基礎づけられたものとして受け入れるということは、それを根拠にもとづいて真と見なすということである。これに対して、規範的言明について論争するということは、pは公正である（道徳的に正しい）ということを支持または否定するために論拠を挙げて議論を展開することである。経験的言明における言語から独立の現実との結びつきに相当するのは、言明の内容からは独立の正当性の尺度との結びつきである。もちろん、尺度の「独立性」といっても、いずれの場合も相対的なものにすぎない。経験的言明の場合であれば、尺度（言語から独立の現実）が与えられるのは、表現を使用するための意味論的規則が存在するおかげである。表現の用い方に関しては、一定の範囲内においてではあるが、予め合意が存在していなければならないのであり、換言すれば、実際の言語活動が成り立つための一定の同意が存在していなければならないのである。もちろん、だからといって、そうした同意が根拠にもとづいて批判されたり訂正されたりすることがないわけではない。とはいえ、意味論的規則に関する合意は、全体としてみれば根拠にもとづいてもたらされるわけではなく、むしろ共通の生活実践に慣れ親しむことの結果であり、共通の生活実践こそがあらゆる議論の前提である。規範的言明の場合であれば、正当性の尺度が与えられるのは、「公正」などの表現を使用するための意味論的規則が存在するおかげである。そして、この意味論的規則は差し当たり文化依存的である。「公正」などの言葉には意味論的な核のようなもの――文化が異なっても変わらない――があって、それは、等しいものは等しく扱うべきであるという要請のうちに根拠を有するように思われる。これはどういうことだろうか。

行為pについて、それは正しいと主張することは、誰もがその行為を正しいものとして受け入れなければならないと主張することであるということについては、さしあたり疑念の余地はなかろう。しかし、同時にそれは、同様な状況のもとでは誰もがそのように行為すべきだ、あるいはそのように行為することが許されるということを主張することでもある。pは正しいと判断することは、同様な状況のもとでは誰もが（私を含めて）そのように行為すべきだと主張することを、まずは意味するのである（経験的言明を真と認めることは、誰もが当然のこととして同じ主張を行ってよいということを認めることを意味するのと同様である）。しかし、pは正しいと認めること、あるいは主張することは、同時にまた、「pは正しい」という主張を誰もが（規範的に）真として受け入れなければならないと想定すること、もしくはそういう要求を掲げることでもある。

ある規範について、それは公正であると主張することは、その規範にもとづく全員の要求が「同等に」考慮されている（「等しいものが等しく扱われる」）と主張することである。同時にそれは、誰もがこの規範に対して正当なものとして同意できなければならないという要求を掲げる（主張するのではない）ことでもある。したがって、ある規範が適切である、あるいは公正であるという判断には、すべての人（あるいはある集団の各人）との二重の関係が含まれている。すなわち、一つは「公正」という言葉の意味論によるものであり、もう一つは妥当性要求の相互主観性によるものである。ところで、「公正」という言葉が相互主観的な拘束力をもって使用されるためには、その主要な意味において「等しい」――そして「等しい取り扱い、あるいは考慮」とはどういうことなのかということについて、合意が存在していなければならないであろう。しかしまた、規範Nが公正であると主張することが正当であるかどうか（したがって、各人にその遵守を要求することが正当かどうか）は、その主要な意味において「等しい」が意味すべきことの判断基準が正当であるかどうかにかかっている。そして、平等（等しい）と不平等（等しくない）の基準の正当性に関する問いが、またしても規範の「正義」に関する問いとして繰り返されるのかといえばそういうわけではなく、それはむしろ不平等の解釈・評価・説明の問題であろう。

したがって、われわれは、規範の基礎づけにおける「モノローグ的」次元と「対話的」次元とを区別することができる。利害関心や欲求や状況に関する共通の解釈という土台が想定しうるかぎりは、規範を適切に基礎づけるための討議が必ず必要というわけではない（ただし、言語遂行論的な理由からすればおそらく原則的に必要なのだが）。しかし、状況の理解や欲求の解釈が人によってまちまちということになれば、規範に関して根拠にもとづく同意の可能性を改めて生み出さなければならない場合には、ただちに実際の討議が必要になる。そしてここで理想的発話状況の諸規則が、重要な役割を演じることになる。トゥーゲントハットとともに私が考えていることは、それらの規則は、討議に参加する機会の平等と討議参加者の誠実性を保証する道徳的規則として理解されるべきだということである。だが、それらの規則が承認されていれば、欲求解釈や状況理解を確定するための特権的立場が存在しえないことは明らかである。規範は相互主観的に受容されなければならないということを当然期待してよいとすれば、規範の基礎づけの基盤となりうるのは、唯一、欲求解釈や状況理解に関する強制なき一致だけである。そうした同意が存在しないかぎり、共通の解釈によって確かなものとなる相互承認関係も存在しない。しかし、欲求の解釈や状況の理解が問題であるかぎり、同意可能であることは、それらの解釈や理解の真理性の基準なのであり、共通に承認された意味論的規則にもとづいて主張される経験的文や規範的文の場合のように、単に真理だからその結果として同意が可能となるだけではないのである。

共同の解釈を通じて相互に承認しあう関係が成立するかどうかは、個別のケースごとにまちまちであり、ア・プリオリに決定できるような問題ではない。実践的問題に関して合意の成立を保証してくれるような規則や手続きは存在しない。それゆえ、理想的発話状況における対称性の要求は、同時に、すべての当事者に決定の成立に関与する平等な機会を保証することを要求するものでもあると理解すべきである。まさに意見の一致が得られない場合こそ、少なくともすべての者にみずからの主張を聞いてもらい、決定に参加する権利が平等に与えられるべきである。その際、「平等な機会」とは、制度の問題として考えた場合、具体的にどういう事態なのかという問題は、これまた形式的考察によってア・プリオリに決定できるような問題ではない。

われわれが言う「合理的に」組織された社会とは、意見の不一致への（討議による）対処・決定までの過程・解釈の明確化が特定の形式によって特徴づけられる社会である。しかし、手続きの合理性が結果の正しさを保証するなどと想定することは許されないし、（内容的な）合意の可能性すら保証するわけではない。つまり、（形式的な）合理性の構造と内容的な合意の可能性とは区別しなければならないし、たとえ共通の解釈と良好な生活形式の中で確定される集団的アイデンティティの可能性であっても（形式的な）合理性の構造とは区別しなければならないのである。そうであるかぎり、われわれは合理的な社会組織の理想的な極限状態についてあれこれ語ることはできない。このことはまた、さまざまな社会を、いわば「支配から自由なコミュニケーション」という理想的な極限状態への接近度を示す尺度上に位置づけるなどということは断念しなければならないということをも意味する。とはいえ、そのような尺度とは異なるが、やはり「合理性の尺度」と称することができるような何らかの評価基準を導入する必要はあるだろうと私は思っている。もちろんそれは、形式的に特徴づけられるような最大値を認めないということが最初から明確になっているような基準である。

私は、こうした基準についての考えを間接的に、つまり個人の生活形式という次元で類似物を構成することで、説明してみたい。私が念頭においているのは、一定の発達段階にある個人には、「討議的に合理的」と形容してもよいような認知的‐道徳的意識構造が備わっていると見なすことができるという事態である。そのような意識構造が意味するのは、問題解決や妥当性要求への対処の仕方における形式であり、したがってやはり問題解決の形式的特性のみを表わし、内容的質には関わらない。私が決定的に重要と思っている点を、ノイローゼとその治癒という問題を取り上げることではっきりさせてみたい。ノイローゼ患者の（道徳的および認知的な）形式的能力は、いわゆる「健常者」のそれに対して劣っているわけではないと、私は想定している。したがって、ノイローゼによる「合理性の欠如」——もしそれについて語ろうと思うならばだが——を、「コミュニケーション能力」（あるいは「強制なき自己同一性」）の形式的基準にもとづいて記述することはできない。ノイローゼと対比されるべき事態は、むしろ次のような状態（主体の心的状態）、すなわち自己の統合力が高まるとか、以前はばらばらだった衝動的欲求が無理なく統合されるとか、それに伴って当然、自己の透明性が高まり、当該主体の自己理解もより適切なものになるといったことによって特徴づけられるような状態である。解釈の変化（認知の次元）には、自我の変化が、つまり自我の情動構造・動機・統合力などの変化が伴うが、こうした主体の変化にとっては理想的な規範はまったく存在しないというのが、私の主張したいことである。もしあるとしても、せいぜい絵画の構成要素が「理想的バランス」を保っているとか、芸術作品の諸要素がのびのびと統合されているといった意味で語れるだけであろう。もちろん、人間は芸術作品ではないので、このような類比もやはり一歩間違えば誤解を招きかねないものである。

以上のように、われわれは、ノイローゼとそれが治癒した状態との違いを、同じ――形式的――能力の二つの異なる用い方の間の違いとして記述する。ノイローゼ患者ではない人は、この能力をより良く用いているであろうが、だからといって何らかの形式的特徴に関わる意味でより合理的であるとは必ずしも言えないのである。問題になるのは、物事を理解したり、判断し行為したりする能力の増大であり、そしてもちろん自律性の増大である。しかし、自律性においては、自己自身と強制なくつきあう能力や、他者との間に強制なき相互的な関係を形成する能力、そして判断し行為する能力が問題となるのであり、まさにそうであるかぎり「完全」な健康のような理想的な規範は一切存在しない。たとえ「自己欺瞞」（あるいは正直さ）が問題となる場合であっても、自己透明性を理想とするような規範はまったく意味をなさないと私は思っている。つまり、自己透明性（自己欺瞞の反対の状態）という概念を認知的関係を模範にして理解するならば、それは誤った概念構成だということである。そこで問題になるのは、むしろ主体の自己自身に対する感受性のようなものであり、たとえて言うならば、自分の家の中で自由に動き回れる能力のようなものである。そして、この比喩を続けて言うならば、もし「完全」な運動の自由について云々するとすれば、それが意味を持ちうるのは特定の文脈においてのみであり、したがって相対的な意味しか持ちえないのである。

3. さて、類似の考え方は社会に対しても適用可能だと私は信じている。われわれが想定しているのは以下のとおりである。未来社会の組織原理として討議的合理性について語ることができ、しかも、この組織原理には反省的になった集団的アイデンティティの形式が対応している。このように形式的に特徴づけられた社会構成という枠組み内で、依然としてさまざまな組織形式がありうる。それら異なった組織形式同士の違いは、討議的合理性の制度化の度合いの違いという観点から特徴づけることはできず、むしろノイローゼ患者と健康な者の違い、あるいはまた二人の人間の容貌や生活形式の違いとの類比で特徴づけるべきである。問題の解決が「うまくいった」り、あまりうまくいかなかったりはするが、つまり、争いや抑圧がより多く存続してしまうような問題解決もあればより少ない問題解決もあるが、「完全」に解放された社会という終着点を考えることはできない。形式的な合理性の構造は、決定の正しさ（たとえば決定後に生じた事態に照らしてみた場合の）や、話し合いによる対立の解消を保証するわけでもなければ、個人の幸福な生活は言うに及ばず、有意義な生活をすら保証するわけでもないのだから、形式的な合理性の構造によって与えられるのは、「善き生」と呼びうる事態にとっての必要条件だけであって、十分条件ではない。ただし、善き生という意味で理性的であることと、単に形式的構造の意味においてのみ理性的と呼びうる事態とは区別可能であって、それはたとえて言えば物事をきちんと判断できる者と無知蒙昧な者、健康な人とノイローゼ患者、盲目の人と目の見える人、あるいは幸せな人と不幸せな人とが区別されるようなものである。

原注

（1） J. Habermas, »Können komplexe Gesellschaften eine vernünftige Identität ausbilden?«, in: J. Habermas und D. Henrich, *Zwei Reden*, Frankfurt 1974, S. 66.

（2） J. Habermas, *Zur Rekonstruktion des Historischen Materialismus*, a.a.O., S. 182〔前掲、ハーバーマス『史的唯物論の再構成』、二一四頁〕.

（3） J. Habermas, »Können komplexe Gesellschaften eine vernünftige Identität ausbilden?«, a.a.O., S. 67.

（4） A.a.O.

（5） A.a.O., S. 66f.

（6） J. Habermas, *Zur Rekonstruktion des Historischen Materialismus*, a.a.O., S. 183〔前掲、ハーバーマス『史的唯物論の再構成』二一五頁〕.

（7） J. Habermas, »Können komplexe Gesellschaften eine vernünftige Identität ausbilden?«, a.a.O., S. 71.

（8） A.a.O., S. 75.

（9） A.a.O.

Ⅳ　合理性、真理、合意

以下では、Ⅲで行った批判的考察を踏まえて、「理想的発話状況」という理念によって「合理性」ならびに「真理」という概念を説明しようとするハーバーマスの試みに対する批判考察を展開する(1)。

1.　合理的合意、つまり基礎づけられた合意だからといって、その合意の中身が必然的に真であるとはかぎらない。それでも中身が真だと言うとすれば、それは次のような意味においてのみである。すなわち、合意に疑問を呈する者が誰も現れないかぎり、われわれは合意の中身を、その根拠ともども、真と見なすだろう——さもなければわれわれが同意する合意ではないであろう——ということである。合理的合意であるのでその合意は真であるというのは間違いである。あくまでも、ある主張に対して、それが十分説得的に基礎づけられているということを、われわれが認めたということである。つまり、われわれが、その主張を、根拠ともども真と見なすということである。しかし、われわれ全員がある主張を根拠とともに真と見なすのだから、その主張は真であるとは言えない。われわれがある主張を、そのもっともな根拠とともに真と見なすということが意味するのは、われわれがその主張の間違いを排除しているということである。しかし、このことから主張が間違っている可能性がないということは導出されない。命題pに対して十分説得的な根拠が存在すれば、そこからpという結論が導き出される。しかし、私が、十分説得的な――と私が思う――根拠とともにpを真と見なすということから、pという結論を導き出すことはできない。もっともこのことは、私がpを支持する十分な根拠を挙げることができるという点では何も変わらないのだから、さしたる意味はない。われわれ全員が、十分説得的な――とわれわれが思う――根拠とともにpを真と見なすとき、われわれ全員が同じ意見だという事実が、pは真であるということを支持する追加的根拠を提供するわけではないというだけの話である。とはいえ、疑義を呈する者が一人もいない、あるいは反対する根拠を思いつく者が一人もいないという事実は、みずからの認識を疑わないことに対する強力な拠り所である。そして、共通に承認されている主張に対する疑義が、共通に承認されているという事実を指摘することで無意味となってしまうような場合――色に関する言明はこのような場合に、少なくともかなり近い事例であろう――にかぎって、合意は真理の試金石である。つまり、こうした場合は、「基準」に関する同意が問題になるということである。そして、そのような基準に関する同意こそが、そもそも意見の相違が存在しうるための前提である。妥当性要求をめぐるあらゆる討論の基礎にはそのような同意が存在しなければならないのだから、意見の不一致を主張の真理性に関する不一致と理解するのか、それとも表現の用い方に関する不一致と理解するのか、言い換えれば、意味論的規則の正しい適用に関する争いが問題なのか、それとも「言語から独立」の事実に関する争いが問題なのかという問いは、ある意味では視角の問題であると言うことも可能である。しかし、両方の視角が同等に可能だからとって、真理問題を両者のうちの一方の視角からだけで理解可能だということにはならない。真理の対応説も合意説も、それぞれ事柄の一側面を捉えているにすぎないのである（真理の整合説は、いわばこの両側面の関連を捉えるものであり、したがって第三の側面を捉えるものである）。主張ｐまたは理論Ｔに関する一般的で強制なき合意が、かりに何度も何度も繰り返し——無限に——確認されるということがあれば、ｐやＴが間違っていると主張しうるような根拠をもはや誰も思いつかないという事態に至るのかもしれないし、そのときにはｐやＴがア・プリオリな真理または分析的真理に近いものと見なされるようになっているのかもしれない。しかし、だからといって、いま現在より後に、われわれの合意に疑義を呈することはできないと言いうるような瞬間がやって来るわけでは決してない。十分説得的な根拠を持つわれわれの合意に疑義を呈することができないという事態が生ずるのは、むしろその合意が十分基礎づけられているからである。しかし、十分基礎づけられた合意を問題にするという事態が可能となるためには、その合意が依拠する根拠が十分説得的であればよいのであって、その十分説得的な根拠をあらゆる人が受け入れていなければならないわけではない。別の言い方をすると、特定の種類の合意が成り立っていることを指摘したところで、それによって何が十分説得的な根拠かということをはっきりさせることはできない。なぜなら、特定の種類の合意（「合理的な合意」）を判別しうるためには、すでに何が十分説得的な根拠であるかを知っていなければならないからである。

ところで、意味論的規則に関する同意もまた、その根拠ともども批判し修正することが可能だというのは、たしかにそのとおりである。ただし、意味論的規則が独特のものであるがゆえに、それに関する同意が一辺で成立して「安定する」などということは決してないという点は特別である（それはつねに実際に用いられることで確認されなければならない同意なのであり、しかも規則はそれが不断に適用される過程で形成され続けるのである）。表現の適切な使用に関する問題は、意味論的規則そのものを確定するという問題と同様、規範的な問題である（問題になるのは正義でなく、真なる言明の可能性であるにしても）。そして、規範的問題において再び、何ゆえ真理の合意概念が真理概念の一つの側面を適切に捉えるものであると言えるのかを理解することができよう。すなわち、規範的問題においては実際に合意が真理の基準である（普遍化の操作が問題になっているのではないかぎりで）と言えなくもないということである。言えなくもないというのは、規範的問題が経験的問題から最終的にはっきりと分離可能ならばという条件が付くからである。

　事態が一層ややこしくなることが予想されるのは、われわれの自己理解と相互関係の解釈に関わる意味論的規則の是非が、その規則に依拠することで、言語的な表現ならびに行為と、非言語的なそれらとの間に、どこまで矛盾しない関係が可能となるか、換言すれば、規則が妥当すれば必然的に矛盾を覆い隠すことになるのか否か、にもとづいて判定されうることによってである。つまり、その規則に媒介されることで成立する諸個人間の関係がどの程度誠実な関係でありうるかが、当の規則の基準なのである。意味論的規則の、あるいは意味論的規則体系と言ったほうがよいかもしれないが、その適切さを判断する際の基準の一つが、その規則体系によって規定される言語的行為と非言語的行為との関係が、どの程度整合的かという基準である、と言うことも可能であろう。（正義とか道徳的正しさの意味での）規範的妥当性の問題の場合、合意の側面と（言語遂行論的）整合性の側面との関係は、経験的妥当性の問題における対応の側面と合意の側面との関係と、ほぼ同様である。もっとも、規範的討議と理論的討議もまた相互に独立ではない。したがって、真理の合意概念が不十分なのは、結局のところ、それが真理の「対応の側面」を包含していないからである。（普遍化原理と帰納原理とは、矛盾律の特殊な表現であるように思われる。）

合理的に基礎づけられた言明と真なる言明とは、ぴったり重なり合うわけではない。つまり、異なったタイプの討議が内的に絡み合っているだけでなく、真理概念の異なった側面、すなわち、対応・整合性・合意の三側面もまた——伝統的には、そのつど一つの側面だけが強調されてきたが——内的に絡み合っているのである。この点を強調することは、客観性問題と真理性問題とを混同することではない。しかし、当然ながらわれわれは、合理的に基礎づけられた言明以上のものを求めることはできない（し、求めるべきでもない）。われわれは、十分説得的な根拠とともに合理的に基礎づけられた言明を真と見なすのである。

無限に妥当すると見なされている合意にわれわれが同意するということはもはやありえない。しかし、そのような合意が依拠する根拠は、同時に次のような根拠でもなければならない。すなわち、かりにわれわれも討議に参加することがあれば、必ずやわれわれをも納得させるであろうと思わせるような根拠である。ただ、それを実際に行って検証することがもはやできないだけである。したがって、無限合意に関しては、もしそれが真理の基準として認められたければ満たさなければならない確認作業の一部が、原理的に不可能ということである。とはいえ、それが十分説得的な根拠にもとづいているので、誰もその真理性を疑ったりはしないのである。

2. 基準——十分説得的な論証であると言えるための基準も含めて——の確定は、言語の使用規則についての了解を通じてなされる。だが、一定程度の「判断の共通性」（ヴィトゲンシュタイン）がなければ、そのような了解について語ることはできない。ところで、ある妥当性要求を正当なものと見なすことに関する合意が十分な基礎づけによって現実に形成された場合——したがって、前提されている文法規則に従えば、この妥当性要求は正当なものであるということについての合意——であっても、後になって、たとえば合意した人たちは実際には共通に承認された規則に従っていなかったということを理由に、疑問に付されることがありうるということはつねに考えられることである。そして、もしも共通の規則に従っていなかったという点について意見の同意が得られるならば、先の合意は（十分には）基礎づけられていなかったということをも認めるということになろう。では、新たな合意に対して再び疑問が呈されることがない場合、そのことから、新たな合意は十分に基礎づけられている、したがって「真なる」合意であるという帰結を導き出せるのだろうか。ノーである。言えるのは、新たな合意がもとづいている根拠をもはや誰も疑っていないということだけである。では、理想的発話状況の条件が満たされている場合、そのことから、そこで達成された合意は真なる合意であるという帰結を導き出せるだろうか。ノーである。真なる合意であるかどうかは、それがもとづく根拠から導き出されることである。しかし、それでも次のように言う人がいるのではないだろうか。もしも反対する根拠がまだありうるとすれば、理想的発話状況の条件のもとでこそ提起され承認されるであろう、ところがそういうことが起こらなかったのだから、その合意は必然的に真であると主張する人がいるかもしれない。しかし、そのように言うことができるのは、理想的発話状況とは、考えうる論証が一つも見落とされることなく、妥当な論証がすべて承認される状況であるというように理想的発話状況を定義する場合のみである。理想的発話状況が本当にそのような場ならば、そこで成立した合意はただちに真なる合意ということになろう。われわれが基礎づけられた合意に達するとき、ある意味ではいつもそのような条件を想定している。それでいて、そのような想定が思い違いであったということがありうるのである。新しい論証が登場すれば、ただちに思い違いであったことははっきりする。たしかに、考えうる論証がすべて検討され、妥当な論証がすべて承認されている状態は、ある意味では「理想的」である。つまり、基礎づけられた知という理想である。しかし、理想的発話状況をこのような意味で理解するとき、理想的発話状況は存在するかという問いと同義なのは、特定のコミュニケーション構造が存在するかという問いではなく、われわれの（共通に承認された）根拠は本当に十分説得的な根拠かという問いである。（将来、新たな論証が登場して驚くということがもしあれば、その驚きが関わるのは過去の発話状況の構造ではなく、すべての論証がすでに十分検討されたはずだという各人の思い込みである。）これに対して、理想的発話状況をコミュニケーション状況の構造（さまざまな種類の発話行為を行う機会が平等に与えられていることなど）の意味で理解するならば、理想的発話行為の条件のもとで達成された合意がただちに真なる合意であると言いうるのは、コミュニケーション状況の理想的構造が必然的に、考えうる論証がすべて提示され、妥当な論証のすべてが受け入れられるという事態をもたらす場合だけである。しかし、そのようなことはありえないことである。もしありうるなどということになれば、（理想的発話行為の条件のもとでは）意見の不一致などありえないということにならざるをえないからである。しかし、これは無意味である。なぜなら、理想的発話状況と呼ばれるのは、討議による理解のための理想的条件ではなく、むしろ――差し当たり右で示唆したような――討議による理解過程の理想的結果、つまり真なる合意ということになってしまうからである。ということは、理想的発話状況とは、すでに真なる合意が達成されてしまっているのだから、そこでは理解も討議も余計なものになってしまっているということになってしまう。

右で述べたような二つの「想定」――理想的なコミュニケーション構造が実現されているという想定と、考えうる論拠のすべてが提示され、妥当な論証のすべてが受け入れられているという想定――をはっきりと区別するとき、そこから導き出されるのは以下のことである。まず、ある合意は、それに含まれる第二の想定が正当なものである場合かつその場合にのみ、真であることは、トリビアルな意味では正しい。同様の想定が、（コミュニケーション構造の意味での）理想的発話状況の条件のもとで達成された合意にも含まれるということも正しい。しかし、そのような想定が正当であること、つまりその合意は「真」であるということは、（構造的に）理想的な発話状況が実現されているという想定が正当であることから、論理必然的に帰結するわけではない。ここから生じることは、理想的発話状況の条件のもとで達成された合意がただちに真なる合意であるというテーゼは、トリビアルな意味で（つまり、分析的に）真であるか、そうでなければ偽だということである。偽というのは、（構造的に）理想的な発話状況においてもなお理解と討議は必要であろうという想定と両立しないということである。そして、もし理想的発話状況においても理解と討議は必要であろうという想定を放棄するのであれば、右のテーゼは結局のところ、真なる（合理的に基礎づけられた）合意は真なる（合理的に基礎づけられた）合意であると言っているにすぎないことになるが、右のテーゼが言いたかったことはそのようなことではなかったはずである。しかし、実際に理想的発話状況の条件のもとで達成された合意ですら「真」とはかぎらないとすれば、ますますこの条件は真理も合意も保証するわけではないということになろう。何が真理であるかという問題は、理解と討議の理想的状況に関する形式的構造と、そうした条件のもとで達成される合意を持ち出したところで、十分に説き明かすことはできないのである。

3. 以上のことから討議的合理性のメルクマールによって生活形式を特徴づけるということは、真理が誰の目にも明らかになるという想定と同義ではありえないし、普遍的合意が支配するという想定とも同義ではありえない。それが意味するのはむしろ、妥当性要求をめぐる争いの決着を——それに関わりあう場合には——論証によってつけるための条件が当然従うべきものとして前提されるということであり、必要なときはその論争に加わるということである。また、先に述べたように、その条件には一定程度の判断の一致も含まれる。つまり、ある生活形式が有すべき共通性には、判断の一致も属するということである。しかし、そこにはまた、誰ひとりとして合理性が欠落していると非難されるような人がいないにもかかわらず不一致が生じる可能性もまた含まれる。もっとも、これは個人の「合理性」を、態度・行動と問題解決の形式・努力や形式的能力のことと理解する場合であって、「分別」とか「判断力」といったものとして理解するならば、話は別である。ただし、個人の「合理性」を後者のような意味で理解しようとするならば、第一に――これまで展開してきた議論から当然ながら――個人の「合理性」を、形式的構造に注目することで記述される「コミュニケーション能力」に依拠して説明することはできなくなるし、第二に生活形式の合理性を、形式的構造のみによって特徴づけることもできなくなる。代わりに、合意の水準が高く合意の可能性も高いこととか、「うまくいっている」集団的アイデンティティのようなものによって特徴づけなければならなくなるだろう。

「討議的合理性」を、形式的メルクマールに着目して記述される個人および社会体制の特性と理解するならば、実質的な面――個人の判断力や分別についてであれ、社会の特徴を示す強制なき合意の水準についてであれ――に言及することなく、この特性が存在していると語ることが可能である。しかし、だからといって、実質的なことについてまったく何も言わなかったということではない。すなわち、一定の共通の生活実践が存在していなければならないということは指摘した。当然その共通の生活実践の根底にある諸規則に従う能力も多かれ少なかれ全員に共有されていなければならない。もしもそうした共通の生活実践においてお互いの判断力や分別を確かめ合うということがなければ、そもそも討議的合理性が発揮されるべき「取っ掛かり」がなくなってしまうであろう。しかし、「合理性」に関してそれ以上のことを語ろうとするならば、つまり、個人あるいは全体としての社会の理性的アイデンティティに関して、態度と能力あるいは制度に体現されている形式的原理とは異なる意味で語ろうとするならば、したがって、判断力という概念や「強制なき」あるいは「うまくいっている」アイデンティティといった概念においてなされているように合理性概念と真理概念とを結びつけようとするならば、そのときは、個別と普遍とがうまく結合ないし宥和した状態——個人の能力（判断力）という意味であれ、相互主観的な生活連関の構造（善き生）の意味であれ——を思い浮かべていることになるが、こうした観念は、合理性原理を提示したり、理想的発話状況の対称性条件を提示したところで、十分に定式化したり厳密に規定したりできるものではない。その違いは、たとえば次のように言えば少しははっきりするかもしれない。われわれはいまここで合理的に理解し合うことが可能である（したがって真なる合意が可能である）と想定しうるためにはさまざまな条件を満たさなければならないはずであり、異なった種類の発話行為を行う機会が実際の討議状況において対称的に配分されているという想定だけでは、形式的説明としてまったく不十分であると言えばはっきりするだろう。他方で、われわれが合意に達した場合、理想的発話状況の対称性条件が成り立っていたからそれを真と見なすのではない。むしろわれわれは、その合意が全員の理解と提示された根拠の一定の質にもとづいて成立したと考えるがゆえに、その合意を真ではなく合理的と見なすのである。そして、合意を真と見なすのは、その根拠が十分説得的であり、したがって問題になっている妥当性要求が、誰もが十分基礎づけられていると認めることができるものと見なすからである。合意の合理性の判断と根拠の説得力の判断（われわれは、たとえ合意が成立しない場合であっても、根拠が十分説得的であることを認めることがありうる）とは区別されなければならないのであって、その区別が再び不必要になるのは、われわれの意見が一致しているということから、ただちに根拠が十分説得的であると言える場合のみである。そしてもちろん、無限に多様な討議において、あらゆる点で同時にそのような事態が成り立つなどということはありえない。したがって、解消できない不一致が存在するからといって、そのことが必ずしも（理想的発話状況の意味での）合理性の欠如を示すわけでもないし、合理的と見なされていた合意が破綻したからといって、必ずしも（理想的発話状況の意味での）「合理性の想定」が誤った思い込みであったということを意味するわけではないのである。

4. そもそも、われわれが合理的と思っていた合意が後になって「思い違い」であったことが判明する（ハーバーマスが念頭に置いている事態）という場合、いったいどういうことを意味しているのだろうか。私は二つの場合を区別したい。いずれの場合も出発点となるのは、同意――たとえ見せかけの同意であれ――が成立する状況には一定の予期が、つまり、この同意は将来起こりうる新たな状況においてもその有効性が実証されるであろうという想定が、含まれているということである。（われわれは――いま――相互に理解し合っているという事態があらゆる時点で成り立っているだろうなどということを、現時点で確信を持って言うことは不可能である。それはある意味で、つねに改めて示されなければならないことである。）以上のことを出発点として、二つの場合を以下のように記述することができよう。一方は、あらゆる同意において起こりうることが起きる、つまり、同意がいわば「ばらばらになる」という場合である。これは、最も広い意味で、意味論的規則がその適用の過程で無限に発展してゆくという問題である。この場合、われわれはそもそも思い違いをしていたのではなく、われわれの誰もが同じように新たな経験をして共通の意味を発展させることができるように当該の同意を発展させることができなかったということである。このような場合でもなお、同意は「思い違いであった」という言い方にこだわるのであれば、その思い違いは合意の「合理性」に関するものではなく合意の「耐久性」に関するものである。もう一方は、強制なき同意が成り立っていると思っていたところで、実は内的強制が働いていたことに気づくという場合である。これは、一定の強制力や抑圧あるいは従属関係によって——当事者にも意識されないまま——コミュニケーションが阻害されていた生活形式が崩壊するという経験である。ハーバーマスが念頭に置いていたのはこのケースである。問題なのは、このようなケースを、後になって——われわれの想定に反して——理想的発話状況の条件が満たされていなかったことに気づくケースと解釈してよいのかということである。それに対する答えは、理想的発話状況という概念にどういう意味を与えるのか、つまり、いわば「強調された」意味を与えるのか「形式的」な意味を与えるのかによって異なってくる。そして、この概念に関するハーバーマスの問題は、まさに次の点にあるように思われる。すなわち、もともとは強調された意味でこの概念を用いていながら、議論の特定の箇所では、議論のなりゆきで形式的意味が前面に出てくることである。

理想的発話状況という概念を形式的意味で、つまり発言機会と討論の次元を変える自由が平等に与えられているという意味で理解するとき——それは、賢者も愚者も、ノイローゼ患者も健常者も、誰もが平等に発言機会を持っているだけで、発言内容の質や発言の誠実性について特に取り決めがあるわけではないような審議状況あるいは討論状況においてほぼ満たされている諸条件のようなものである——歪んでいて何の成果ももたらさないか誤った合意をもたらすだけのコミュニケーション構造がまったく排除されていないことは明らかである。これに対して、さまざまな種類の発話行為を行う機会が平等に与えられているということを次のように理解しようとするならば、すなわち、誠実に話すこと、真なる主張を行うこと、正しく行為すること、根拠が説得的であるかどうかを的確に判断すること、そして根拠にもとづいて妥当性要求を承認したり拒否したりすること、これらすべてを全員が単に同程度に意志するだけでなく実行も可能であるということであると理解しようとするならば、いま述べたような状況が理想的発話状況の条件に合致しないことは明白であろう。それでも理想的発話状況をそのようなものとして理解しようとするならば、理想的発話状況が真に実現されていると考えることができるのは唯一もはや討論をまったく必要としない状況だけであろう。なぜなら、真理は誰の目にも同程度に明らかになっているからである。あるいは次のように言った方がより適切かもしれない。すなわち、理想的発話状況においてはもはや意見の不一致は起こらず（したがって討論も行われない）、発話者の誰もが同じように発話行為を通じてそれまで隠されていたことを明らかにすると言った方が適切かもしれない。つまり、妥当性要求に異論を唱えるということは、より説得的な根拠やより深い理解を要求するということなのであり、他者に対して想定されるのは、私の論証に耳を傾け、もし説得的であると思えばそれを受け入れる用意があり、かつ受け入れられることである（同様に私は、他者の論証を公平に検討し、説得的であると思えばそれを受け入れる用意がある）。したがって、討論状況には、最初から全員が等しく適切な考え方をしているわけではないという意識が伴っているはずだと想定するかぎり、討論状況には構造的な非対称性が存在するということになる。したがって、ある意味では——すなわち、共通に獲得された洞察という意味では——対称性は、討論の成果としてはじめて成立しうるものなのである。

さて、ハーバーマスは、理想的発話状況という概念で、右で説明した両極端の間にある状況を考えている（し、またそう考えなければならない）ように思われる。つまり次のようなコミュニケーション状況である。すなわち、討論を通じての学習過程が必要かつ有意義でありうるとしながら、形式的条件のほかにさらに（a）発話者は誠実に話をする能力と用意があること、（b）相互に理解する能力があり、相手の話に耳を傾ける用意があり、他者の論証が説得的である場合はそれを受け入れる用意があること、が想定されているコミュニケーション状況である。（したがって、理想的発話状況において治療的討論は考えられうるわけではまったくない。）理想的発話状況をこのような意味で理解するならば、あらゆる当事者が完全な「合理性」を備えているにしても、それにもかかわらず右で述べたような非対称性と矛盾しないであろう。また、右で想定されている意味からすれば、「誤った」合意とは、明らかに理想的発話状況の条件を満たしていない証しということなのであろう。

　理想的発話状況をいま確認したような意味で理解する場合、決定的な問題点は（b）で挙げた「理解する能力」にあるように思われる。つまり、私も、理想的発話状況は討論状況においては必然的な想定であるはずだということから出発するが、問題はそれを踏まえて相互に理解する能力というものをどう理解するかである。私自身が話し手で、私にとっては明快で当然と思われる考えや論証あるいは質問を表明するとき、他者には私の言っていることを理解する能力があると私は想定している。さて、私の発言に対して、他者が異を唱えたり反論したり質問したりするとしよう。しかも、それら異論・反論・質問から他者が私の言ったことを理解していないか、少なくとも十分には理解していないことは明らかだとしよう。私は当然、誤解を正そうとするであろうが、その際前提になっているのは、他者の発言について私が理解したことである。これに対して、もしかしたら他者は他者で、私の誤解を正そうとするかもしれない。以下同様。このことから分かるように、われわれが努力しなければならないことの一部——たいていは最も重要な一部——は、共通の言葉と問題に関する共通の理解を発展させることであろう。そうすればひょっとしたら——時たま起こることであり、起こらないことの方が多い——合意に、少なくとも部分的な合意に、至ることがあるかもしれない。さてそれでは、このように討論の過程で部分的誤解や無理解が起こるという事実は、理想的発話状況の条件が満たされていないことを示していると言ってよいのであろうか。もしよいと答えるのであれば、先にわれわれは、理想的発話状況という概念をどう理解するかということに関して、その「強調された」解釈を退けたが、その解釈に再びかぎりなく近づくことになろう。もしよくないと答えるのであれば、明快かつ（当人にとっては）説得的な論証を提示する話し手の誰もが発言の際に行う想定、つまり話し手当人の明快な話は他者にとっても明快であろうという想定は、これまでとは別様に解釈しなければならないであろう。すなわち、われわれが暗黙のうちに想定しているのは、それほど発話状況の理想的特性に関するものではないと解釈するのである。むしろ、やはり同様に「理想化」を伴う想定ではあるが、すでに共通の言葉を用いているという想定——よく反省してみるならば、この想定が事実に関する想定ではあるものの、同時にいわば存在論的仮象を含むものであることはすぐに納得できるであろう——と、みずからの議論は明快で説得力があるという確信、したがって発話状況の構造に関係するのではなく、みずからの話の明快さと内容の真理性に関する想定、この二つで十分であろう。しかし、いずれの場合も実現されていると想定されている事態は、たいていは合理的な了解の努力の結果はじめて達成されるものである。ということは、理想的発話状況の想定には、次のような事情から生じる弁証法的仮象が結びついているということかもしれない。すなわち、われわれはつねにすでに物事に関する一定の理解を有していてそこから出発するほかはなく、同時に共通の言語の存在を信頼するほかはないのだが、それにもかかわらず合理的な討論は、まさにそれらの想定を何度でも疑問に付し修正するという事情である。

それによってこそ、合理的討論はまさに合理的であることを実証するのである。
以上の考察が正しいとすれば、理想的発話状況という概念には弁証法的仮象が分かちがたく含まれているということになる。すなわち、この概念においては合理的な意思疎通の努力の出発点と結果が同一であると同時に異なったものとして現れるというところに、この弁証法的仮象が登場するのである。そして、出発点と結果が同一であると同時に異なっているというところから、理想的発話状況という概念を理性化された生活形式という理念の準拠点として理解するとき、この概念の二義性が生じる。つまり、この概念は、形式的構造を、すなわち、いわば合理的な了解の努力が可能となるための条件を意味するとともに、理性的同意という意味での、合理的な了解の努力の結果をも意味するのである。

これまで概略を示した考えは次のように拡張することが可能である。すなわち、他者はみずからが語っていることを理解していると思っており、またみずからが考えていることを語っているつもりでいるが、こうした想定もまた理想化であり、よく反省してみるならば、誤った存在論的仮象がつきまとっていることに気づくはずである。合理的了解が起こるのは、まさに誰もが他者のことを他者自身が理解している以上によく理解している場合であり、したがって他者の生産的理解によって私が私自身の論証をよりよく理解するようになる場合なのである。つまり、たったいま言及した理想化は必然的ではあるが、同時に弁証法的仮象を生み出す原因でもあって、もしも私がこの理想化を文字通りに受け取って、そこから完全に透明になったコミュニケーションとか個人の完全な自己透明性といった理念を導き出してしまうならば、私は「理想化」を伴う不可避の想定を、可能性としてであれコミュニケーション状況に本来的に備わっている構造へと実体化してしまうことになる。

5. 以上の考察から導き出される結論は、「完全」な意味で、あるいは「理想的」な意味で理性的でありながら、同時に人間の有限な相互主観性の形式でもあるような、そうした理性的な生活形式という概念を、われわれは作ることができないということである。それは、ノイローゼ状態の反対概念として、完全な、あるいは理想的な健康状態という概念を作ることができないのと同様である。以上の理由から、われわれにできることは、理性的生活の特定の形式的条件――普遍主義的な道徳意識・普遍主義的法・反省的になった集団的アイデンティティなど――を提示することだけである。これに対して実質的な意味で理性的であるような生活とかアイデンティティの可能性を問題にするかぎり、形式的構造に依拠して記述できるような理想の極限状態は存在しない。せいぜい各個人の強制なき自由なアイデンティティが、諸個人間の強制なき自由な相互関係とともに、経験可能な現実となっているような生活形式を実現しようとする努力がうまくゆくこともあればうまくゆかないこともあるにすぎない。したがって、われわれにできるのは否定的な仕方で遂行してゆくことだけである。つまり、われわれは理想的意味の完全な達成を目指すことはできず、無意味なことを取り除くことができるだけである。われわれは、諸個人同士の完全に強制なき自由な関係といった観念や、完全な合理性といった観念を考えることはできないが、実際に経験される強制や障害を取り除いたり非合理的なことをなくそうとしたりすることはできるのである。その際、われわれを導くのは、善き――理性的であると同時にうまくいっているという意味での善き――生という理念である。ただし、この理念が意味するのは、たとえば直線とか円の理念を描いたり物体で構成したりするとき、完全な直線や円に無限に接近してゆくことが可能であるというような意味で、無限に漸近してゆくことができるような理想の極限状態ではない。個人や社会の生活連関において経験される非合理的なこと・障害・苦悩の多くが実は回避可能であるということをわれわれがますます自覚するようになるのに応じて、善き生という理念はむしろ批判の基準という意義を獲得するのである。

原注

(1) Vgl. insbes. J. Habermas, »Wahrheitsheorien«, in: H. Fahrenbach (Hrsg.), *Wirklichkeit und Reflexion. Walter Schulz zum 60. Geburtstag*, Pfullingen 1973; ders., »Vorbereitende Bemerkungen zu einer Theorie der kommunikativen Kompetenz«, in: J. Habermas und N. Luhmann, *Theorie der Gesellschaft oder Sozialtechnologie*, Frankfurt 1971〔ハーバーマス「コミュニケーション能力の理論のための予備的考察」、前掲、ハーバーマス+ルーマン『批判理論と社会システム理論』〕.

ヴェルマーとフランクフルト学派二・五世代の意義
——監訳者あとがきに代えて

1　ヴェルマーの略歴と業績

アルブレヒト・ヴェルマー（Albrecht Wellmer）は一九三三年にミュンヘン近郊のベルクキルヘンで生まれたドイツの哲学者であり、とりわけ社会哲学と美学の領域で著名なフランクフルト学派の二・五世代である。ヴェルマーは第二世代に含められるのが普通であろうが、私自身はむしろ第二世代のハーバーマスと第三世代のホネットとの中間に位置づけて、両者の理論を批判的に媒介した存在として二・五世代と見なしてみたい。それは第二世代のなかでハーバーマスの存在があまりにも巨大だからでもある。

ヴェルマーは、一九五四年から一九六一年まで数学と物理学と音楽をベルリン自由大学とキール大学で学び、六一年に数学と物理学の国家試験（Staatsexamen）に通り、キール大学を卒業した。そのあと六一年から六六年までハイデルベルク大学とフランクフルト大学で哲学と社会学を学び、六六年にフランクフルト大学で »Methodologie als Erkenntnistheorie. Zur Wissenschaftslehre Karl Poppers«（「認識理論としての方法論――カール・ポパーの科学論について」）によって哲学博士号を取得し、六六年から七〇年までフランクフルト大学の哲学講座でハーバーマスの助手を務めた。七〇年から七二年までカナダのトロント大学に所属するオンタリオ教育研究所の准教授を、さらにそのあと七二年から七五年までニューヨークのニュー・スクール・フォー・ソーシャル・リサーチの准教授を務めた。この間、七一年にはフランクフルト大学に »Erklärung und Kausalität. Kritik des Hempel-Oppenheim-Modells der Erklärung«（「説明と因果性――説明のヘンペル＝オッペンハイムモデル批判」）を提出して教授資格を取得している。またドイツでは、七三年から七四年までミュンヘン近郊シュタルンベルクのマックス・プランク研究所の研究員を務めたのち、七四年にコンスタンツ大学哲学講座正教授に就任した。コンスタンツ大学教授は九〇年まで務めることになるが、このときの弟子にマルティン・ゼールやクリストフ・メンケなどがいる。そして九〇年には、ベルリン自由大学美学・解釈学・人文科学講座正教授に転出し、二〇〇一年に退官して同大学名誉教授となった。一九八五年から八七年までニューヨークのニュー・スクールの教授を兼任している。なお、二〇〇六年にアドルノ賞を、二〇一一年にはアンナ・クリューガー賞を受賞した。

ヴェルマーの主要著作（単著のみ）は以下の通りである。

・*Methodologie als Erkenntnistheorie*, Frankfurt am Main, 1967.
・*Kritische Gesellschaftstheorie und Positivismus*, Frankfurt am Main, 1969.（英訳：*Critical Theory of Society*, New York,

1971）

- *Praktische Philosophie und Theorie der Gesellschaft*, Konstanz, 1979.
- *Zur Dialektik von Moderne und Postmoderne*, Frankfurt am Main, 1985.（邦訳は作品社より近刊予定）（英訳：*The Persistence of Modernity*, Cambridge/Massachusetts, 1991 に収録）
- *Ethik und Dialog*, Frankfurt am Main, 1986.（本訳書）（英訳：*The Persistence of Modernity*, Cambridge/Massachusetts, 1991 に収録）
- *Endspiele*, Frankfurt am Main, 1993.（英訳：*Endgames*, Cambridge/Massachusetts, 1998）
- *Revolution und Interpretation*, Assen, 1998.
- *Sprachphilosophie*, Frankfurt am Main, 2004.
- *Wie Worte Sinn machen*, Frankfurt am Main, 2007.
- *Versuch über Musik und Sprache*, München, 2009.

これら以外にも»Der Streit um die Wahrheit. Pragmatismus ohne regulative Ideen«, 2003 をはじめとして多数の論文や *Die Frankfurter Schule und die Folgen, Berlin*, 1986 といった共編著（共編者はホネットである）がある。また、ホネットやオッフェらとともに、*Cultural-Political Interventions in the Unfinished Project of Enlightenment*, Cambridge/Massachusetts, 1992 と *Philosophical Interventions in the Unfinished Project of Enlightenment*, Cambridge/Massachusetts, 1992 も編集している。

このように、著書の英訳や英米圏での編著の出版などからしても、ハーバーマスやホネットほど著名ではないにせよ、ヴェルマーは英米圏においてもフランクフルト学派の重要な社会哲学者の一人として認知されており、したがって、ドイツ国内における二度の受賞も加味するならば、欧米ではすでに（十分かどうかは別にして）評価は定まっていると言えよう。それに対して、日本ではまだ著書などが日本語に翻訳されていないものの、ヴェルマーの美学研究については、笠原賢介「ハバーマス以後の批判理論――アルブレヒト・ヴェルマー、クリストフ・メンケの所説を中心にして」（『法政哲学会会報』第一七号、一九九九年）および田辺秋守『ビフォア・セオリー――現代思想の〈争点〉』（慶応義塾大学出版会、二〇〇六年）で言及されており、さらに朝倉輝一『討議倫理学の意義と可能性』（法政大学出版局、二〇〇四年）では、ヴェルマーの討議倫理批判に対するハーバーマスの批判的反応が取り上げられている。またヴェルマーの真理論については二〇一二年に行なわれた三崎和志・岐阜大学准教授の研究報告がある。そこでは»Der Streit um die Wahrheit. Pragmatismus ohne regulative Ideen«が詳しく分析されている。

ヴェルマーは、大学の学生生活を数学や物理学といった理系の学問から始めているという点でフランクフルト学派のなかでは珍しい存在であるとともに、その学生時代が「実証主義論争」の時期と重なることもあってか、文転したのちは、博士論文のタイトルからも分かるように、フランクフルト学派の論争相手であったポパーの科学論を取り上げ、その可謬主義を積極的に受け入れている。それ以後のヴェルマーの研究業績は、社会哲学・言語哲学・（音楽学を含む）美学の三つに大別できる。本訳書の『倫理学と対話』はちょうど社会哲学と言語哲学とを橋渡しする作品と位置づけることができると同時に、それはまた、アーペルやハーバーマスがこの時期すでに構想していた「討議倫理学」と、それを支える真理論として提唱していた「真理の合意説」との両者を正面から（しかも、カント解釈にまで遡って）本格的に取り上げて批判しており、その意味で本訳書は「討議倫理学」を研究する上での必読文献だと言えよう。本格的な「討議倫理学」研究にあって本訳書と、さらにシェーンリッヒの『カントと討議倫理学の問題』を踏まえていない論考はいわばもぐりにほかならない（ケトナーによれば、シェーンリッヒの「討議倫理学」批判の方が「討議倫理学」にとっては決定的な意味をもつという）。この問題関心は、たとえば二〇〇三年の論文»Der Streit um die Wahrheit. Pragmatismus ohne regulative Ideen«（「真理をめぐる論争――統制的理念なきプラグマティズム」）, In: *Reflexion und Verantwortung. Auseinandersetzungen mit Karl-Otto Apel*, hg. von D. Böhler/M. Kettner/G. Skirbekk, Frankfurt am Main, 2003 の内容からも明らかなように、ベルリン自由大学を退官したのちまで継続されてゆく。さらにヴェルマーの言語哲学的分析の特徴としては、批判的であることは言うまでもないが、しかしフランクフルト学派では大変希有なことに、デイヴィッドソンについてもかなり詳細に論じている点を指摘しておきたい（ベルリン自由大学におけるヴェルマーの言語哲学講義を集成した *Sprachphilosophie*［『言語哲学』］を参照のこと）。それに加えて、トゥーゲントハットに関する評価も興味深い。

美学に関しては、『モダンとポストモダンの弁証法』や『音楽と言語に関する試論』がある。ヴェルマーは基本的に、「モダン」を認知的・美的・道徳＝政治的意味においてわれわれの超え出ることのできない地平と捉え、「モダン」の基本構造をその反省的構造に見定めて近代批判そのものが近代的精神の一部であると見なしている。したがって、ヴェルマーにあって「ポストモダニズム」は、「モダニズム」に対するラディカルな批判ではなく、むしろ「モダニズム」の自己批判的形式にほかならないのである。ヴェルマーはこうした「モダニズム」を「ポスト形而上学的」と特徴づけるが、それはユートピア主義・科学主義・基礎づけ主義を克服したモダニズムであり、究極的な宥和を幻想として退けながら、現代のラディカル・デモクラシーや現代芸術のもつ合理的で実験的な精神をなお保持しているとする。こうした観点から、前者の『モダンとポストモダンの弁証法』でヴェルマーは、アドルノの美学に再解釈を施しながら、美的モダニズムと理性の同一性に対する批判との内的関係を分析した上で、そうした批判が非−形式主義的で多元主義的な合理性概念を切り開く可能性、言い換えれば、モダニズムのこの自己批判が民主主義的な多元主義／普遍主義というポストモダン的な構想に通底する可能性を示そうと試みる。後者の『音楽と言語に関する試論』では、アドルノの音楽哲学を参照しながら、「新音楽（Neue Musik）」――シェーンベルクなどの新ウィーン楽派の前衛音楽――を具体例にとって音楽と言語との内的関係を主題化し、「新音楽」がリベラルな社会の自己理解にとって不可欠であることを論じている。

このように、ヴェルマーにあってはアドルノに（時には批判的に）依拠した美学的考察ないし美学的アプローチがその考察のなかで重要な役割を担っている点に特徴があり、それは、たとえばハーバーマスと比較すると、よく理解できるであろう。こうした考察はやがてゼールに引き継がれて「自然美学」の構想に連なってゆく。

2 『倫理学と対話』のカント解釈および「討議倫理学」批判

本訳書は、英訳されている三冊のうちの一冊に収録されており、その点で英米圏でも特別な位置づけを与えられているので、ヴェルマーの倫理思想を知る上でも、またさらにフランクフルト学派の二・五世代の問題意識を探るためにも重要な意味をもつ。たとえば、前述した論文 »Der Streit um die Wahrheit. Pragmatismus ohne regulative Ideen« で展開されている内容の基本的論点、すなわち、アーペルおよびハーバーマスの構想した「討議倫理学」に対する批判をも含意する「統制的理念なしのプラグマティズム」という論点に関して、その基本姿勢を本訳書に確認することは比較的容易い。これは、ハーバーマスの「コミュニケーション論的転回」と、それにもとづく「討議倫理学」の構想――「基礎づけ」に関してはアーペルの「超越論的言語遂行論」とハーバーマスの「普遍的言語遂行論」とでは異なっているが、「討議倫理学」の構想自体はアーペルが先行している――に対する、フランクフルト学派内部の哲学的反応として興味深いばかりでなく、「討議倫理学」と、それを支える「真理の合意説」そのものをめぐる批判としても傾聴に値する。後者の批判内容は、フランクフルト学派の第三世代に引き継がれ、特にホネットの相互主観性理論としての「相互承認論」にその痕跡を残していると思う。また、「討議倫理学」はカント倫理学を言語遂行論的に変換した構想にほかならないので、「討議倫理学」批判は当然のことながらカント理解の問題にまで及ぶ。それでは本訳書の内容を簡単に紹介してみたい。

　ヴェルマーは、「今日の道徳哲学の大部分は、カント倫理学を形式主義的に萎縮させることに抗して、このカントの根本的直感の真価を発揮させようとする試みとして理解することができる」と述べているが、このことはもちろん規則功利主義にもコミュニケーション倫理学にも当てはまる。このようにヴェルマーは、現代倫理学が新たに展開するなかでカント倫理学の根本的直感を高く評価してみせる。このときヴェルマーが評価するのは、『実践理性批判』の形式主義ではなく、むしろ行為者の経験的意志に立ち戻ろうとした『道徳形而上学の基礎づけ』の立場である。それはまた、道徳判断の合理性が経験的「意欲（Wollen）」と「当為（Sollen）」との間の関係によって保証されるという洞察にもとづく。さらにヴェルマーは、この「意欲」と「当為」との関係をめぐって現代倫理学を三つのタイプに分類する。第一のタイプの代表は、倫理学の普遍主義を「当為」の論理的文法から直接導出しようとするヘアの功利主義であり、それは「究極的基礎づけ」の問題を「道徳の言語」の論理的性質という「現代的」な「理性の事実」でもって消去してしまう。第二のタイプは最小倫理学を基礎づける試みであって、ガートやウリクトさらにはロールズなどが該当する。このタイプが読み取る道徳規範の本質は、合理的存在者がその許容に関して一致できないような行為の禁止という点にある。このタイプでは、「当為」の相互主観的な基礎づけの問題が不透明になるが、ヴェルマーは経験的「意欲」と「当為」とが連関づけられることで弱い基礎づけが可能であるとする。第三のタイプは、カントの道徳原理を討議倫理学的に拡大しようとする試みであり、したがって対話による一致を可能にする規則を道徳規範と見なす。これにはアーペルやハーバーマスの「討議倫理学」さらにエアランゲン大学やコンスタンツ大学の「構成主義」が当てはまる。第二のタイプが「内容的」な道徳規範の基礎づけを目指しているのに対して、このタイプは「形式主義」の立場を明確にして「究極的基礎づけ」の再構築を試みる。

ヴェルマーは現代倫理学の状況をこのように分析した上で、第三のタイプの「討議倫理学」のような「対話的倫理学」ではなく、第二のタイプに定位しながらカント倫理学に再解釈を施して「対話の倫理学」の可能性を追求しようとする。その意味でヴェルマーの立場は第二のタイプに最も近い。ヴェルマーのいう「対話的倫理学」とは、対話原理が道徳原理の代わりになるような倫理学であり、「討議倫理学」がその典型にほかならない。ヴェルマーによれば、それはカント倫理学のシルバー的拡張の延長上に位置する。それに対して「対話の倫理学」とは、もろもろの道徳原理のなかで対話原理が中心的役割を担う倫理学である。前者の「対話的倫理学」はシルバーのカント解釈の延長上に位置するとはいえ、ヴェルマーによれば、これは結局のところカント内在的には不可能である。それに比してカント内在的には後者の「対話の倫理学」への拡張こそ可能であるという。「対話的倫理学」と「対話の倫理学」とのこうした対比をヴェルマーは、シルバーの興味深いカント解釈を考察することを通して展開している。そこでシルバーのカント解釈から一瞥してみよう。

シルバーのカント解釈、とりわけその「定言命法」解釈は、「あらゆる他者の立場に立って考えること」という「普通の人間悟性〔常識〕の格率」を中核に据えて「定言命法」を理解しようとする試みである。その上でシルバーは、しかしながら、カント倫理学の「形式主義的」解釈を拒否するとともに、「定言命法」の「モノローグ的」適用だけで十分だとも主張して「対話的倫理学」への移行そのものを認めようとはしない。それに対してヴェルマーは、シルバーのこうしたカント解釈のなかにシルバー自身の結論とは異なった可能性を読み取ろうとする。それは、カント倫理学を「手続き的形式主義」と解釈すると同時に、「定言命法」のなかに「対話性」が内在していることを示唆する可能性にほかならない。後者の論点に関して言えば、「あらゆる他者の立場に立って考えること」は直接的には「私がみずからの思考のなかの他者にいわば語らせること」を意味するが、このとき「正しい仕方」で他者の立場に立ったかどうかを検証するためには「現実の対話」が不可欠となり、結局のところ「定言命法」はその固有の意味に従って「現実の対話」への移行を要求しているというわけである。しかも、「モノローグ的」適用では回避できない「他者のパースペクティヴに関する自己欺瞞の可能性」も現実のコミュニケーションを通してしか排除できない。とはいえ、ヴェルマーによれば、相互主観的に妥当な道徳的内容を再構成する問題がこの場合には原理的に解決できないので、対話原理を道徳原理の代わりにする地点までカント倫理学に再解釈を施すことは内在的には無理があり、その意味でカント倫理学は「対話的倫理学」たりえないのである。したがって、カント内在的にはむしろ「対話の倫理学」だけがカント倫理学の延長上で可能ということになる。しかし、このとき興味深いのはヴェルマーの「定言命法」解釈である。

まず最初にヴェルマー独自の「普遍化」の捉え方とそれに関連する訳語の問題について一言しておきたい。差しあたりヴェルマーは、「一般化」に関して二つの階層を区別する。すなわち、「第一の階層は規範的判断のもつ一般性という性格に関するものであり、第二の階層は可能的な相互主観的規範妥当性の普遍主義的条件に関するものである」。そしてその上で、「普遍化」は後者の「第二断層」、すなわち、第二段階の「一般化」に限定されることになる。こうした区別に関連してドイツ語の表記も「Universalisierung（普遍化）」・「Verallgemeinerung（一般化）」・「universell（普遍的）」・「allgemein（一般的）」というように使い分けられている。本訳書ではいま付記したような訳語を基本的に充てた。したがって、たとえば、「Verallgemeinerbarkeit」は「普遍化可能性」ではなく「一般化可能性」となり、さらに「（…）理性的存在者は、みずからの主観的－実践的原理、すなわち、格率を同時に一般法則（allgemeine Gesetze）として考えることがまったくできないか、あるいはそうした原理のたんなる形式が、それに従ってその原理が一般的立法に（zur allgemeinen Gesetzgebung）適合する場合、その原理をそれだけで実践的法則にすると想定しなくてはならない」という『実践理性批判』からの引用箇所もこれまでの翻訳では「一般法則／一般的立法」ではなく「普遍法則／普遍的立法」となっていたので、カントを読み慣れた読者にはいささか戸惑いもあるかもしれないが、しかし、前述したようにヴェルマーは、「一般化」に二段階を認めた上で第二段階の「一般化」(狭義の「一般化」)を「普遍化」と限定するという独自の観点から、カントやハーバーマスさらにヘアなどの「普遍化」概念に関して再解釈を加えているので、これらの訳語にはそれぞれのドイツ語の原語が正確に対応するように訳出した。

こうした二段階の「一般化」に関連づけて、ヴェルマーはカントの「定言命法」を第二段階の「一般化原理」と名づけ、「この段階になってはじめて普遍化原理と表現されるようになる」と見なす。そしてこの第二段階では、「当為」の論理的文法に帰属する「一般性」ではなく、それを超えた「道徳判断の相互主観的妥当性」の問題が主題化されることになる。ヴェルマーは、「定言命法」の要求するところを究極的には「規範的なことで君自身を例外化してはならない」という点、したがって「すでに承認されている規範的な義務づけを私がいまここでそして自己欺瞞なしに私自身の行為において承認すべきであること」に見定めているが、いま言及した「相互主観的妥当性」の問題に即して「定言命法」の意味を再構成しようと試みる。このときヴェルマーは、「われわれの行為の格率が一般法則になることを意欲することができるのでなければならない。これがわれわれの行為の道徳的判定一般の基準である」という『道徳形而上学の基礎づけ』の定式化を前景に押し出した上で、「定言命法」に内在する格率の「一般化可能性」の構造を、「私の格率によって表現される行為様式が一般的になることを私自身によって吟味する」点に確認しつつ、それをさらに「一般化可能性のテストは同時に格率の一般的な賛同可能性に向けてのテストなのである」と理解して「一般化可能」な格率は私が「公共的に主張する」ことのできる格率を意味すると敷衍している。問題の焦点は、「定言命法」が「われわれの行為の道徳的判定一般の基準」としてもつべき相互主観的妥当性にほかならない。これはまた、道徳的に正しい行為に関して「定言命法」が道徳的基準としていかなる意味をもつのかという問題でもある。ここでヴェルマーは、シルバーやエビングハウスのカント解釈に依拠しつつ、「定言命法」が「否定的」な意味で理解される場合にのみ、それゆえに「一般化不可能」な格率の「禁止」という方途を辿ったときにはじめて相互主観的妥当性への道が開かれるとする。したがってヴェルマーの場合、「一般化可能性」に関連させて「定言命法」は「否定」ないし「禁止」を含んだ表現にもとづき、「私はある種の行為様式を一般的なものとして意欲できないとき、ある状況Sにおいて行為Pを行ってはならない」と再定式化されることになる。つまり、カントの「一般化可能性」の核心は、ある行為様式が一般的な規則になることを「私」が意欲できないなら、「われわれ」もまた意欲できないということに見出されることになる。「否定」ないし「禁止」を強調することで再解釈された「定言命法」はこうした道を辿って相互主観的妥当性に肉薄する。ただしヴェルマーによれば、「格率を一般化する場合に私が「意欲できる」ないし「意欲できない」ということは他のすべての合理的存在者のそれと一致するに違いないというカントの想定にはもちろん問題がある」のであり、ここには「人間学的に基本的な共通性」、すなわち、「人間学的同型性」が暗黙のうちに問われることなく前提されることで「パースペクティヴの転換」が可能であると安易に想定されているが、こうした「人間学的同型性」によっては当該の「相互主観的妥当性」は確保できないのである。ヴェルマーは「定言命法」の理論的射程を最大限に拡張しながらも、ここにカント倫理学の限界を読み取っている。ヴェルマーの「定言命法」解釈に関して言えば、「定言命法」の意義にとって最も重要な「目的の国」のパラドクスを看過しているなど問題もないことはないものの、「定言命法」を「否定的」な意味で一貫して解釈した点は高く評価されてよいと思う。それは規範性が否定性を媒介にしてはじめて確保されうるという興味深い論点にも繋がってゆく。

次にアーペルとハーバーマスの構想する「討議倫理学」に話題を移したい。ヴェルマーの「討議倫理学」批判は、その「真理の合意説」に向けられる。「真理の合意説」とは、「理想的発話状況」のもとでの討議にもとづく合意によって真理がもたらされるとする立場である。「理想的発話状況」の構造は、発話を行う機会が均等に配分され、討議のレベルを自在に移動できるというメルクマールによって特徴づけられる。したがって「真理の合意説」では、合意の合理性が「理想的発話状況」の形式的条件によって規定された上で、真理は合理的な合意の内実として提示されることになる。しかしながら、ヴェルマーは可謬主義的観点から、真理性は合意の合理性から帰結するのではなく、理由に納得がゆくことから帰結するのであり、しかもそうした理由そのものは原理的に可謬的であると批判する。つまり、「われわれが物理学において今日十九世紀よりも前進しているからといって、十九世紀の合意が合理的ではなかったということになるわけではなかろう」ということであり、合意の形式的合理性が真理性を保証するわけではないのである。こうした可謬主義的観点からさらにヴェルマーは、理想的発話状況と現実的発話状況との関係についても批判的に切り込む。

ヴェルマーによれば、現実的発話状況のもとで行為を道徳的に判定する原理としてハーバーマスの普遍化原理（U）を用いると深刻な難点が生じる。すなわち、現実的発話状況のもとでどの行為が道徳的に正しいのかを見つけ出すためには、さまざまな制限や例外条項を設けてより複雑な規範を定式化しなければならないとともに、それに加えてさらにその行為がもたらす帰結および随伴する結果を、万人が強制されることなく受容できるのかどうかという課題は途方もなく解決困難であり、これら両者の問題に対して現実の討議も役に立たず、かりに一般的合意が成立したとしても、今度はさまざまな制限や例外条項が無視されるというアポリアに陥ってしまう。したがって、理想的ではない了解の条件のもとでは、現実的な道徳的問題に対して現実的合意をもたらすことでその問題が解決できるわけではない。「討議倫理学」がこうした内的な難点を克服できないのは真理の合意説を前提にしているからだとヴェルマーは診断する。そこでヴェルマーは、この普遍化原則（U）に関しても、「状況Sにおいてhを行うことが（道徳的に）正しい（命じられている）のは、当該の行為の仕方が――個々それぞれに対してもちうる諸帰結を考慮した場合に――一般的なものとなることを、すべての人々が（強制されることなく）意欲できる場合である」というように再解釈した上で、その意味するところを「われわれはだれも、このような仕方で一般的な行為がなされることを、理性的な仕方で意欲することはできない〔傍点は加藤〕」という「否定的」な点に見定め、しかもこの「理性的な仕方で」を「われわれがわれわれ自身と世界と他者の状況を正しく見るならば」と敷衍するとともに、それを合意説的にではなく、可謬主義的に解釈しようとする。そうすると、合意は「討議倫理学」の主張するような「不変の合意」ではなくむしろ「無限の合意」と構造的に捉え直されることになる。ヴェルマーによれば、このように可謬主義的観点から「討議倫理学」を批判的に再解釈することを通してのみ、「討議倫理学」自体の内的で理論的に深刻な難点は克服可能なのである。またもう一つだけ「討議倫理学」に対するヴェルマーの批判的論点を指摘しておきたい。ハーバーマスでは、普遍化原則（U）が道徳的に正しい行為の問題と規範的正義のそれとを結び付けるという構造になっており、それは普遍化原則（U）が道徳と法を関係づけて同一化することも意味するが、ヴェルマーはここに普遍主義的道徳原理と民主主義的正統性との混同が生じていると批判する。

以上のようなヴェルマーの「定言命法」解釈および「討議倫理学」批判に関して、私は両者とも高く評価できると思う。前者に関しては、すでに言及したように、カントの「目的の国」のパラドクスを見落としているがゆえの問題点――その端的な事例が「目的の国」と「討議倫理学」の「理想的発話状況」とが機能的には等価であるとする解釈にほかならない――はあるものの、「定言命法」をその「否定性」に即して再解釈する議論は「定言命法」の可能性ないしその現代哲学的射程を多角的に再検討する上できわめて重要かつ貴重であり、また後者についても、ヴェルマーの批判（さらにより根本的にはシェーンリッヒの批判）を理論的に克服できなければ、「討議倫理学」の再生はあり得ないであろう。その意味で日本のカント研究や「討議倫理学」研究に本訳書が寄与することになれば幸いである。最後にこうしたヴェルマーの批判的議論がフランクフルト学派内部でどのような意義をもつのかを指摘しておきたい。

3　フランクフルト学派のなかのヴェルマー

「討議倫理学」をめぐるヴェルマーの基本的立場はおおよそ次の四点にまとめることができる。それは、（1）理性的な生活世界にせよ、発話状況にしても、その形式的構造に依拠して記述できるような「理想の極限状態」は存在しないこと、しかし（2）われわれに可能なのは現実に対して「否定的」な仕方で対応することで、現実の強制や障害などを取り除いたり非合理的なことをなくしたりすることはできること、（3）可謬主義の重要性、そして（4）理念としての「善き生」を再評価して、それを「理想の極限状態」ではなく「批判の基準」として理解することの四点にほかならない。（1）に関して言えば、この

「理想の極限状態」にはカントの「目的の国」とアーペルの「理想的コミュニケーション共同体」やハーバーマスの「理想的発話状況」が含まれ、その内実としては個人同士の完全に強制なき自由な関係や完全な合理性の観念などがあげられるが、その否定は「真理の合意説」批判にもとづく。（2）は、「定言命法」を「否定的」意味で理解することと通底する論点である。さらに（3）については、ヴェルマーが懐疑主義を重視する論点と関連する。ヴェルマーによれば、懐疑主義を取り込み、そこから教訓を得た合理主義こそ「理性的」なのであって、「討議倫理学」の語る「理想的発話状況」などは理性の誤った表象にすぎず「理性的」とは言えない。その意味でヴェルマーにあっては「理性」と「理想」は分離されることになる。最後の（4）は、コミュニタリアニズムへのある種の接近を可能にする。こうした基本的立場に関わる問題意識は「付論」において明確に述べられているので、その意味では「付論」から先に読み進めるのも理解の一助となろう。

これまで概観してきたようなヴェルマーの思想は、フランクフルト学派の内部ではいかなる役割を担ったと評価できるのであろうか。すでに示唆したように、その最大の影響の一つは第三世代のホネットの相互承認論に見出されるのではないかと私は思う。ヴェルマーは、女性の役割などに関する伝統的把握の修正を事例に取り上げてこう述べる。

普遍主義的道徳の論者（たとえば、カントやハーバーマスなど）も、「かつては同性愛者や女性や子供のもとで道徳がストップするとは考えていなかった。むしろそうした論者は、同性愛が人間の堕落であり、女性には理性的な自己決定の能力がなく、子供は礼儀をわきまえた人間になるためにはもっ

> ぱら従順になることを学ばねばならないと考えていたのである。そのような理解が疑問に付されるかぎり、すなわち、もはや十分な根拠によって弁護できないかぎり、これらの人々に付与されてきた道徳的把握もまた変化する。(…)女性の自己実現を妨害することは、女性の本性についての伝統的な理解が維持しえないことが認められるならば、道徳的に疑わしいものとなる。言い換えれば、同性愛者や女性や子供に対する態度を決定する社会的に有効な道徳的志向は、集合的な解釈モデルにもとづいているのである。すなわち、そのような解釈モデルが十分な理由から疑問に付され、十分な理由から修正を施されるところでは、道徳の集合的な学習過程が生じる。加えて言えば、そのような修正は、議論という手段のみによってではなく、承認をめぐる闘争の圧力や新しい経験の影響のもとから生じてくるのが普通である。(…)道徳的に見て重要なことは、伝統的な独断的把握が根拠なきものとして明らかにされた後に、いわば地盤を失った不平等と不平等な取り扱いを除去することである。このように見ると、道徳の集合的な学習過程は、社会的に受け継がれてきた解釈モデルや態度が批判的に解体されることによって、相互承認の関係が拡張してゆくところに存立しているのかもしれない。ここでは理想への接近よりも、限定的な否定が重要〔傍点は加藤〕なのである。

この引用から明らかになるのは、(1)「討議倫理学」にあっては心理学的問題として軽視されていた「相互承認」の重要性が道徳理論的に的確に位置づけられたこと、しかも(2)「道徳の集合的な学習過程は(…)相互承認の関係が拡張してゆくところに存立しているのかもしれない。ここでは理想への接近よりも、限定的な否定が重要」なのであるという主張には、「相互承認論」が「相互承認」の理想的条件を語り始めると、「討議倫理学」の「理想的発話状況」と同じような理論的隘路に陥ってしまうことに対する洞察が確認できる。したがって、「相互承認」の理想的条件ではなく、むしろ「相互承認」の毀損が理論的にも実践的にも重要性を帯びることになること、そして（3）特にハーバーマスにおいて普遍主義的観点から黙殺されたジェンダー論的観点への共感が読み取られることなどである。

これらの論点のうち、とりわけ（1）と（2）はホネットの相互主観性理論と共通する論点として注目に値する。あるいはむしろ、ホネットがハーバーマスの「理想的発話状況」と等価であるような「相互承認」の理想的条件について語ろうとしないのはヴェルマーから学んだのかもしれない。価値論的観点から見れば、その点にこそ「相互承認論」の理論的欠陥があるとはいえ、それ自体としては巧みな戦略である。さらにまた「善き生」を強調することや、（3）に関連してホネットではケア倫理学への理論的接続が可能になっていることなどにも、ヴェルマーの理論的影響が読み取れるのではないかと思う。その意味でヴェルマーの議論にはフランクフルト学派の第二世代と第三世代を理論的に媒介する二・五世代としての意義が大きいと評価できる。ゼールやメンケなどへの影響もさらに加味されるならば、現代ドイツ哲学におけるヴェルマーの役割は日本ではいま以上に注目されるべきであろう。本訳書がその一助となれば幸いである。

最後に担当箇所を紹介しておきたい。序論と第一部は御子柴善之（早稲田大学教授）、第二部は舟場保之（大阪大学大学院准教授）、第三部は松本大理（山形大学講師）、そして付論は庄司信（日本赤十字秋田看護大学非常勤講師）がそれぞれ担当し、最終的に私が監訳者として全体を調整した。思わぬ見落としなどがないことを願っているが、もしあるとすれば、それはすべて監訳者の責任である。また、今回も法政大学出版局編集部の前田晃一氏のお世話になることができた。氏のきわめて適切な助言と協力なしにはここまでたどり着けなかったのではないかと思う。氏にはあらためてこころより感謝したい。

加藤泰史

二〇一三年二月　国立の研究室にてヒマラヤ杉伐採の暴挙を嘆きつつ

マ行

マッカーシー McCarthy　77, 80, 89 (n.4)

マッキンタイア MacIntyre　43 (n.2), 182, 219 (n.20)

マルクス Marx　230–235, 246, 247, 249–256, 258–260, 262, 263 (n.2, 4, 5), 266

メルロ＝ポンティ Merleau-Ponty　267

ラ行

リーチ Leach　220 (n.26)

ルーマン Luhmann　263 (n.3), 297 (n.1)

ルカーチ Lukács　242

レーニン Lenin　254–256

ロイス Royce　113

ロールズ Rawls　49, 51 (n.6)

ロレンツェン Lorenzen　51 (n.9)

サ行

シュヴェンマー Schwemmer　51 (n.9)
ショーペンハウアー Schopenhauer　43 (n.2), 130 (n.21), 182
シルバー Silber　53–60, 60 (n.1), 61 (n.3)
シンガー Singer　14, 18 (n.2, 4), 19, 28 (n.1, 6), 49
スローターダイク Sloterdijk　11
ゼール Seel　215, 217, 220 (n.33), 222 (n.38, 40)
セラーズ Sellars　128 (n.2), 212, 220 (n.34), 221 (n.35, 36)

タ行

ダグラス Douglas　220 (n.25)
テイラー Taylor　263 (n.2)
デュルケム Durkheim　191, 195, 197, 198, 205
トゥーゲントハット Tugendhat　159 (n.1), 185 (n.6), 227, 268, 272
トロツキー Trotzki　267

ハ行

パース Peirce　109–116, 120, 128 (n.2, 7), 131 (n.23)
ハート Hart　160 (n.2)
ハーバーマス Habermas　5, 7, 9, 10, 14, 18, 18 (n.1), 50, 53, 60, 64–70, 72, 73, 76, 77, 79–81, 85–88, 91, 92, 95, 97, 99, 100, 102, 103 (n.1), 104 (n.2), 104 (n.7), 106–109, 114, 117, 126, 131 (n.25), 133–135, 137, 138, 144 (n.2), 145 (n.23), 150, 158, 161, 167, 174–178, 185 (n.9), 187–191, 193, 195–199, 204–206, 212, 213, 217, 221 (n.36), 227, 234, 236–239, 251, 256, 259–261, 263–267, 278, 289, 290, 292
バーンスタイン Bernstein　138 (n.28)
ハインリッヒ Heinrich　185 (n.9)
ピアジェ Piaget　236, 241, 246, 253, 256, 257
ファーレンバッハ Fahrenbach　103 (n.1), 297 (n.1)
フォン・ヴァイツゼカー von Weizsäcker　127 (n.2)
フォン・ウリクト von Wright　49, 51 (n.5)
フォスカンプ Voßkamp　89 (n.1)
フット Foot　220 (n.27)
フランケナ Frankena　29 (n.7), 220 (n.32)
フロイト Freud　219 (n.24), 241, 242, 244–246, 253, 256
ヘア Hare　14, 18 (n.3), 19, 37–43, 44 (n.6), 48, 51 (n.3), 82, 85
ヘーゲル Hegel　8. 68, 162, 181, 185 (n.9), 231, 250–253, 256–260, 262, 263 (n.2), 266, 267
ベーラー Böhler　89 (n.1), 127 (n.1)
ヘンリッヒ Henrich　277 (n.1)
ベンヤミン Benjamin　120, 233, 248 (n.1), 249
ホートン Horton　202, 220 (n.25, 26)
ホッブス Hobbes　159
ホルクハイマー Horkheimer　233, 234, 248 (n.1)

人名索引

ア行

アーペル Apel　5, 7, 9, 10, 50, 53, 60, 64, 79, 104 (n.7), 106–126, 127 (n.1), 131 (n.23), 133–135, 137, 138, 143, 143–144 (n.2), 146 (n.57), 150, 161, 212, 217

アウル Aul　29 (n.6)

アドルノ Adorno　144, 120–122, 129 (n.21), 233, 248 (n.1)

アリストテレス Aristoteles　17, 41, 42, 256

アレクセイ Alexy　145 (n.3)

アレント Arendt　177, 223 (n.45), 249, 250, 263 (n.1)

アンスコム Anscombe　43 (n.2)

ウィルソン Wilson　219 (n.19), 220 (n. 25)

ウィンチ Winch　98

ヴィトゲンシュタイン Wittgenstein　96, 104 (n.5), 262, 283

ヴェーバー Weber　232

ウェルナー Werner　89 (n.1), 127 (n.1)

ヴェルマー Wellmer　130 (n.22), 220 (n.33), 222 (n.37)

ヴォルフ Wolf　144 (n.2), 159 (n.1)

エビングハウス Ebbinghaus　23, 28 (n.5)

エンゲルス Engels　254–256

カ行

ガート Gert　22, 28 (n.3), 36, 49, 51 (n.4, 7), 157

ガダマー Gadamer　113

カデルバッハ Kadelbach　89 (n.1), 127 (n.1)

カニットシュナイダー Kanitschneider　89 (n.1), 144 (n.2)

カムバルテル Kambartel　51 (n.9), 222 (n. 43)

カント Kant　5–10, 18–24, 27, 28 (n.1, 2), 29 (n.6, 8, 9), 30–36, 38, 41–43, 43 (n.1), 44 (n.2, 3, 5), 45, 46, 48–50, 51 (n.1, 2), 52–60, 60 (n.2, 5), 67, 68, 76–80, 82, 84–88, 1110–112, 116, 126, 129 (n.21), 130 (n.23), 136, 146 (n.13), 161–163, 166, 168, 173, 175, 178, 180, 182–184, 185 (n.8), 188–190, 196, 217, 222 (n.44), 258, 259

クールマン Kuhlmann　64, 138, 139, 146 (n.4)

クーン Kuhn　98

ゲアラッハ Gerlach　29 (n.6)

コールバーグ Kohlberg　203

著者紹介：

アルブレヒト・ヴェルマー（Albrecht Wellmer）
1933年生まれ．フランクフルト学派ではハーバーマスとホネットとの中間に位置し，両者の理論を批判的に媒介する．1966年にフランクフルト大学で哲学博士号を取得．66年から70年までフランクフルト大学の哲学講座でハーバーマスの助手を務めた．71年にフランクフルト大学で教授資格を取得．73年から74年までマックス・プランク研究所の研究員を務め，74年にコンスタンツ大学哲学講座正教授に就任．このときの弟子にマルティン・ゼールやクリストフ・メンケなどがいる．90年にベルリン自由大学美学・解釈学・人文科学講座正教授に転出．2001年に退官し，同大学名誉教授となる．2006年にアドルノ賞を，2011年にアンナ・クリューガー賞を受賞．主な著作に，*Methodologie als Erkenntnistheorie*（1967），*Kritische Gesellschaftstheorie und Positivismus*（1969），*Praktische Philosophie und Theorie der Gesellschaft*（1979），*Zur Dialektik von Moderne und Postmoderne*（1985），*Ethik und Dialog*（1986，本訳書），*Endspiele*（1993），*Revolution und Interpretation*（1998），*Sprachphilosophie*（2004），*Wie Worte Sinn machen*（2007），*Versuch über Musik und Sprache*（2009）など多数．

《叢書・ウニベルシタス　992》
倫理学と対話
道徳的判断をめぐるカントと討議倫理学

2013年 4 月30日　　初版第 1 刷発行

アルブレヒト・ヴェルマー
加藤泰史 監訳
御子柴善之・舟場保之・松本大理・庄司信 訳

発行所　財団法人 法政大学出版局
〒102-0071 東京都千代田区富士見2-17-1
電話03(5214)5540／振替00160-6-95814
製版，印刷：平文社　製本：誠製本

Printed in Japan

ISBN978-4-588-00992-1

訳者紹介：

加藤泰史（かとう・やすし）　監訳者
1956年生まれ．一橋大学大学院社会学研究科教授．哲学・倫理学．主な著作・訳書に，*Kant in der Diskussion der Moderne*（Gerhard Schönrich と共編著, Suhrkamp Verlag, 1996年），「現代社会における『尊厳の毀損』としての貧困——格差・平等・国家へのカント的アプローチ」（日本哲学会編『哲学』第60号，2009年），アクセル・ホネット＋ナンシー・フレイザー『再配分か承認か？』（監訳，法政大学出版局，2012年），ゲアハルト・シェーンリッヒ『カントと討議倫理学の問題』（共訳，晃洋書房，2011年），アクセル・ホネット『正義の他者』（共訳，法政大学出版局，2005年）．

御子柴善之（みこしば・よしゆき）
1961年生まれ．早稲田大学文学学術院教授．哲学．主な著作・訳書に，『現代カント研究10　理性への問い』（共編著，晃洋書房，2007年），マティアス・ルッツ＝バッハマン／アンドレアス・ニーダーベルガー編著『平和構築の思想——グローバル化の途上で考える』（共同監訳，梓出版社，2011年），カント「コリンズ道徳哲学」（翻訳，『カント全集』20，岩波書店，2002年）．

舟場保之（ふなば・やすゆき）
1962年生まれ．大阪大学大学院文学研究科准教授．哲学．主な著作・訳書に，『グローバルエシックスを考える』（共編著，梓出版社，2008年），「ジェンダーは哲学の問題とはなりえないのか」（日本哲学会編『哲学』第58号, 2007年），マティアス・ルッツ＝バッハマン／アンドレアス・ニーダーベルガー編著『平和構築の思想——グローバル化の途上で考える』（共同監訳，梓出版社，2011年）．

松本大理（まつもと・だいり）
1973年生まれ．山形大学地域教育文化学部講師．哲学・倫理学．主な著作・論文に，「『道徳形而上学の基礎づけ』における実践哲学の限界」（『日本カント研究13』，理想社，2012年），*Moralbegründung zwischen Kant und Transzendentalpragmatik*（Tectum Verlag, Marburg，2011年），「カントの道徳性の原理における人格と目的の関係」（日本哲学会編『哲学』第55号，2004年）．

庄司信（しょうじ・まこと）
1958年生まれ．日本赤十字秋田看護大学非常勤講師．社会哲学・社会学．主な論文・訳書に，「自己形成論序説」（秋田経済法科大学編『経済学部紀要』第28号, 1998年），E・J・ホブズボーム『ナショナリズムの歴史と現在』（共訳，大月書店，2001年），アクセル・ホネット『正義の他者』（共訳, 法政大学出版局, 2005年），ニクラス・ルーマン『エコロジーのコミュニケーション』（単訳，新泉社，2007年）．